개인정보관리사(CPPG)
자격 시험 필독서!

개인정보관리사
CPPG

Certified Privacy Protection General

개인정보관리사(CPPG)

초판 1쇄 인쇄 2022년 4월 15일
초판 1쇄 발행 2022년 4월 20일

지은이 박억남, 이현경
펴낸이 김휘중
펴낸곳 위즈플래닛
주 소 서울시 양천구 목동 923-14 현대드림타워 1307호
　　　　경기도 파주시 탄현면 방촌로 548(축현리 409) (물류 - 신한전문서적)
전 화 (직통) 070-8955-3716 / (주문) 031-942-9851
팩 스 031-942-9852
등 록 2012년 7월 23일 제2012-25호
정 가 21,000원
ISBN 979-11-88508-21-1 13000
기획/진행 Vision IT
표지/내지 디자인 Vision IT
인스타그램 www.instagram.com/wizplanet_book/
페이스북 www.facebook.com/wizplanet

> 열정과 도전을 높이 평가하는 위즈플래닛에서는 참신한 아이디어와 역량 있는 필자를 항상 기다리고 있습니다. IT 전문서에 출간 계획이 있으시면 간단한 기획안을 메일로 보내주세요.
> **원고 투고 및 문의** leo45@hanmail.net

Published by Wiz Planet, Inc. Printed in Korea
Copyright ⓒ 2022 by 박억남, 이현경 & Wiz Planet, Inc.

이 책의 저작권은 박억남, 이현경과 위즈플래닛에 있습니다.
이 책은 저작권법에 의해 보호를 받는 저작물이므로 무단 복제 및 무단 전재를 금합니다.

※ 잘못된 책은 바꾸어 드립니다.

Prologue
머리말

디지털 세상의 데이터 혁명과 글로벌한 사이버 세상에서 디지털 글로벌 데이터의 패권 경쟁 및 디지털의 전환은 현재 진행 중에 있습니다. 향후 미래는 예측할 수 없을 정도로 디지털 경제(Digital Economy) 시대에서 데이터 주권(Data Sovereignty) 시대로 전환 중이며, 이러한 중심에서 볼 때 데이터 보호 및 개인정보보호는 우리 사회의 핵심 과제이자 이 시대의 중대한 미션입니다.

이에 따라 공저자는 개인정보관리사(CPPG)의 핵심 이론을 학습하고, 자격증 취득을 준비하시는 분들에게 개인정보관리사 자격에 필요한 실전 내용만으로 본 도서를 집필하였습니다.

제1장은 개인정보보호 입문으로 개인정보보호의 이해와 개인정보보호의 제도를 기준으로 개인정보보호의 개념, 통제 메커니즘, 법률 체계, 개인정보보호 원칙 및 의무, 정보 주체의 권리, 분쟁 해결 절차 등의 내용으로 구성하였습니다.

제2장은 개인정보보호 실무로 개인정보 흐름 분석, 개인정보 위험 관리 실무, 개인정보 보호 조치를 기준으로 개인정보 생명 주기 법적 기준, 개인정보의 수집/보유/이용/제공/파기 단계, 위험 관리 분석 방법 및 실무, 개인정보의 관리적/기술적 보호 조치 등의 내용으로 구성하였습니다.

제3장은 개인정보 관리 체계 이론으로 국내외 개인정보보호 관리 체계와 GDPR을 기준으로 정보보호 및 개인정보보호 관리 체계(ISMS-P), 국제 정보보호 관리 체계(ISO 27001), 국제 개인정보보호 관리 체계(ISO 27701), 개인정보 영향 평가(PIA), GDPR의 개념과 개인정보 처리 기준, 기업의 책임성, 개인정보의 역외 이전 등의 내용으로 구성하였습니다.

따라서 개인정보관리사(CPPG)를 취득하시고 현장에서도 개인정보보호 컴플라이언스를 기반으로 국내외 개인정보보호 관리 체계 및 개인정보보호 국제 표준을 실무에 적용할 수 있도록 기대합니다. 또한, 향후 개정되는 개인정보보호법과 글로벌 데이터 주권에 대한 데이터 보호 및 개인정보보호 컴플라이언스에 대한 동향도 학습하시길 추천합니다.

마지막으로 개인정보관리사(CPPG) 자격을 준비하시는 모든 분들에게 합격의 기쁨과 함께 미래의 데이터 경제 및 디지털 전환 시대에서 건승하시길 진심으로 기원합니다.

저자 박영남, 이현경

시험안내

종목 소개

- **CPPG(Certified Privacy Protection General)** : 개인정보관리사
- **시행 기관** : (사)한국CPO포럼
- **민간 자격 등록 번호** : 제2010-0516호

검정 기준

개인정보보호 정책 및 대처 방법론에 대한 지식과 능력을 갖춘 인력 또는 향후 기업이나 기관의 개인정보 관리를 희망하는 자로서 다음의 업무 능력을 보유한 자에 해당한다.

- 개인정보보호와 관련된 보안 정책의 수립
- 기업/기관과 개인정보보호의 이해
- 개인정보 취급자 관리
- 관련 법규에 대한 지식 및 적용

응시 자격 및 검정 수수료

- **응시 자격** : 제한 없음
- **검정 수수료** : CPPG - 130,000원
- **할인 혜택** : 단체의 경우 15인 이상 20% 할인 / 학생의 경우 50% 할인(직장인 대학생, 대학원생, 원격 통신 대학생 제외)

☞ 검정 수수료는 접수 기간 이내에 홈 페이지를 통한 전자 결제(신용 카드, 실시간 계좌 이체)를 원칙으로 합니다.
☞ 단체 접수의 경우 수납 총액을 단체(또는 대표자 및 신청자) 명의로 무통장 입금해야 합니다
  (문의 : 02-544-1820).
☞ 개인정보보호 자격 검정의 확대 등에 필요하다고 인정하는 경우 운영위원회 심의에 따라 개인 또는 단체에게 검정 수수료를 할인 또는 면제할 수 있습니다.
☞ 응시료에 대한 영수증은 별도 발급하지 않고, 접수 확인서[나의 원서 관리 - 접수 확인 및 수검표 출력]으로 이를 대신합니다.

원서 접수

- 시험에 응시하고자 하는 자는 자격 제도 운영 홈 페이지(http://cpptest.or.kr/)를 통하여 온라인으로 수검 원서를 접수해야 합니다.
- 온라인 원서 접수 후 검정 수수료를 결제해야 정상적으로 접수 처리되며, 수검표 확인이 가능합니다.
- 단체 접수는 동시 수검 15명 이상의 경우로서 단체 신청자(또는 대표)가 부여받은 관리 코드 입력에 따른 승인 후 접수를 원칙으로 합니다.

과목별 배점 안내

구분	시험 과목	문항	배점	출제 형태	시험 시간
CPPG	개인정보보호의 이해	10	10	객관식 5지선다형	120분
	개인정보보호 제도	20	20		
	개인정보 라이프 사이클 관리	25	25		
	개인정보의 보호 조치	30	30		
	개인정보 관리 체계	15	15		

합격자 안내

- **합격 결정 기준** : CPPG(개인정보관리사)의 검정 방법은 필기 시험으로 구성되며, 필기 시험 합격 기준은 각각의 검정 과목당 40% 이상의 점수 획득과 함께 전 과목 총점이 60% 이상이어야 합격으로 결정됩니다.
- **합격자 공고** : 검정 종료 후 30일 이내에 홈 페이지를 통해 합격자가 발표됩니다.
- **합격자 관리** : 합격자에게는 합격자 공고 후 6주 이내에 자격 카드를 발송하며, 자격 기본법에 따라 별도의 정보관리용 데이터베이스를 구축하여 신상(경력) 등에 대해 관리합니다.

자격증 발급

- 자격증은 최종 합격자 발표 후 6주 이내에 발급되어 집니다.
- 자격증 발급 시에는 전산 처리로 출력된 발급 대장과 최종 합격자 명단을 반드시 대조 및 확인합니다.
- 자격증 수령은 타인에게 위임할 수 있으나 합격자의 신분증 및 도장을 지참하여야 합니다.
- 자격증 발급 이전에 자격 확인서를 발부받을 수 있습니다.

자격의 유효 기간

- 유효 기간이 만료되면 자격이 정지되고 자격이 정지된 자가 자격을 유지하고자 하는 경우에는 보수 교육을 이수하여야 하며, 보수 교육을 이수한 날부터 2년간 유효합니다(자격증은 취득 후 2년마다 소정의 보수 교육을 받고 갱신).
- 보수 교육 및 자격증을 갱신 받고자 하는 경우 수수료를 납부하셔야 합니다.

목차
Contents

제 1 장
개인정보보호 입문

Chapter 01 개인정보보호의 이해

| Section 1 | 개인정보의 이해 … 10
| Section 2 | 개인정보보호의 중요성 … 15
| Section 3 | 기업윤리와 ESG 경영 … 19

Chapter 02 개인정보보호의 제도

| Section 1 | 개인정보보호 통제 메커니즘 … 25
| Section 2 | 개인정보보호 관련 법률 체계 … 30
| Section 3 | 개인정보보호 원칙과 의무 … 33
| Section 4 | 정보 주체의 권리 … 45
| Section 5 | 분쟁 해결 절차 … 51

제2장 개인정보보호 실무

Chapter 01 개인정보 흐름 분석

| Section 1 | 개인정보 생명 주기 기준 및 원칙 | 58
| Section 2 | 개인정보 수집, 보유/이용, 제공, 파기 단계 | 66
| Section 3 | 개인정보 흐름표 작성 실무 | 84
| Section 4 | 개인정보 흐름도 작성 실무 | 88

Chapter 02 개인정보 위험 관리 실무

| Section 1 | 개인정보 위험 관리 기준 및 절차 | 92
| Section 2 | 개인정보 위험 분석 방법 | 96
| Section 3 | 개인정보 위험 관리 실무 | 100

Chapter 03 개인정보 보호 조치

| Section 1 | 개인정보 보호 조치 기준 | 103
| Section 2 | 개인정보 관리적 보호 조치 | 116
| Section 3 | 개인정보 기술적 보호 조치 | 125

제3장 개인정보 관리 체계 이론

Chapter 01 국내외 개인정보보호 관리 체계

| Section 1 | 정보보호 및 개인정보보호 관리 체계(ISMS-P) | 136
| Section 2 | 국제 정보보호 관리 체계(ISO 27001) | 175
| Section 3 | 국제 개인정보보호 관리 체계(ISO 27701) | 198
| Section 4 | 개인정보 영향 평가(PIA) | 209

Chapter 02 GDPR

| Section 1 | GDPR의 개요 | 216
| Section 2 | 개인정보 처리 기준 | 226
| Section 3 | 정보 주체의 권리 보장 | 235
| Section 4 | 기업의 책임성 강화 | 241
| Section 5 | 개인정보의 역외 이전 | 244

개인정보보호 입문

Chapter 01 개인정보보호의 이해

Chapter 02 개인정보보호의 제도

Chapter 01 개인정보보호의 이해

학습목표
- 개인정보의 기본 개념을 이해하고, 현행 국내외 법제상의 개인정보 범위와 주요 항목에 대해 학습한다.
- 변화하는 환경 및 트렌드에 따른 개인정보의 가치와 중요성 및 필요성에 대해 확인하고, 객관적인 가치 평가 방법에 대해 학습한다.

Section 1 개인정보의 이해

🔒 개인정보의 개념과 법률상 근거

| 개인정보의 개념 |
- 개인정보는 인격을 이루는 요소이면서 표현의 자유 등 헌법상 인정되는 다양한 기본권과 밀접한 관련이 있는 정보로서 오남용될 경우 개인의 인격적 및 재산적 권익을 손상시킬 우려가 있다.
- 본인의 의사에 반하거나 본인이 알지 못하는 상태에서 이용될 경우 정보 주체의 안녕과 이해 관계에 영향을 미칠 수 있는 개인과 관련된 모든 정보로 폭넓게 해석될 수 있다.

| 개인정보의 정의 |
- 일반적 의미의 개인정보는 해당 정보만으로 또는 다른 정보와 결합하여 개인을 식별할 수 있는 정보이다.
- 주민등록번호, 휴대전화번호, 사진, 동영상, 지문 등은 개인을 식별할 수 있는 정보에 해당한다.
- 특정 개인을 식별할 수 없는 개인정보라 할지라도 다른 정보와 결합하거나 조합하여 특정 개인을 식별할 수 있는 정보라면 개인정보에 해당한다.
- 주소, 전화번호, 위치정보, 이메일주소, 생년월일, 재산정보 등은 단독으로 노출되었을 때 개인을 식별할 수 없지만 다른 정보와 결합하면 특정 개인을 식별할 수 있으므로 개인정보에 해당한다.

| 개인정보보호법상의 개인정보 |
- 개인정보보호 법령상 개인정보는 '살아있는', '개인에 관한' 정보로서 특정 개인을 식별하거나 식별 가능한 정보이어야 한다.

법률	내용
개인정보보호법 제2조(정의)	1. '개인정보'란 살아있는 개인에 관한 정보로서 다음 각 목의 어느 하나에 해당하는 정보를 말한다. 　가. 성명, 주민등록번호 및 영상 등을 통하여 개인을 알아볼 수 있는 정보 　나. 해당 정보만으로 특정 개인을 알아볼 수 없을 경우 다른 정보와 쉽게 결합하여 알아볼 수 있게 되는 정보(쉽게 결합할 수 있는지의 여부는 다른 정보의 입수 가능성 등 개인을 알아보는데 소요되는 시간, 비용, 기술 등을 합리적으로 고려하여야 함) 　다. 가목 또는 나목을 제1호의2에 따라 가명처리함으로써 원래의 상태로 복원하기 위한 추가 정보의 사용 및 결합 없이는 특정 개인을 알아볼 수 없는 정보(이하 "가명정보"라 함) ☞ 1의2 '가명처리'란 개인정보의 일부를 삭제하거나 일부 또는 전부를 대체하는 등의 방법으로 추가 정보 없이는 특정 개인을 알아볼 수 없도록 처리하는 것을 말한다.

- 법률은 살아있는 자에 관한 정보를 개인정보로서 보호한다. 따라서 사망했거나 실종 선고 등 관계 법령에 의해 사망한 것으로 간주되는 자에 관한 정보는 개인정보로 볼 수 없다. 다만, 사망자의 정보라고 하더라도 유족과의 관계를 알 수 있는 정보는 유족의 개인정보에 해당한다.

> **학습 Tip** 사자(死者)의 정보는 법상 개인정보 범주에 포함되지 않음
> - 프라이버시권(사생활의 비밀과 자유)은 인격권으로서 권리의 주체와 분리할 수 없는 인격적 이익을 그 내용으로 하기 때문에 상속이 불가능하고, 사망자의 정보에 대해 권리를 행사할 주체가 존재하지 않게 되므로 보호 대상이 되는 개인정보의 주체를 생존하는 개인에 한함
> - 사망자와 관련된 정보로 인해 유족의 프라이버시권을 침해할 우려가 있는 경우 해당 정보는 유족의 개인정보로 해석할 수 있으며, 보호받을 권리가 있음

- 개인정보의 주체는 자연인(自然人)이어야 하며, 법인 또는 단체에 관한 정보는 개인정보에 해당하지 않는다. 따라서 법인 또는 단체 이름, 소재지 주소, 대표 연락처(이메일 주소 또는 전화번호), 업무별 연락처, 영업실적 등은 개인정보에 해당하지 않는다.
- 개인사업자의 상호명, 사업장 주소, 전화번호, 사업자등록번호, 매출액, 납세액 등은 사업체의 운영과 관련된 정보로서 원칙적으로 개인정보에 해당하지 않는다(임원진과 업무 담당자의 이름, 주민등록번호, 자택 주소 및 개인 연락처, 사진 등은 개인정보에 해당함).
- 개인에 관한 정보는 반드시 특정 1인에 관한 정보이어야 하는 것은 아니며, 직간접적으로 2인 이상에 관한 정보는 각자의 정보에 해당한다.
  - SNS에 단체 사진을 올린다면 영상정보는 사진에 있는 인물 모두의 개인정보에 해당함
  - 의사가 특정 아동의 심리치료를 위해 진료기록을 작성하면서 아동의 부모 행태 등을 포함하였다면 아동과 부모 모두의 개인정보에 해당함
- 정보의 내용과 형태 등은 특별한 제한이 없어서 개인을 알아볼 수 있는 모든 정보가 개인정보가 될 수 있다(디지털 형태나 수기 형태, 자동 처리나 수동 처리 등 그 형태 또는 처리 방식과 관계없이 모두 해당함).

- 개인정보에는 해당 개인에 대한 사실, 판단, 평가 등 특정 개인에 관한 정보가 포함된다. 따라서 객관적 사실 정보뿐만 아니라 타인이 특정인에 대해 가지고 있는 의견/견해/평가 등과 같은 주관적인 정보도 개인정보에 해당한다(반드시 사실이거나 증명된 것이 아닌 부정확한 정보 또는 허위의 정보라도 특정 개인에 관한 정보이면 개인정보에 해당함).
- 성명, 주민등록번호 및 영상 등을 통하여 개인을 알아볼 수 있는 정보이어야 한다(정보를 처리하는 자의 입장에서 합리적으로 활용될 가능성이 있는 수단을 고려하여 개인을 알아볼 수 있다면 개인정보에 해당함).
- 다른 정보와 쉽게 결합하여 특정 개인을 알아볼 수 있으면 개인정보에 해당한다.
  - 입수 가능성은 두 개 이상의 정보를 결합하기 위해 그 결합에 필요한 다른 정보에 합법적으로 접근하여 이에 대한 지배력을 확보할 수 있어야 하며, 해킹 및 절취 등 불법적인 방법으로 취득한 정보는 포함되지 않음
  - 다른 정보와 용이하게 결합한다는 의미에서는 그 해석에 대한 신중한 접근이 요구된다. 2가지 이상의 정보 항목을 결합하여야만 개인을 식별할 수 있는 경우라도 각각의 정보 항목을 별도의 DB에 저장하고, 해당 DB에 대한 오너쉽(Ownership)을 분리한 후 일정 수준 이상의 접근통제 및 해당 정보 항목에 대한 매칭(Matching) 여부를 법률적으로 제한하는 등의 조치가 마련된다면 이를 용이하게 결합할 수 있는 경우로 보기 어려울 것이다. 즉, 어느 정도의 결합이 법률에서 규정하는 '쉽게'임을 의미하는 것인지는 결합이 가능한 환경, 맥락 등을 종합적으로 고려해서 판단해야 함
- 가명정보란 가명처리를 하여 원래의 상태로 복원하기 위한 추가 정보의 사용 및 결합 없이는 특정 개인을 알아볼 수 없는 정보로서 이러한 가명정보도 개인정보에 해당한다.
  - 추가 정보란 가명처리 과정에서 개인정보의 전부 또는 일부를 대체하는데 이용된 수단이나 방식(알고리즘 등), 가명정보와의 비교 및 대조 등을 통해 삭제 또는 대체된 개인정보 부분을 복원할 수 있는 정보
  - 추가 정보는 가명처리 과정에서 생성 및 사용된 정보로 제한되며, 해당 정보를 가명처리 전 정보로 되돌릴 수 있는 정보(복원할 수 있는 정보)인 점에서 특정 개인을 식별 가능하게 하는 다른 정보와 구분됨
- 가명처리란 개인정보의 일부를 삭제하거나 일부 또는 전부를 대체하는 등의 방법으로 추가 정보 없이는 특정 개인을 알아볼 수 없도록 처리하는 것을 말한다. 따라서 개인정보의 일부를 삭제하거나 일부 또는 전부를 대체하는 등 기술적 처리를 한 것만으로는 가명처리가 완료되었다고 볼 수 없고, 처리 결과 해당 정보만으로는 특정 개인을 알아볼 수 없어야 제대로 된 가명처리가 이루어졌다고 볼 수 있다.

> **학습 Tip** 결합 용이성과 식별 가능성 예시
>
> - **이름 + 주소** : 주소가 상세할수록 식별 가능성이 높아짐
> - **이름 + 전화번호** : 전화번호 이용 시점이 명확할수록 식별 가능성이 높아짐
> - **이름 + 소속** : 소속 범위가 상세할수록 식별 가능성이 높아짐
> - **ID + IP Address** : 유동/고정 및 공인/사설 등 IP 특성에 따라 식별 가능성이 차이남
> - **ID + Mac Address** : 공용/개인 등 PC 특성에 따라 식별 가능성 정도가 차이남

🔒 프라이버시와 개인정보

프라이버시(Privacy)의 개념

- 개인이나 집단에 관한 정보를 다른 사람들에게 선택적으로 공개할 수 있는 권리를 말한다. 프라이버시를 사생활(私生活)이라고도 하는데 사생활은 개인의 정보를 공개하지 않고, 보호하는 측면을 강조하지만 프라이버시는 개인의 정보를 공개 또는 비공개할 수 있는 선택적 권리를 의미한다(타인의 방해를 받지 않고, 개인의 사적 영역을 유지하는 이익 또는 권리).
- 컴퓨터와 통신기술의 발전으로 정보사회에 진입하게 되었고, 정보 환경의 급격한 변화로 인하여 개인정보의 수집 및 처리와 관련한 사생활 보호라는 새로운 차원의 사회적 문제가 야기되었다. 단순히 간섭받지 않을 권리에서 벗어나 개인의 사생활을 자신이 통제할 것을 요구하는 적극적인 의미의 권리로 인정받기 시작했다.
- 개인정보의 DB화가 진행되면서 개인정보의 처리와 이용이 시간적/공간적 제약 없이 간편하고 신속하게 이루어질 수 있고, 정보처리의 자동화와 정보 파일의 결합을 통하여 여러 기관 및 기업간 정보 교환이 용이해졌다.
- 개인의 인적사항이나 생활 패턴 등 각종 정보가 정보 주체의 의사와는 무관하게 수집 및 이용, 공개될 수 있는 새로운 정보 환경에 처하게 되었고, 개인정보 처리에 있어 업무와 기능이 강화됨에 따라 국가/기업 등의 개인에 대한 감시 능력과 프라이버시 침해 현상이 증대되어 개인의 사생활 등 개인정보 침해문제를 시급히 해결해야 하는 범국가적 과제로 제기되었다.

프라이버시의 범주

- **Territorial Privacy** : 개인 환경에 대해서 침입 제한에 초점을 맞추고 있으며, 집과 사무실 등 보호받아야 할 사적 영역에 대한 프라이버시이다. 이는 가정에만 국한된 개념이 아니며, 직장이나 공개된 장소도 이에 해당될 수 있다(구분은 CCTV 감시 및 출입 카드 체크 등과 관련이 있음).
- **Personal Privacy** : 신체 프라이버시와 통신 프라이버시로 구분할 수 있는데 신체 프라이버시는 개인의 신체 또는 물리적 존재와 관련된 침해로부터 보호받아야 할 권리이고, 통신 프라이버시는 우편, 유무선 통화, 이메일 등의 통신에 관련된 자유를 보장받아야 할 권리이다.
- **Information Privacy** : 정보통신 기술의 발달에 따라 개인정보가 타인에 의해 전자적 형태로 무한히 축적/처리되기 시작하면서 개인정보에 대한 정보 주체의 자기 결정권을 나타내기 위한 개념이다.
  - 개인정보가 요구 및 공개되고, 사용되는 정보에 관해서 통제권을 주장할 수 있는 권리
  - 프라이버시권에 포함되는 권리이며, 다른 사람들이 자신의 정보에 대해 통제할 수 있는 개인 권리로 표현
  - 개인정보가 요구/공개/사용되는 정보에 관해서 통제권을 주장할 수 있는 권리

> **학습 Tip** 헌법재판소의 개인정보자기결정권
>
> - 개인정보자기결정권은 자신에 관한 정보가 언제 누구에게 어느 범위까지 알려지고, 이용되도록 할 것인지를 그 정보 주체가 스스로 결정할 수 있는 권리로 정보 주체가 개인정보의 공개와 이용에 관하여 스스로 결정할 권리를 의미
> - 개인정보자기결정권의 보호 대상이 되는 개인정보는 개인의 신체, 신념, 사회적 지위, 신분 등과 같이 개인의 인격 주체성을 특징 짓는 사항으로서 그 개인의 동일성을 식별할 수 있게 하는 일체의 정보로 반드시 개인의 내밀한 영역이나 사사의 영역에 속하는 정보에 국한되지 않고 공적 생활에서 형성되었거나 이미 공개된 개인정보까지 포함(개인정보를 대상으로 한 조사/수집/보관/처리/이용 등의 행위는 모두 원칙적으로 개인정보자기결정권에 대한 제한에 해당)
>
> 2005.5.26. 99헌마513, 2004헌마190(병합) 전원재판부

| 프라이버시와 개인정보의 관계 |

- 프라이버시는 사생활에 관한 이익을 총칭하는 개념으로 우리 헌법이 상정하고 있는 주거의 자유, 사생활의 비밀과 자유, 통신의 비밀 등은 모두 프라이버시 개념에 포함된다.
- 개인정보는 프라이버시 영역에 속하는 정보 프라이버시의 보호 대상이다.
- 개인정보보호는 프라이버시의 한 내용으로서 타인에 의한 개인정보의 수집/처리와 관련해서 해당 개인정보의 주체가 가지는 이익(개인정보자기결정권)을 보장하기 위한 법제를 의미한다.
- 전통적으로 사생활 비밀을 보호하기 위한 형법 및 여러 법률상의 비밀 보호 규정과 통신비밀보호법은 엄밀히 말하면 개인정보보호법의 범주에 속하지 않는다.

개인정보의 유형

| 제공정보 |

- 서비스 이용자 또는 정보 주체가 직접 회원가입이나 서비스 등록을 위해 정보통신서비스 제공자 또는 개인정보처리자에게 제공하는 정보이다.
- 온라인 서비스를 이용하기 위한 회원가입 과정에서 제공하는 신상 정보 일체 또는 서비스 이용 과정에서 문제점을 해소하기 위한 본인 확인을 목적으로 제공하는 정보이다.

| 생성정보 |

- 정보통신서비스 제공자 또는 개인정보처리자가 서비스를 제공하는 과정에서 생성되는 서비스 이용자 또는 정보 주체에 관한 정보이다.
- 정보통신서비스 제공자 또는 개인정보처리자가 제공하는 서비스를 이용하는 과정에서 이용자의 서비스 이용 기록이나 접속 로그 쿠키 등이 생성되며, 이러한 정보는 서비스 이용 정보의 무결성을 보장하기 위한 중요한 수단일 뿐만 아니라 추가적인 서비스를 제공하기 위한 데이터로 사용된다.
- 서비스 이용자 또는 정보 주체가 서비스 이용과 관련하여 이용약관 등을 통해 사전에 사업자와 합의한 일련의 규칙을 위반한 경우 그에 대한 적정 제한 또는 제재를 가하기 위해서라도 사용되는데, 이러한 정보들은

이용자가 회원 서비스 가입 등을 통해 직접 제공하는 정보가 아니라 서비스 이용 과정에서 기술적 방법에 의해 자동으로 생성 또는 수집, 저장되는 특성을 갖는다.
- 생성정보는 그 자체로서 개인정보로 인정되기 어려운 경우가 많으며, 서비스 이용자 또는 정보 주체가 직접 제공한 제공정보 등과 결합하여 개인 식별이 가능한 경우에 한하여 개인정보로 인정될 수 있다.

Section 2 개인정보보호의 중요성

🔒 개인정보의 가치

| 개인정보의 가치산정 |

- 개인정보는 이용자와 이용자로부터 해당 개인정보를 수집 받아 활용하는 주체에 따라 동일한 개인정보 항목에 대해서 그 가치를 다르게 산정할 수 있는 편향성을 내재하고 있다.
- 이용자는 자신의 개인정보에 대한 가치를 과평가하는 경향이 있는 반면에 기업 등 개인정보를 제공받아 활용하는 주체는 해당 개인정보에 대한 가치를 저평가하는 경향이 있다.
- 개인정보 유/노출 사고 발생 시 그 피해액을 산정하거나 유/노출 피해로 인한 손해배상액을 산정하는 등 개인정보의 가치를 확인할 필요가 있을 때는 객관적으로 증명된 가치산정 방식에 기초해야 한다.
- Delphi, 전문가 판단과 같은 일반적인 사회학적 방법으로 개인정보의 가치를 산정할 수 있지만 가장 대표적으로는 가상가치산정법(CVM ; Contingent Valuation Method)을 이용할 수 있다.
- CVM은 설문 조사에 기초한 가치산정 방식으로 주로 비시장 자원(환경보전, 공해의 영향 등)에 대한 가치를 산정하는 경제학적 방식이다. 이러한 자원들은 사람들에게 효용을 제공하는 반면에 자원에 내재된 속성 때문에 시장 가치를 가지지 않는 경우 해당한다(설문 조사를 통해 어느 정도의 금액을 지불할 의사(WTP ; Willingness To Pay)가 존재하는가를 확인).
- CVM 이외에 기업에서 가장 간단하게 개인정보에 대한 가치를 산정할 수 있는 방법은 개인정보가 유출된 다양한 상황을 가정하여 해당 상황별로 유출 가능한 개인정보 항목을 분석하고, 각 항목의 중요도 및 유출 항목의 개수를 행렬화하여 손해배상액의 총합을 기업에서 보유하고 있는 개인정보의 가치로 활용할 수 있다.
  - 개인정보의 가치산정이 편리하거나 다양한 시나리오를 개발하면 실제 상황에 대응할 수 있을 뿐만 아니라 Worst Case ~ Best Case의 범위를 확인할 수 있음
  - 산정된 손해배상액을 근거로 개인정보유출 배상책임보험 등과 같은 위험 전가 통제를 구현할 수 있음

> **학습 Tip** CVM에 의한 개인정보 가치산정 단계
> - Step 1 : 설문 조사 대상 및 질의로 확인해야 할 결과물을 식별
> - Step 2 : 개인정보의 가치를 투영할 수 있는 대상을 구별
> - Step 3 : Step 1, 2를 통해 확인된 개별 개인정보 항목의 가치를 평가하여 이를 평균값으로 환산

비시장 재화의 가치평가

- 시장에서 거래되는 재화나 서비스가 아닌 자원에 대한 경제적 가치평가 방법이다.
- 시장에서 거래되는 상품이나 서비스는 시장 가격이 있으므로 경제적인 가치의 평가가 용이하지만 비시장 재화의 경우 정해진 금액이 없으므로 이에 대한 가치평가는 가격이 아닌 새로운 방식으로 접근할 필요가 있다.
- 국립공원의 가치, 환경의 가치, 정보의 가치, 유/무형 문화유산의 가치 등 추상적인 재화는 시장에서 거래되지 않으므로 가격은 없지만 비사용 가치를 가지는 중요한 자원이다.
- 현재 사용하지 않아도 미래에 사용 여부를 선택할 수 있도록 하는 자원의 보전 가치와 현재 이용하지 않고, 미래에도 이용할 가능성은 없지만 존재한다는 것만으로도 효용을 주는 존재 가치가 있는 재화인 것이다.
- 비시장 재화에 대한 가치 측정 방법으로는 조건부 가치평가법, 여행자 비용 접근법, 잠재 가격법 등이 있다.
- 조건부 가치평가법은 이론적 근거 및 경험적으로 가장 많은 연구가 이루어진 방법론으로 현재 환경 및 문화재 등의 가치추정에 널리 쓰이고 있다.

조건부 가치평가법

- 비시장 재화에 대해 가상 가격을 설정하고, 설문 조사를 통해 응답자들이 응답한 가격을 해당 재화의 가치로 간주하는 방법이다.
- 가상 상황을 설정하고, 비시장 재화의 효용을 누리기 위해 얼마를 지불할 용의가 있는가(Willingness to Pay) 또는 비시장 재화의 효용이 없어지는 경우 해당 상황을 감당할 수 있는 수락 금액(Willingness to Accept)은 얼마인가를 질문하는 방식이다.
- CVM을 위한 설문 조사에서 질문 방법은 크게 개방형 질문법과 폐쇄형 질문법이 있다.
  - 개방형 질문법은 질문자에게 가상 재화에 대한 가치를 주관식(Open-Ended)으로 묻는 방식으로 가상 시장에 대한 상황을 설명한 후 응답자에게 지불 의사액(WTP ; Willingness To Pay) 또는 수용 의사액(WTA ; Willingness To Accept)을 물음(주관식으로 응답을 받기 때문에 지불 의사(WTP)에 대해 무응답 비율이 나올 확률이 높으며, 지나치게 과대/과소한 응답을 할 확률이 높아 이상치가 발생할 수 있고, 결과값이 매우 상이하고 격차가 클 수 있어 응답의 신뢰성이 떨어짐)
  - 폐쇄형 질문법에는 연속경매법, 지불카드법, 양분선택법 등이 있음

질문법	설명
연속경매법	첫 번째로 임의의 가격을 제시하여 '예'라고 할 경우 두 번째에 한 단위 높은 금액으로 질문하고, '아니오'라고 할 경우 한 단위 낮춘 금액으로 묻는 방식(경매 방식과 동일) 이를 여러 번 반복하여 응답자의 최종 WTP/WTA를 도출할 수 있지만 질문자가 처음 제시한 금액에 따라 응답이 민감한 영향을 받을 수 있으며, 대상 재화에 대해 익숙하지 못한 사람은 초기 제시 금액을 일종의 모범답안으로 간주하여 해당 금액에 가까운 응답을 할 확률이 높다는 단점이 있음

지불카드법	적은 금액부터 큰 금액까지 일련의 가격이 적힌 카드를 응답자에게 제시하고, 한 가지를 선택하게 하는 방식으로 연속경매법의 초기 제시 금액에 따른 시작점 편의를 줄일 수 있고, 일정 범위의 금액을 카드로 제시하므로 이상치 발생이나 응답값의 변이를 줄일 수 있으나 일련의 금액을 어떤 범위로, 어떤 간격으로 제시할 것인가의 구간 결정 문제가 있을 수 있고, 특정 숫자(5, 10, 15… 등)에 집중되어 응답이 나올 수 있는 정박 효과(Anchoring Effect)가 발생할 수 있음
양분선택법	이미 선정된 여러 개의 가격 중 하나를 선택하여 응답자에게 제시하고, 이것이 응답자의 WTA/WTP를 반영하고 있는지의 여부를 조사하는 방식으로 초기 제시액을 수용할 것인가의 여부(예/아니오)를 물음(한 번만 실시할 경우는 양분선택, 두 번을 선택할 경우는 이중 양분선택이라고 함)

> **학습 Tip** 단일 양분선택법
> - 단일 양분선택을 통해 응답자에게 개인정보 유출 사고 발생 시 배상수용금액(WTA)을 알아봄으로써 피해 입은 개인의 의사가 반영된 개인정보의 가치를 추정함
> - 나의 개인정보가 유출되었을 때 발생할 수 있는 피해를 상쇄시켜줄 만한 금액을 배상수용금액(WTA)의 형태로 질문하고, 배상액 응답값을 해당 개인정보의 가치로 판단하는 것

🔒 개인정보보호의 필요성

| 개인의 입장 |

- 개인이 개인정보 침해를 당한 경우 인격권의 침해에 따른 정신적 피해와 보이스피싱, 명의도용 등으로 재산적 피해를 입을 수 있으며 유괴, 스토킹 등 범죄에 노출될 우려가 있다.
- 사이버 스토킹에 의한 지속과 반복적 욕설, 협박 등에 의한 생명 및 신체 위협은 재산상 이익을 취하기 위한 불건전한 의도를 가진 익명의 이용에 의해 행해질 수 있다.
- 피해자는 본인이 의도하지 않게 개인 홈페이지 또는 블로그 등 SNS 채널에서 자신의 사회적 평가에 대한 부정적 영향을 받을 수 있는 게시글 및 댓글들로 피해를 받을 수 있다.
- 온라인상에서 개인정보 유출로 인한 피해가 발생한 경우 회복이 어려울 뿐만 아니라 피해자 개인이나 특정 서비스 제공자에 의해 피해가 복구되기 전에 다른 온라인 기반 서비스로 전파됨으로 2차 피해가 실시간으로 발생할 수 있다(피해 발생 시 개인정보 유/노출 근원을 확인하는데 많은 자원이 소요됨).

| 기업의 입장 |

- 정보화 사회에서 기업들은 이용자들의 개인정보를 활용하여 다양한 맞춤형 서비스를 제공할 뿐만 아니라 이를 통해 가치를 창출하고 있다.
- 이용자들의 개인정보는 그 소유가 정보제공자 개인에게 귀속되며, 기업은 이용자의 동의하에 수집, 이용, 제공 등의 활동을 하게 되므로 고객의 개인정보에 대한 선량한 관리자로서의 역할을 다해야 한다.

- 기업 입장에서 개인정보 유출 등 사고가 발생하면 기업 이미지가 실추되어 고객 이탈 및 잠재 고객의 외면 현상이 불가피할 뿐만 아니라 경쟁사의 비방 대상이 될 수밖에 없다. 또한, 소비자 단체 등의 불매운동, 다수 피해자에 대한 집단적 손해배상의 지급 등으로 기업 경영에 치명적인 타격을 입을 뿐만 아니라 매출이 감소하고, 가치가 하락하여 경영 전반에 악영향을 끼치는 위험도 배재할 수 없다.
- 개인정보에 대한 이용자의 오너쉽은 점차 사회적으로 강화되고 있으며, 실질적으로 개인정보 유/노출 사례에 대한 손해배상 청구액 역시 점차 증가하고 있기 때문에 기업 입장에서는 개인정보 유/노출이 기업 생존에 직접적인 영향을 미치고 있다.

| 정부의 입장 |

- 국가는 현대 사회를 통괄하기 위해 국가 정보화가 필수적이고, 이를 통해 국가 기능 및 경쟁력을 강화하여 체제를 유지한다. 이를 위해서는 국민의 개인정보가 전제되어야 하므로 전자정부의 추진에 있어 개인정보보호를 소홀히 하면 공공행정의 신뢰성과 국가 브랜드가 하락하고, 전자정부 추진 자체가 불가능하게 될 것이다.
- 정부는 개인정보보호에 대한 법률과 제도의 정비 및 실제 정보 제공, 이용 주체들의 행태에 대한 규율 수준을 감독하고 있기 때문에 정부 또는 공공기관 자체의 개인정보보호와 관리는 기업이나 개인에 비해 더 높은 비난가능성을 내포하고 있다.

개인정보의 중요성 인식

| 기업과 개인정보 |

- 기업은 고객 및 정부와 더불어 경제 체계를 구성하는 하나의 중심축으로 주주의 이익을 극대화하기 위해 이윤 창출을 목표로 하고 있다. 따라서 기업은 소비자와의 관계를 구축함에 있어 지속적/발전적 방향으로 고객 관계를 설정하고, 그들의 다양한 욕구에 부흥하기 위해 노력을 지속해야 한다.
- 기업의 고객 관계 형성을 위한 활동은 CRM, 이용자 맞춤 서비스 제공 및 목표 마케팅 등으로 표출되고 있으며, 이러한 활동의 기초가 되는 것이 바로 이용자(고객)의 개인정보이다.
- 개인정보는 고객과의 관계를 설정하고, 그러한 관계에 기초하여 고객의 욕구를 파악 및 충족하기 위한 맞춤형 서비스 제공 등의 핵심 자원(자산)으로 자리매김하였다.
    - 아마존(Amazon.com)에서는 회원들의 구매 성향, 필요한 정보를 찾는 행태 등을 종합하여 메인 페이지 하단에 제공함으로써 이용자들의 편의를 도모하는 동시에 재화의 판매를 유도함
    - 개인정보 활용에서 기업 활동의 다각화를 통해 신규 비즈니스의 개발 및 발전된 사업 모델 등이 등장함
- 모바일 기기의 활용 확대 및 SNS 채널의 다양화 등 이용자 변화에 따라 기존의 전통적인 개인정보 수집 절차에 의지하지 않고, 보다 구체적이고 세밀한 개인정보를 은밀히 수집하는 경향이 증가함에 따라 개인정보 침해의 위험성은 점차 증가하고 있다.

| **기업의 개인정보보호 인식의 필요성** |

- 기업의 개인정보보호 인식 부족은 암호화 조치, 보안 서버 구축, 주민등록 대체 수단 등 개인정보보호를 위한 기술적, 관리적 조치를 제대로 취하지 않아 대량의 개인정보 유출 사고의 근본적인 원인을 제공한다.
- 경영 이익의 추구를 중요시하는 기업이 그에 상응하는 개인정보보호 인식을 갖추지 못함으로 인해 복잡하고 다양한 개인정보 문제가 발생하게 된다.

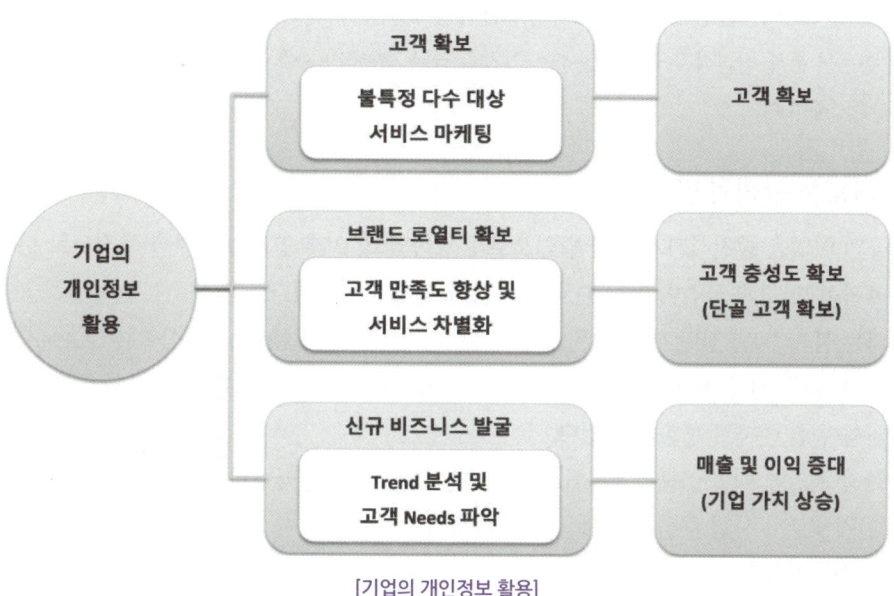

[기업의 개인정보 활용]

Section 3 기업윤리와 ESG 경영

🔒 기업윤리와 정보보호

| **기업의 사회적 책임** |

- 기업의 사회적 책임(CSR ; Corporate Social Responsibility)은 비즈니스 모델에 통합된 기업의 자기 규제적 형태를 의미하며 Corporate Responsibility, Corporate Citizenship, Responsible Business, Sustainable Responsible Business(SRB), Corporate Social Performance 등으로 알려져 있다.
- CSR 정책은 사업자가 법률, 윤리적 기준 및 국제적 규범에 부합하는 활동을 하고 있는지를 모니터링하여 확인하는 내용으로 구성되며 주로 환경, 소비자, 임직원, 지역 사회 등에 초점을 맞추고 있다.
- CSR은 기업의 의사결정 과정에 공공의 이익을 포함하는 개념으로 사람, 지구, 이익이라는 3P(People, Planet, Profit)를 중요시한다.

- 개인정보보호를 바라보는 새로운 시각인 기업의 사회적 책임은 기업 고객인 이용자의 개인정보를 소중하게 보호함으로써 위험 관리(Risk Management) 체계를 한 단계 성숙시킬 수 있는 기회를 창출할 뿐만 아니라 브랜드 차별화를 구현할 수 있고, 규제의 간섭으로부터 어느 정도 자유로운 권리를 갖게 된다.
  - 개인정보보호를 기업의 사회적 책임이라는 관점에서 접근할 때 주의해야 할 점이 있는데 대표적으로 운영, 영업행태에서 윤리적 무결성에 대한 근본적인 도전을 받고 있는 기업들에 대해서는 CSR의 지나친 강조로 인해 사회의 기여보다는 기업 자체의 이익을 얻기 위한 행태라는 비판이 존재함
  - 개인정보 활용을 통해 직접적 이익을 창출하는 기업의 경우 개인정보보호 활동과 CSR 개념을 통합할 때는 이와 같은 반향에 주의해야 함

| 기업을 바라보는 관점의 변화 |

- 기업은 공공의 이익을 증진시키기 위한 법인으로 등장하였고, 이후 영리를 추구할 목적으로 분산된 소유 구조를 보유하면서 한 가지 국적이 아닌 다국적 기업의 형태로 진화했다.
- 기업의 정의는 불과 10년 전만 해도 많은 경영학에서 기업을 투입물(Input)과 산출물(Output) 사이의 블랙박스, 이윤 극대화를 위한 존재로 정의했지만 지금은 계약으로 이루어진 유기체, 가치 극대화를 위한 존재, 사회적 책임을 위한 존재로 변화하고 있다.
- 기업의 사회적 책임에 대한 이해관계자들의 요구에는 기존의 이윤 극대화와는 달리 법인 또한 자연인과 같은 하나의 인격체로서 사회 구성원 역할을 다해야 한다.
- 기업의 사회적 책임이 강조되고 있는 현실 속에서 정보보호의 실패로 얻게 되는 위험이 단순히 손해배상 차원의 금전적인 손실에만 그치지 않는 만큼 기업의 역할을 신중히 고려해야 한다.

| 기업의 지속 가능한 정보보안 |

- 기업의 정보보호 활동을 3가지 측면으로 분류하면 법률과 제도의 수립(Hard Trust), 개인정보보호를 위한 의지 표명 등 고객을 위해 헌신하는 이미지(Real Trust), 회사 내부의 윤리문화 정착(Good Trust) 등을 통해 신뢰를 구축해 나갈 수 있다.

- 시스코의 (전) CEO인 존 챔버스(John Chambers)는 '세상에는 해킹을 당한 회사와 해킹을 당한지 조차 모르는 두 타입의 회사가 있다.'라고 말했다.
- 기업 외부의 시선에서 바라볼 때 한 가지 치명적인 사실은 '누출 사실을 알리지 않은 회사'로 최근 정보 유출에 대한 많은 제도와 판결들이 기업을 우선시했던 과거와는 달리 개인을 중요시하는 판결로 바뀌고 있다. 이는 아직 드러나지 않은 심각한 문제들을 위한 대비책 마련의 필요성을 강조하고 있는 것이다.

기업의 신뢰를 위한 정보보안의 여섯 가지 원칙	
기밀 유지(Confidentiality)	인가되지 않은 사람으로부터 읽히거나 복사되지 않도록 보호
온전성(Integrity)	인가되지 않은 사람으로부터의 정보 변경 및 삭제 방지
유용성(Availability)	서비스가 손상되지 않도록 보호
지속성(Consistency)	이용자의 기대 수준에 맞게 작동하도록 보장
통제(Control)	접근에 대한 규제
감사(Audit)	모든 활동에 대한 기록

ESG 경영과 정보보안

| ESG 경영 주요 내용 |

- ESG란 기업 경영에서 지속 가능성(Sustainability)을 달성하기 위한 환경(Environment), 사회(Social), 지배 구조(Governance) 측면에서의 비재무적 성과를 의미한다(핵심 요소 중 사회 요소의 평가 항목에 데이터 보호 및 프라이버시가 포함됨).
- 기업을 경영함에 있어 기업 내부의 데이터 및 고객의 데이터, 개인의 권리를 보호하기 위해 노력하고 있는지를 평가에 반영하도록 한다.
- 기업의 정보보안 분야를 평가하는 데 있어 통상적으로 활용될 수 있는 평가 항목 예시는 다음과 같다.
  - 정보보안 활동에 최고 경영진이 참여하는지의 여부(의사결정 및 적극적인 지원 등)
  - 전체 매출 규모 대비 정보보안 분야에 대한 투자 금액
  - 정보보안 조직의 구성 여부 및 규모
  - 전문기관에 의해 평가된 정보보안 인증 획득 여부
  - 정보보안 조직에 의한 구체적 활동 수행
  - 침해사고 관리 절차 수립 및 이행 여부
  - 조직 구성원에 대한 정보보안 인식 제고 활동
  - 정보보안 활동의 적정성에 대한 자체 평가의 주기적 수행 여부
- 정보보안과 개인정보보호는 침해될 경우 고객 등 이해관계자에게 심각한 피해를 줄 수 있을 뿐만 아니라 기업의 평판에도 막대한 악영향을 미칠 수 있으므로 ESG 경영이 강조될수록 그 중요성이 더욱 부각될 것을 예상하여 미리 점검 및 개선 체계를 마련해나간다.

| 정보보안의 요건 |

- 정보보안에서는 개인정보 관련 보안을 포함한 정보통신 시스템 보안만을 생각하기 쉬우나 모든 산업 분야에 걸쳐 자동화와 디지털화가 진행되고 있는 현 단계에서는 산업 안전과 산업 운영 보안을 함께 고려할 필요가 있다.

- 정보보안 문제는 단순히 기업 내부의 일부 시스템에만 영향을 미치는 것이 아니라 기업의 전체 사업 나아가 사회나 전 세계에 영향을 미칠 수 있는 매우 중요한 문제이다.
  - 미국 동부에서 석유 공급의 상당 부분을 담당하고 있는 콜로니얼 파이프라인은 압력 센서, 밸브, 펌프 등 송유관 설비를 디지털화하여 운영하였는데 얼마 전 랜섬웨어 공격을 받으면서 설비 가동이 중단되었고, 그로 인해 미국 남동부 지역에 휘발유 부족 사태로 엄청난 피해가 발생함
  - 2019년에는 세계 최대 알루미늄 생산 회사 중 하나인 노르스크 하이드로가 랜섬웨어 공격을 받고, 알루미늄 생산을 중단하게 되어 전 세계적으로 알루미늄의 가격 상승을 초래함
- 다수의 기업들이 설비를 자동화 및 디지털화하고, COVID-19 사태 이후 원격 업무 수행도 활발하게 이루어지고 있어 사이버 공격이나 그 밖의 보안 관련 위협에 따른 기업의 위험 또는 사회 및 산업 전반의 위험으로 정보보안은 점점 중요해지고 있다.
- 산업 설비의 사이버 공격이나 보안 취약점 등으로 안전 사고가 발생할 경우 2022년 1월 27일부터 시행되는 중대 재해 처벌 등에 관한 법률에 따른 안전보건관리체계의 구축 및 그 이행에 관한 조치 등 의무 불이행과 그에 따른 형사 처벌이 문제될 수 있다.
- IT 보안과 산업운영 보안 영역에서 정보보안을 위한 조치를 취하는 것은 기업의 ESG 경영에 있어 매우 중요한데 우리나라의 경우 정보통신 기반 보호법이 주요 정보통신 기반시설의 지정 제도를 두고, 정보통신 기반시설 관리기관의 장으로 하여금 주요 정보통신 기반시설 및 관리 정보를 안전하게 보호하기 위한 예방, 백업, 복구 등 물리적/기술적 대책을 포함한 관리 대책을 수립 및 시행하도록 하고 있다.
- 기업은 정보 자산을 보호하기 위하여 다음과 같은 적절한 체계와 절차를 마련하여야 한다.
  - **이사회의 역할** : 정보 자산 보호의 중요성 및 위험을 인지하고 경영진의 정보보안 활동을 감독하되 이를 위해 이사회 혹은 경영진 내에 IT 관련 분야의 경험이 있거나 정보보안 전략에 대한 이해를 가진 구성원을 확보함
  - **정책 및 관리체계 수립** : 기업은 정보보안 정책과 관리체계를 수립하여 모든 임직원이 정보보안의 중요성과 위험 요소를 인지하고 정보보안 활동을 실천할 수 있도록 하되 정보보안 정책은 통상적인 정보 관리 방침과 정보의 유출, 손실, 도난 사고 등에 대한 위험 대응 방안을 포함함 또한, 정보보안 관리체계는 일반적인 정보 관리체계뿐만 아니라 해킹, 재해, 재난 등 비상 상황에 대한 대응 절차와 테스트를 포함하며, 모든 임직원에게 정기적인 교육을 제공하고 상시 관리 점검 체계를 수립하여 정보보안의 효과성을 확보함
  - **전문인력 및 재원 확보** : 기업은 정보보안 관리체계가 실효적으로 작동할 수 있도록 정보보안 관련 분야의 전문인력을 확보하고, 업무 수행을 위한 재원을 마련함
  - **협력사 정보보호 점검** : 기업은 협력사의 정보보호 현황을 점검하고 개선을 지원함

| 개인정보보호의 요건 |

- 개인정보보호법 외에 신용 정보의 이용 및 보호에 관한 법률, 위치 정보의 보호 및 이용에 관한 법률 등 다양한 법률을 구체적으로 다루고 있어 최소한의 준수 기준을 명확히 파악을 할 수 있다. 또한, 개인정보보호법은 개인정보보호 인증제도를 두고 개인정보처리자가 개인정보를 적법하게 처리 및 보호하고 있는지에 대해 인증받을 수도 있다.

- ESG 경영을 추구하는 회사의 입장에서는 개인정보보호 법령을 준수하는 수준에 만족하지 않고, 실제 처리하고 있는 개인정보 항목, 처리 방법(방식), 관련 인력, 조직 및 시스템, 현재 취하고 있는 개인정보보호 조치의 수준 등을 고려하여 개인정보 침해가 발생할 수 있는 위험 요인을 선제적으로 파악(법적으로 반드시 필요한 것이 아니더라도)한 후 이러한 위험 요인을 제거하기 위한 개선 및 보완 조치를 취하는 등 높은 수준의 노력이 필요하다.
- 기업은 개인정보보호법을 준수하고 효과적인 자율규제가 이루어질 수 있도록 정당한 방식으로 개인정보를 수집 및 활용하여 개인의 사생활을 보호하여야 한다.
    - 개인정보보호 정책 수립 기업은 조직 내 개인정보보호 관리 정책을 수립하여 전략 수립 및 사업 기획/설계 단계에서부터 전략 및 사업 완료 시까지 모든 단계에 걸쳐 소비자의 프라이버시 및 자유와 권리가 보호될 수 있도록 개인정보를 적법하게 처리하고 안전하게 관리하여야 함
    - 모든 임직원과 관계자(시간제 근로자 및 수탁사 직원 등)에게 개인정보보호의 중요성 및 침해 위험과 관련된 정기 교육을 실시하여 개인정보보호의 필요성을 인지하고 해당 정책의 실효성을 강화해야 함
    - 개인정보보호 책임자 기업은 개인정보보호 체계를 강화하기 위해 경영진에 개인정보보호 전문성을 보유한 책임자를 확보하되 해당 책임자는 개인정보보호 업무를 책임지고 그 독립성을 보장받아야 함
    - 개인정보 위험 관리 기업은 사업을 수행하는 과정에서 발생할 수 있는 개인정보 침해 위험을 사전에 파악하고, 대비할 수 있도록 절차를 마련하여 정보 주체의 개인정보를 보호하여야 함
    - 개인정보가 포함된 데이터를 활용하는 경우 정보 주체의 사생활 및 자유와 권리를 보호할 수 있는 적절한 절차와 방안을 마련하되 필요한 경우 개인정보 영향 평가를 정기적으로 시행하여야 함
    - 수집 및 활용 기업은 개인정보를 수집하거나 활용할 경우 합법적이고 공정한 절차를 따라야 함
    - 개인정보 수집 범위는 제품 및 서비스 제공에 필요한 최소한의 정보로 제한하고, 정보 주체의 명백하고 입증 가능한 자발적 동의를 얻은 정보나 사법 당국의 문서 등 적법한 절차로 확보한 정보로 제한함
    - 기업은 개인정보 활용 시 명시된 목적 및 범위 이외의 정보 활용과 공개 및 공유는 하지 않아야 함 특히, 보유한 개인정보를 비윤리적 행위에 오용 또는 남용하지 않아야 함
    - 모니터링 체계 구축 기업은 개인정보 수집 및 활용에 대한 모니터링 체계를 구축하여 개인정보보호의 실효성을 높이고, 자율적인 개인정보보호 체계를 확립할 수 있음
- 기업은 개인정보보호에 관련된 활동을 투명하게 공개하고, 정보 주체의 정당한 자유와 권리를 보장해야 한다.
    - 개인정보 처리 투명성 확보 기업은 개인정보를 처리할 때 해당 근거와 과정을 투명하게 공개해야 함(개인정보보호를 위해 투입한 자원을 구체적으로 밝혀야 함)
    - 기업은 고객 정보 유출, 손실, 도난 사고 등 개인정보와 관련된 사고에 적극적으로 대응하고, 개인정보보호에 취한 조치에 대해서는 정보 주체 및 이해관계자와 적극적으로 의사소통하여야 함
    - 정보 주체의 권리 보장 기업은 정보 주체 및 개인정보 취급자 등 이해관계자의 개인정보보호 인식을 재고하기 위해 노력하고, 정보 주체가 가지는 권리와 위험 요소를 신속하면서 이해하기 쉽게 알려야 함

> **학습 Tip** ESG 경영 모범규준에 따른 개인정보보호 관련 제도
>
> - 기업은 개인정보를 자율적으로 보호하기 위한 각종 제도를 활용할 수 있는데 이중 대표적인 것이 자율규제단체를 통한 개인정보 자율 보호 활동이며, 2021년 3월 기준 19개의 업종별 자율규제단체가 존재하고, 소속 회원사는 14만여 개 수준임
> - 자율규제협의회에서 자율규제단체를 지정 및 평가하며, 전문기관(한국인터넷진흥원, 건강보험심사평가원, 사회보장정보원)에서는 자율규약 제/개정, 개인정보보호 교육, 컨설팅 등 자율규제단체와 회원사의 자율 보호 활동 전반을 실무적으로 지원함
> - 기업은 개인정보보호 관리체계를 수립하는 과정에서 인증제도를 활용할 수 있는데 그중 ISMS-P(정보보호 및 개인정보보호 관리체계 인증)는 주요 정보 자산 유출 및 개인정보 사고를 예방하기 위해 기관이 수립 및 운영 중인 관리체계가 적합한지 인증하는 제도로 3개 분야(관리체계 수립 및 운영, 보호 대책 요구사항, 개인정보 처리 단계별 요구사항) 총 102개 심사 항목에 대해 심사하며, 3년 주기로 갱신함
> - 개인정보 영향 평가를 실시할 경우 기업은 개인정보 침해 발생 가능성을 사전에 평가하여 조치함으로써 사고를 미연에 방지하고, 시스템 운영 단계에서 발생되는 문제점의 비용을 최소화하여 개인정보보호 수준을 향상시킬 수 있음(공공기관의 경우는 개인정보보호법 제33조에 따라 의무적으로 영향 평가를 수행하고 있으며, 민간 기업의 경우는 개인정보보호위원회가 지정한 영향 평가기관을 통해 영향 평가를 받거나 자체적으로 평가를 실시할 수 있음)
> - 개인정보 파일 운용 시스템의 신규 도입 및 변경 시 개인정보 침해 위험 요인을 분석하는 제도 이외에 개인정보보호위원회에서 개인정보 처리방침 작성을 지원하고, 평가하기 위한 법정 제도 도입과 표준안 마련을 진행함에 따라 개인정보를 처리하는 기업은 관련 사항을 참고할 수 있음(자율규제단체에 소속되어 개인정보보호 활동을 성실히 수행한 경우 개인정보보호법 위반에 대한 과태료 감경 등의 이점이 있어 개인정보보호로 발생할 수 있는 재무적, 비재무적 리스크를 최소화 할 수 있음)

Chapter 02 개인정보보호의 제도

학습목표
- 개인정보 관련 법제도 및 통제 메커니즘에 대해서 이해하고, 보호 원칙 및 의무에 대해 학습한다.
- 정보 주체 권리에 대한 이해와 권리 보장을 위한 절차 및 개인정보 관련된 분쟁 해결 절차에 대해 학습한다.

Section 1 개인정보보호 통제 메커니즘

개인정보보호 관리 프레임워크

| Privacy Framework의 개요 |

- 개인정보의 안전한 관리를 위한 보호 조치는 법적 요건 및 관련 규제 준수를 근간으로 하며, 정보 주체의 개인정보보호 권리를 보장한다.
- 개인정보보호 정책은 비즈니스 운영에 따른 특성을 반영하고, 관리적인 통제 및 기술적인 보호 조치를 통합한다.
- 개인정보보호를 위한 내부 통제는 현재 운영 환경 및 미래 발생의 가능한 변화를 지원할 수 있도록 설계하며, 내부 통제 운영에 있어서 지속성 및 유연성을 보장한다.
- 개인정보의 효과적인 관리를 위해서는 개인정보보호 정책 수립 및 내부 통제 프로세스 운영, 교육과 훈련을 통한 구성원 대상 변화 관리 실시, 운영 현황 검토 및 감사 등을 통해 지속적인 개선을 병행한다.

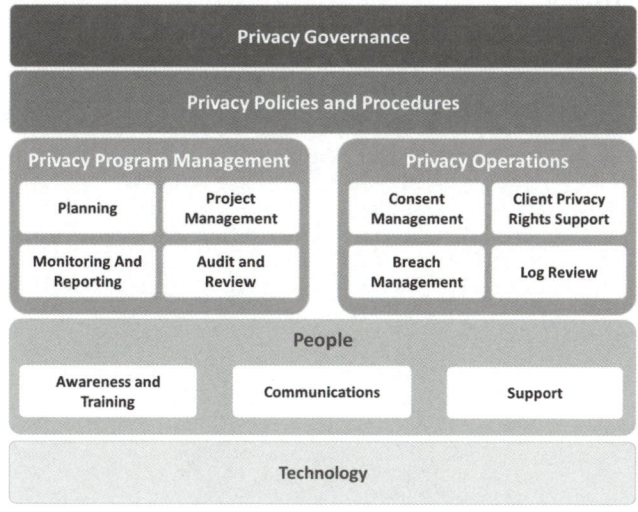

[개인정보보호 관리 프레임워크]

| Framework의 수립 기준 |

- 개인정보보호 프레임워크 수립 시 개인 데이터의 역할 및 처리 환경에 대한 변화를 고려한다.
  - 수집/이용/저장되는 개인 데이터의 범위(Volume)
  - 개인 데이터 분석 시 고려해야 할 관련 환경의 범위(Range of Analytics)
  - 새로운 기술이나 개인 데이터의 책임 있는 사용에 수반되는 사회적/경제적 가치(Value)
  - 프라이버시 위협(Threats)의 종류 및 정도
  - 프라이버시 위험 요소 및 보호 대책의 다양성(Number and Aariety of Actors)
  - 개인 데이터 활용에 따른 상호 작용의 빈도 및 복잡성(Frequency and Complexity of Interactions)
  - 지속적이고 동시 다발적인 데이터 유통 기반, 통신 네트워크와 플랫폼이 지원하는 개인 데이터의 글로벌 가용성(Global Availability)
- 개인정보보호 기준이 되는 보호 조치 원칙을 수립하고, 세부적인 프로세스 설계 시 적용한다.
  - 보호 조치 적용 대상과 개인정보 식별 기준 마련
  - 비즈니스 특성에 따른 운영 구조, 범위, 크기, 민감도 등을 고려한 실행 방안
  - 프라이버시 위험 평가에 기반한 효과적인 보호 조치
  - 조직의 거버넌스 구조를 반영한 자체 내부 감사 메커니즘
  - 개인정보 침해사고 대응 절차
  - 지속적인 모니터링 및 정기적인 평가

| Framework의 운영 방안 |

- 개인정보보호 거버넌스(Privacy Governance)는 개인정보보호 전략 수립 및 방향을 제시한다.
  - 개인정보 관련 이슈 사항에 대해 경영진이 참여한 의사 결정의 체계 마련
  - 전사 조직 구조상에 포함되는 개인정보 관리 지배 구조 구성
  - 조직의 비즈니스 목표 달성 지원
  - 개인정보보호책임자 지정
  - 개인정보보호에 대한 조직 내 책임과 역할 정의
  - 개인정보보호 관리 및 감독 프로세스 수립(전략 개발 → 정책/절차/표준 관리 → 모니터링 및 보고 → 검토 및 감사 → 성능 관리)

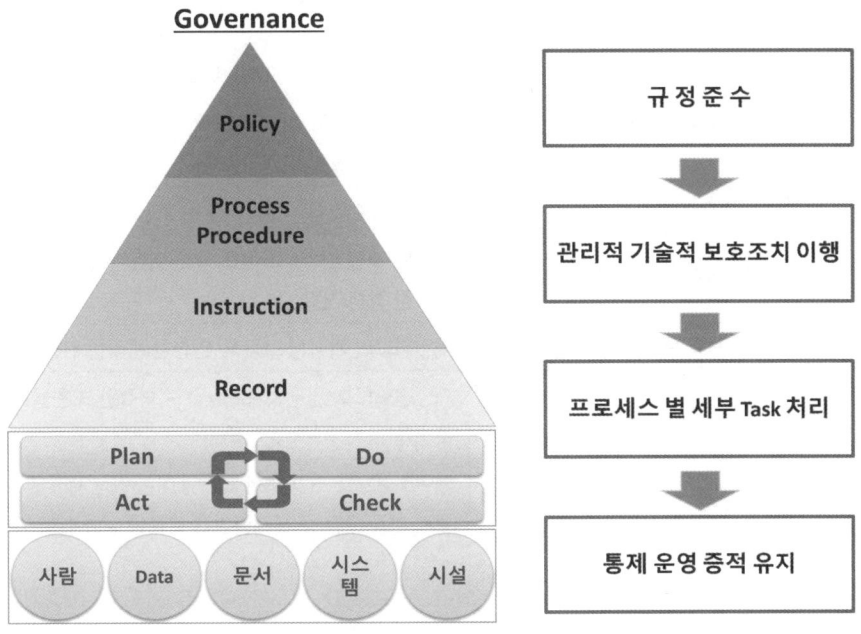

[개인정보보호 거버넌스]

- 정책 및 프로세스(Policies and Processes)는 거버넌스의 전략 및 방향에 따라 관리 매개 변수를 정의한다.
  - 프라이버시 절차는 개인정보보호 관리 및 운영에 대한 지침 제공
  - 개인정보의 안전한 관리를 위한 활동 및 워크플로우 지정
- 개인정보보호 프로그램 관리(Privacy Program Management)는 기업 문화 및 비즈니스 서비스 내의 통합과 서비스 운영 시 고려해야 할 중요 요소로 개인정보보호 목표 지원을 위해 지속적으로 관리한다.
  - **Plan** : 주기적인 개인정보 관리 계획 수립(분기 또는 연간)
  - **Do** : 개인정보보호 작업 관리 및 비즈니스 운영 지원
  - **Check** : 개인정보보호 프로그램의 효과적인 운영을 위한 지속적인 모니터링 실시
  - **Act** : 개인정보보호 정책 및 프로세스 준수 여부 확인, 독립성이 확보된 조직에 의해 실시, 설계 효과성 및 운영 효율성에 대해 평가
- 개인정보보호 운영(Privacy Operations)은 개인정보보호 과제 정의 및 정책에 따른 워크플로우, 담당자별 책임 및 역할 정의에 대한 표준화로 개인정보 활용에 대한 정보 주체의 동의 관리, 서비스 이용자 대상 권리 보장, 로그 및 운영 내역 유지와 검토를 한다.
- 인적 자원 관리(People)는 조직 내 구성원의 개인정보보호 정책 및 R&R에 대한 이해 보장과 전 구성원 대상 인식 제고 활동 및 교육, 개인정보보호 정책의 효과적인 실행을 위해 지속적인 인적 자원 관리 조치를 실시한다.
- 기술적 보호 조치(Technology)는 개인정보 관리 프레임워크의 일부로서 전사 개인정보보호 정책을 지원한다(동의 관리, 사용자 계정 관리, 접근 통제, 로깅 및 모니터링, 데이터 보안 등).
- 개인정보보호 조치의 구현 방안에 대한 단계는 다음의 표를 참조한다.

단계	구분	설명
STEP 1	개인정보보호 거버넌스 설정	개인정보보호 관리 프레임워크를 감독하는 거버넌스 개발
STEP 2	개인정보보호 요구사항 확인 및 목표 설정	보호 조치 적용 대상의 개인정보 식별 및 법규 준수, 서비스 이용자의 보호받을 권리 보장
STEP 3	개인정보 흐름 분석	개인정보 수집 및 이용, 저장 등 흐름에 따른 단계별 특성 분석
STEP 4	개인정보보호 정책 개발	조직의 개인정보보호 목표 및 단위 업무별 개인정보 처리 흐름을 고려한 정책 개발
STEP 5	개인정보보호 운영 기능 설정	개인정보의 기밀성 보장 및 안전한 관리를 위한 프로세스 수립
STEP 6	개인정보 관리 기능 설정	개인정보보호 정책의 유지 및 지속적인 보완을 위한 관리 기능 구성
STEP 7	개인정보보호 관리 프레임워크 구현	개인정보보호 조치 구성 요소에 대한 인식 제고 및 교육 실시, 변화 관리 활동 구현 등 프레임워크 보장을 위한 실행 방안 운영

> **학습 Tip** 최근 법 개정 주요 이슈

- 4차 산업혁명 시대를 맞아 핵심 자원인 데이터의 이용 활성화를 통한 신산업 육성이 범국가적 과제로 대두되고 있고, 특히 신산업 육성을 위해서 인공지능, 클라우드, 사물인터넷 등 신기술을 활용한 데이터 이용이 필요하므로 안전한 데이터 이용을 위한 사회적 규범 정립이 시급한 상황임
- 현행법상 개인정보보호 감독 기능은 행정안전부/방송통신위원회/개인정보보호위원회 등이고, 개인정보보호 관련 법령은 개인정보보호법과 정보통신망 이용 촉진 및 정보보호 등에 관한 법률로 각각 분산되어 있어 신산업 육성을 위한 데이터 이용 활성화를 지원하는 데 한계가 있음
- 정보 주체의 동의 없이 과학적 연구, 통계 작성, 공익적 기록 보존 등의 목적으로 가명정보를 이용할 수 있는 근거를 마련하되 개인정보처리자의 책임성 강화 등 개인정보를 안전하게 보호하기 위한 제도적 장치를 마련하는 한편, 개인정보의 오용/남용 및 유출 등을 감독할 감독 기구는 개인정보보호위원회로 관련 법률의 유사/중복 규정은 개인정보보호법으로 일원화함으로써 개인정보보호와 관련 산업의 발전이 조화될 수 있도록 개인정보보호 관련 법령을 체계적으로 정비함
- 개인정보 일부를 삭제하거나 일부 또는 전부를 대체하는 등의 방법으로 추가 정보 없이는 특정 개인을 알아볼 수 없도록 처리하는 것을 가명처리로 정의함(제2조 제1호의2 신설)
- 개인정보보호위원회의 소속을 대통령 소속에서 국무총리 소속으로 변경하고, 정부조직법에 따른 중앙행정기관으로 보도록 하며, 현행 행정안전부와 방송통신위원회의 개인정보 관련 사무를 개인정보보호위원회로 이관하여 개인정보보호 컨트롤타워로서의 기능을 강화함(제7조, 제7조의8 신설, 부칙 제9조)
- 개인정보처리자는 수집 목적과 합리적인 관련 범위 내에서 정보 주체에게 불이익이 발생하는지의 여부, 안전성 확보 조치를 하였는지의 여부 등을 고려하여 정보 주체의 동의 없이 개인정보를 이용하거나 제공할 수 있도록 함(제15조 제3항 및 제17조 제4항 신설)
- 개인정보처리자는 통계 작성, 과학적 연구, 공익적 기록 보존 등을 위하여 정보 주체의 동의 없이 가명정보를 처리할 수 있도록 하되 서로 다른 개인정보처리자간 가명정보의 결합은 개인정보보호위원회 또는 관계 중앙행정기관의 장이 지정하는 전문기관이 수행하도록 함(제28조의2 및 제28조의3 신설)
- 개인정보처리자는 가명정보를 처리하는 경우 해당 정보가 분실/도난/유출/위조/변조/훼손되지 않도록 안전성 확보에 필요한 기술적/관리적/물리적 조치를 하도록 함(제28조의4 신설)

- 누구든지 특정 개인을 알아보기 위한 목적으로 가명정보를 처리해서는 안 되고, 이를 위반한 개인정보처리자에 대해서는 전체 매출액의 100분의 3에 해당하는 금액을 과징금으로 부과할 수 있도록 함(제28조의5 및 제28조의6 신설)
- 정보통신망 이용촉진 및 정보보호 등에 관한 법률상의 개인정보보호 관련 규정을 해당 법으로 일원화함에 따라 정보통신서비스 제공자 등의 개인정보 처리에 관한 특례 등을 규정함(제6장 신설 등)

개인정보보호법(2020.2.4. 개정, 8.5 시행)

- 현행법상 금지되는 정보통신망 침해 행위에 최근 정보통신망의 정상적인 보호/인증 절차를 우회하여 정보통신망에 접근할 수 있도록 하는 프로그램이나 기술적 장치 등 백도어를 정보통신망 또는 정보시스템에 설치하는 행위를 명확히 규정하고 있지 않아 이로 인한 개인정보 유출 등의 피해를 사전에 방지하지 못할 우려가 있고, 최근 인공지능 기술을 이용하여 만든 거짓의 음향/화상 또는 영상 등의 딥페이크(Deep Fake) 정보가 인터넷에 유통되는 사례가 늘고 있으며, 딥페이크 정보가 정교할수록 이용자가 해당 정보의 거짓 여부를 판별하기 어려우므로 이를 식별할 수 있는 기술을 개발 및 보급하는 것이 시급함
- 얼마 전에 발생한 텔레그램 N번방 사건처럼 불법 촬영물의 유통으로 인한 피해자의 2차 피해를 방지하기 위해서는 정보통신서비스 제공자의 신속한 삭제와 접속 차단이 우선되어야 하고, 특히 해외 정보통신서비스 제공자의 경우 해외 사업자라는 이유로 국내법을 적용하기 어려운 실정이 있어 이를 개선할 필요가 있음
- 정보통신망에 연결되어 정보를 송수신할 수 있는 정보통신망 연결 기기 등과 관련된 침해사고가 국민의 생명/신체/재산에 큰 피해로 이어질 우려가 있음에도 불구하고, 현행법은 정보통신망 연결 기기 등의 정보보호에 관한 대책이 미흡하여 이를 보완할 필요가 있음
- 정보통신망의 정상적인 보호/인증 절차를 우회하여 정보통신망에 접근할 수 있는 프로그램이나 기술적 장치 등을 정보통신망 또는 이와 관련된 정보시스템에 설치하는 방법으로 정보통신망 또는 이와 관련된 정보시스템을 공격하는 행위로 인해 발생한 사태를 침해사고로 규정함(제2조 제1항 제7호)
- 과학기술정보통신부 장관 또는 방송통신위원회가 마련하는 시책에 정보통신망을 통하여 유통되는 정보 중 인공지능 기술을 이용하여 만든 거짓 음향/화상 또는 영상 등의 정보를 식별하는 기술을 개발 및 보급하도록 함(제4조 제2항 제7호2 신설)
- 국외에서 이루어진 행위도 국내 시장 또는 이용자에게 영향을 미치는 경우 정보통신망 이용촉진 및 정보보호 등에 관한 법률을 적용하도록 함(제5조의2 신설)
- 정보통신서비스 제공자 중 일일 평균 이용자의 수, 매출액, 사업의 종류 등이 대통령령으로 정하는 기준에 해당하는 자는 자신이 운영 및 관리하는 정보통신망을 통해 일반에게 공개되어 유통되는 정보 중 아동/청소년 성착취물 등의 유통을 방지하기 위한 책임자를 지정하도록 함(제44조의9 및 제76조 제2항 제4호의4 신설)
- 과학기술정보통신부 장관은 정보통신망 연결 기기 등과 관련된 침해사고가 발생하여 국민의 생명/신체/재산에 위험을 초래할 가능성이 있는 경우 관계 중앙행정기관의 장에게 피해 확산 방지 조치 등을 하도록 요청할 수 있음(제48조의5 신설)

정보통신망법(2020.6.9. 개정, 12.10 시행)

- 현행법에서 정보통신서비스 제공자는 보안 및 정보의 안전한 관리를 위하여 임원급인 정보보호 최고책임자를 지정하고, 이를 과학기술정보통신부 장관에게 신고하도록 하며, 자산 총액과 매출액 등이 대통령령으로 정하는 기준에 해당하는 경우 지정하지 아니할 수 있도록 규정하고 있음
- 정보보호 최고책임자는 정보보호와 관련하여 현행법에서 열거된 업무를 총괄하는 것 외에는 다른 업무를 겸직할 수 없도록 제한하고 있음
- 임원급이라는 모호한 정의로 법 해석을 둘러싼 혼선이 있으며, 정보보호 최고책임자의 자격에 관한 구체적인 사항을 대통령령에 위임함

정보통신망법(2021.6.8. 개정, 12.9 시행)

Section 2 개인정보보호 관련 법률 체계

🔒 개인정보보호 관련 주요 법규

| 법률 체계 |

- 개인정보보호 조치의 근간이 되는 일반법 형태의 개인정보보호법과 각 분야별 개별법이 존재한다.
- 일반법의 경우는 적용 대상을 한정하지 않고, 개별법의 경우는 각 법률상 지정하고 있는 대상에 한해서 법적인 요구사항 준수를 요구하고 있다.
- 개인정보보호 조치 관련 내용 중 개별법상 구체적으로 언급하지 않는 사항은 일반법인 개인정보보호법상의 보호 조치 기준을 따른다.

분야	주요 법률	개인정보 관련법
공통	일반법	개인정보보호법
정보 통신	-	• 통신비밀보호법 • 위치 정보의 보호 및 이용 등에 관한 법률 • 정보통신기반보호법
금융 신용	신용 정보의 이용 및 보호에 관한 법률	• 금융 실명 거래 및 비밀 보장에 관한 법률 • 방문 판매 등에 관한 법률 • 자본 시장과 금융 투자업에 관한 법률 • 전자상거래 등에서의 소비자 보호에 관한 법률 • 전자상거래기본법, 보험업법, 증권거래법
의료	보건 의료 기본법, 의료법	• 장기 등 이식에 관한 법률 • 생명 윤리 및 안전에 관한 법률 • 인체 조직 안전 및 관리 등에 관한 법률
교육	교육 기본법	• 초중등교육법 • 교육 정보 시스템의 운영 등에 관한 규칙

| 개인정보보호법의 특성 |

- 4차 산업혁명 시대에 있어 데이터를 핵심 자원으로 사용하는 인공지능(AI), 클라우드(Cloud), 사물인터넷(IoT) 등 신산업 활성화와 개인정보의 안전한 활용을 위한 사회적 규범 정립이 시급하다.
- 공공부문과 민간부문을 망라하여 국제 수준에 부합하는 개인정보 처리 원칙 등을 규정하고, 개인정보 침해로 인한 국민의 피해 구제를 강화하여 국민의 사생활 비밀을 보호하며, 개인정보에 대한 권리와 이익을 보장한다.
- 보호법은 총 10장, 115개의 조항 및 부칙으로 구성되어 있다(제1장 총칙, 제2장 개인정보보호 정책의 수립, 제3장 개인정보의 처리, 제4장 개인정보의 안전한 관리, 제5장 정보 주체의 권리 보장, 제6장 정보통신서비

스 제공자 등의 개인정보 처리 특례, 제7장 개인정보 분쟁조정위원회, 제8장 개인정보 단체 소송, 제9장 보칙, 제10장 벌칙 및 부칙).
- 적용 사업자는 공공 기관 및 민간 분야의 모든 사업자를 대상으로 한다. 단, 해당 법률 제6조에 신용 정보의 이용 및 보호에 관한 법률 등 개별 법률의 우선 적용을 규정하고 있다.
- 적용 범위는 전자적으로 처리하는 개인정보뿐만 아니라 종이 문서에 수기로 기재한 개인정보도 보호 대상에 포함된다.
- 개인정보 처리 절차는 개인정보 수집/이용/제공/업무 위탁 및 파기에 관한 세부적 절차를 규정하고 있다.
- 개인정보처리자의 손해 배상 책임은 다음과 같다.
    - **징벌적 손해 배상제(제39조)** : 개인정보 침해로 인한 손해 발생 시 피해액의 3배 배상
    - **법정 손해 배상제(제39조의2)** : 개인정보 침해 발생 시 300만원 이하의 금액 배상
    - **범죄 수익 몰수 및 추징(제74조의2)** : 개인정보 불법 유통 등으로 인한 범죄 수익 몰수 및 추징 허용
    - 집단적 분쟁 조정 제도 및 단체 소송 도입

개인정보보호법 개정 연혁

- 2011.3.29. 법의 제정(법률 제10465호), 공공부문과 민간부문을 모두 규율하는 개인정보보호에 관한 일반법을 제정하였다.
- 2013.8.6. 일부 개정(법률 제11990호), 대량의 주민등록번호 유출 및 악용에도 불구하고, 유출 사고가 발생한 대기업 등에 대해서 민/형사상 책임이 제대로 부과되지 않고 있음에 규제를 강화하였다.
    - 모든 개인정보처리자에 대하여 원칙적으로 주민등록번호의 처리를 금지하고, 주민등록번호가 분실/도난/유출/변조/훼손된 경우 5억 원 이하의 과징금을 부과 및 징수할 수 있음
    - 개인정보보호와 관련된 법규의 위반 행위가 있다고 인정될만한 상당한 이유가 있을 때는 대표자 또는 책임 있는 임원을 징계할 것을 권고할 수 있음
    - 제16조(개인정보의 수집 제한) 제2항 '개인정보처리자는 정보 주체의 동의를 받아 개인정보를 수집하는 경우 필요한 최소한의 정보 외의 개인정보 수집에는 동의하지 아니할 수 있다는 사실을 구체적으로 알리고 개인정보를 수집하여야 한다.'를 신설하고, 제24조 제2항과 제4항을 삭제하는 대신 제24조의2(주민등록번호 처리의 제한)를 신설함
- 2014.3.24. 일부 개정(법률 제12504호), 제1조(목적) '개인정보의 수집/유출/오용/남용으로부터 사생활의 비밀 등을 보호함으로써 국민의 권리와 이익을 증진하고, 나아가 개인의 존엄과 가치를 구현하기 위해 개인정보 처리에 관한 사항을 규정함을 목적으로 한다.'에서 '개인정보의 처리 및 보호에 관한 사항을 정함으로써 개인의 자유와 권리를 보호하고, 나아가 개인의 존엄과 가치를 구현함을 목적으로 한다.'로 개정하였다. 또한, 제2조제2호 '처리'에 대한 정의에서 '연계, 연동'을 추가하고, 제6조(다른 법률과의 관계)를 '개인정보보호에 관하여는 정보통신망 이용촉진 및 정보보호 등에 관한 법률(이하 '정보통신망법'이라고 함), 신용 정보의 이용 및 보호에 관한 법률(이하 '신용정보법'이라고 함) 등 다른 법률에 특별한 규정이 있는 경우를 제외하고는 이 법에서 정하는 바에 따른다.'에서 '개인정보보호에 관하여는 다른 법률에 특별한 규정이 있는 경우를 제외하고는 이 법에서 정하는 바에 따른다.'로 개정하였다.

- 2015.7.24. 일부 개정(법률 제13423호), 2014년 1월 카드사 개인정보 유출 사고를 계기로 대통령 소속 개인정보보호 위원회의 총괄 및 조정 기능 강화, 개인정보보호 인증기관 지정 근거 마련 등 현행법의 운용상 미비 사항을 보완하고, 징벌적 손해배상과 법정 손해배상 제도를 도입하여 개인정보 유출에 대한 피해 구제를 강화하는 등 개인정보 불법 유통으로 얻은 범죄 수익을 몰수/추징하고, 부정한 방법으로 개인정보를 취득하여 영리 등의 목적으로 타인에게 제공한 자에 대한 벌칙을 신설하는 등 개인정보 범죄에 대한 제재 수준을 강화하였다.
- 2016.3.29. 일부 개정(법률 제14107호), 개인정보처리자가 민감정보를 처리하는 경우 안전성 확보에 필요한 조치를 하도록 명시하고, 행정자치부장관은 고유식별정보를 처리하는 개인정보처리자가 안전성 확보조치를 하였는지 정기적으로 조사하도록 하는 등 안전성 확보를 위한 규정을 강화하였다.
  - 주민등록번호를 수집할 수 있는 법령의 범위를 법률/대통령령/국회 규칙/대법원 규칙/헌법재판소 규칙/중앙선거관리위원회 규칙 및 감사원 규칙으로 한정하고, 해당 법률 등의 제/개정 현황을 개인정보보호 연차보고서에 포함하도록 함으로써 주민등록번호의 사용을 엄격히 관리 및 통제하도록 함
  - 대통령령으로 정하는 기준에 해당하는 개인정보처리자가 정보 주체 이외로부터 개인정보를 수집하여 처리하는 때에는 정보 주체에게 수집 출처 및 처리 목적 등을 고지하도록 함
  - 영상정보처리기기 안내판 설치 관련 규정을 법률에 상향 규정하고, 개인정보 처리 방침에 포함해야 하는 항목을 추가하는 등 일부 미비 사항을 보완함
- 2017.4.18. 일부 개정(법률 제14765호), 개인정보처리자가 서면 등으로 정보 주체의 동의를 받을 때 정보의 수집/이용 목적, 수집/이용하려는 개인정보의 항목 등 대통령령으로 정하는 중요한 내용을 행정자치부령으로 정하는 방법에 따라 명확히 표시하여 알아보기 쉽도록 개정하였다.
- 2020.2.4. 일부 개정(법률 제16930호), 4차 산업혁명 시대를 맞아 핵심 자원인 데이터의 이용 활성화를 통한 신산업 육성이 범국가적 과제로 대두되고, 특히 신산업 육성을 위해서는 인공지능, 클라우드, 사물인터넷 등 신기술을 활용한 데이터 이용이 필요하며, 안전한 데이터 이용을 위한 사회적 규범 정립이 시급한 상황이다.
  - 정보 주체의 동의 없이 과학적 연구, 통계 작성, 공익적 기록 보존 등의 목적으로 가명정보를 이용할 수 있는 근거를 마련하되 개인정보처리자의 책임성 강화 등 개인정보를 안전하게 보호하기 위한 제도적 장치를 마련하고, 당초 수집 목적과 합리적으로 관련된 범위 내에서 개인정보의 추가적인 이용/제공이 가능하도록 여지를 마련함
  - 개인정보의 오용/남용 및 유출 등을 감독할 감독기구는 개인정보보호위원회로 정보통신망의 이용촉진 및 정보보호 등에 관한 법률과의 유사/중복 규정은 개인정보보호법으로 일원화함으로써 개인정보의 보호와 관련 산업의 발전이 조화될 수 있도록 개인정보보호 관련 법령을 체계적으로 정비함

개인정보보호 관련 국내 법령

| 개인정보보호법 주요 내용 |

- 개인정보보호법 적용 대상은 분야별 개별법에 따라 시행되던 개인정보보호 의무 적용 대상을 공공 및 민간 부문의 모든 개인정보처리자로 확대하였다.

- 개인정보보호법 기준의 보호 조치 적용 범위는 동사무소 민원신청서류 등 종이 문서에 기록된 개인정보 외에 컴퓨터에 의해 처리되는 정보, 가명처리 된 개인정보도 보호 대상에 포함한다.
- 개인정보를 수집할 때는 정보 주체의 동의를 받아야 하며 수집, 이용 목적, 수집 항목, 보유 및 이용 기간, 동의 거부권 등을 알려야 한다.
- 개인정보를 수집할 때는 최소한으로 수집해야 하며, 개인정보를 제3자에게 제공할 때는 정보 주체의 동의를 받아야 한다(정보 주체에게 개인정보 유출 사실을 통지).
- 개인정보는 수집한 목적 범위를 초과하여 이용하거나 제3자에게 제공을 금지한다.
- 사상 및 신념, 노동조합, 정당의 가입 및 탈퇴, 정치적 견해, 건강, 성생활 등 정보 주체의 사생활을 침해할 우려가 있는 정보 처리를 금지한다.
- 고유식별정보는 법령에서 구체적으로 처리를 요구한 경우를 제외하고는 원칙적으로 처리를 금지한다.
- 공개된 장소에 설치 및 운영하는 영상정보처리기기의 규제를 민간까지 확대한다.
- 설치 목적을 벗어난 카메라의 임의조작, 다른 곳을 비추는 행위, 녹음 등을 금지한다.
- 개인정보의 대규모 유출 시에는 보호위원회 또는 전문기관(한국인터넷진흥원)에 신고한다.
- 정보 주체는 개인정보처리자에게 자신의 개인정보에 대한 열람, 정정, 삭제, 처리 정지 등을 요구할 수 있다.
- 정보 주체는 개인정보처리자의 고의 또는 중대한 과실로 인하여 개인정보가 분실, 도난, 유출, 위조, 변조 또는 훼손된 경우 손해에 대한 배상을 요청할 수 있다.
- 개인정보처리자는 개인정보가 분실, 도난, 유출, 위조, 변조 또는 훼손되지 않도록 내부관리계획 수립, 접속기록 보관 등 안전성 확보에 필요한 기술적/관리적/물리적 조치를 하여야 한다.
- 통계 작성, 과학적 연구, 공익적 기록 보존 등은 정보 주체의 동의 없이도 가명정보 처리를 허용한다.
- 통계 작성, 과학적 연구, 공익적 기록 보존 등을 처리 목적 외로 이용하거나 제3자에게 제공, 영리 또는 부정한 목적으로의 이용을 금지한다.

Section 3 개인정보보호 원칙과 의무

개인정보보호 원칙

| OECD 개인정보보호 8원칙 |

- 정보 주체는 자신의 정보가 언제, 어떻게 그리고 어느 범위까지 타인에게 전달되고 이용될 수 있는지를 스스로 결정할 수 있는 개인정보 자기결정권을 철저히 보장하여야 한다.
- 개인정보의 안전한 관리를 위한 보호조치 기본 원칙을 법제화하여 운영하고 있다.
  - 개인정보보호법, 2011.3.29. 제정, 2011.9.30. 시행
  - OECD 8원칙에 기반한 개인정보보호 원칙 법제화(개인정보보호법 제3조)

- 개인정보의 처리와 국외 이전에 대한 중요성을 인식하여 안전하고 원활한 개인정보의 처리를 위해 OECD 프라이버시 가이드라인에서 해결 방안을 제시하고 있다.
    - 프라이버시 보호 및 개인 데이터의 국경간 유통에 관한 가이드라인(Recommendation Concerning Guidelines Governing the Protection of Privacy and Transborder Flows of Personal Data)
    - 1980년 9월 제정, 2013년 7월 개정

No	8원칙	주요 내용
1	수집 제한의 원칙 (Collection Limitation Principle)	개인 데이터 수집에는 제한이 필요하고, 정보는 적법하고 공정한 방법에 의해 얻어져야 하며, 정보 주체의 적절한 인지 또는 동의가 있어야 함
2	정보 정확성의 원칙 (Data Quality Principle)	개인 데이터는 사용 목적과 관계가 있어야 하고, 그 목적에 필요한 한도 내에서 정확 및 완전하고, 최신의 것이어야 함
3	목적 명확화의 원칙 (Purpose Specification Principle)	개인 데이터의 수집 목적은 수집 이전 또는 수집 당시에 명시되어야 하며, 개인 데이터의 이용은 명시된 수집 목적 또는 수집 시 목적, 목적 변경 시 명시되는 목적과 상충하지 않아야 함
4	이용 제한의 원칙 (Use Limitation Principle)	개인 데이터는 제9조에 따라 명시된 목적 이외로 공개되거나 접근 가능하거나 사용될 수 없음 단, 정보 주체의 동의가 있는 경우나 법률에 의해 허가된 경우는 그러하지 아니함
5	안전성 확보의 원칙 (Security Safeguards Principle)	개인 데이터는 손실 또는 권한 없는 접근, 파기, 사용, 수정, 공개에 대해 적절한 안전성이 확보되어야 함
6	공개의 원칙 (Openness Principle)	개인 데이터와 관련하여 개발, 실행, 정책에 대한 전반적인 공개 방침이 필요하고, 그 방법은 정보관리자의 신원 및 주소를 비롯하여 개인 데이터의 존재와 성질, 정보의 이용 목적을 용이하게 확인할 수 있어야 함
7	개인 참여의 원칙 (Individual Participation Principle)	개인들은 정보 주체의 개인정보 열람, 정정, 삭제 청구 및 정보 주체가 합리적인 시간과 방법에 의해 개인정보에 접근하는 권리를 가짐
8	책임성의 원칙 (Accountability Principle)	정보관리자는 상기 원칙들에 대한 실행 조치를 준수할 책임이 있어야 함(예: 프라이버시 위험 평가에 기반한 적절한 보호 조치)

- 개인 데이터의 역할이 경제, 사회 전반에 걸쳐 엄청난 변화가 있으며, 이에 따라 개인정보에 대한 중요성이 증대되었고, 침해위험 또한 다양화되었음을 개정된 OECD 프라이버시 가이드라인에 반영하고 있다.
- OECD 프라이버시 가이드라인의 개인 데이터 역할에서 변화 요인은 다음과 같다.
    - Volume : 수집/이용/저장되는 개인 데이터의 범위
    - Range of analytics : 개인과 그룹의 경향, 움직임, 흥미나 활동을 통해 통찰력을 불러오는 개인 데이터와 분석의 범위
    - Value : 새로운 기술이나 개인 데이터의 책임 있는 사용으로 수반되는 사회적/경제적 이익에 대한 가치
    - Threats : 프라이버시 위협에 대한 정도
    - Number and variety of actors : 프라이버시를 위험하게 하거나 프라이버시를 보호할 대상의 다양성
    - Frequency and complexity of interactions : 개인이 이해하거나 협상해야 하는 개인 데이터 상호작용의 빈도와 복잡성

- Global-availability : 지속적이고 동시다발적인 데이터 유통에 기반한 통신 네트워크와 플랫폼이 지원하는 개인 데이터의 글로벌 가용성

개인정보보호 관리 체계

| 개인정보보호 관리 체계의 배경 |

- 개인정보의 안전한 관리를 위한 보호 체계 마련을 통해 개인정보보호 대책의 구현과 체계적이고 지속적인 운영 및 유지/관리에 대한 필요성이 강조되고 있다.
- 개인정보보호에 관한 법제도의 도입 및 시행, 국제 규범의 등장 등 개인정보보호 조치가 의무화 되었다.
  - OECD 개인정보보호 8원칙
  - UN(1990), EU(1995), APEC(2004) 등에서 개인정보보호 원칙 선언
  - 국내법 제/개정 : 개인정보보호법(2011) 및 정보통신망법(2000) 등
- 개인정보의 다양화 및 활용 범위 확대로 인해 기존 기밀성 유지 중심의 보호 체계로는 전사적 차원의 개인정보보호에 있어서 한계가 있다.
- 정보 주체는 개인정보를 기업에 안심하고 맡길 수 있는 객관적 판단 기준이 필요하고, 기업은 개인정보 침해사고에 따른 위험을 최소화할 수 있는 방법이 필요하다.

| 개인정보보호 관리 체계의 정의 |

- 정보 주체의 개인정보를 안전하게 관리할 수 있는 보호 활동을 체계적이고, 지속적으로 수행하기 위해 필요한 일련의 보호 조치이며, 기술적/관리적/물리적 영역에서 다양한 보호 대책들을 구현하고, 관리 및 운영하는 종합적인 체계를 말한다.
- 개인정보의 보호 조치 및 법적 준거성을 달성하기 위하여 위험 정도를 평가하고, 그 위험을 최소화함으로써 조직의 목표를 달성할 수 있는 대책을 수립 및 운영하는 것이다.

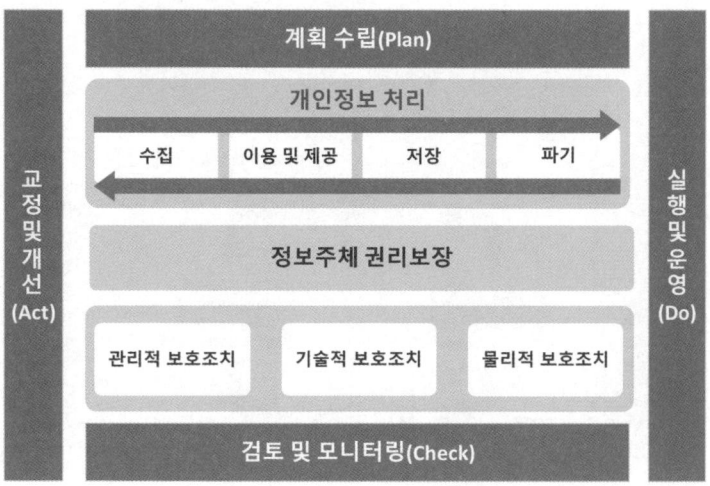

[개인정보보호 관리 체계]

개인정보보호 관리 체계의 특징

- 개인정보보호 관리 체계 수립을 위해서 조직 내 개인정보의 특성을 고려한다.
  - 조직이 보호해야 하는 개인정보가 무엇이며, 왜 중요한가?
  - 개인정보는 어떻게 수집되어 이용/전달/저장/파기되는가?
  - 개인정보는 어떤 수준으로 관리하고 보호해야 하는가?
  - 개인정보를 보호하기 위해 어떤 방법을 도입하여 수행하는가?
- 개인정보보호 관리 체계는 조직의 전반적인 경영을 위한 관리 구조의 한 부분으로 조직의 사업 목적을 달성하는 것을 방해하는 위험을 관리한다.
  - (기밀성) 개인정보 자산이 허가되지 않는 사람에게 노출되는가?
  - (무결성) 허가되지 않은 사람에 의하여 변경되거나 훼손되는가?
  - (준거성) 기술적/관리적/물리적 보호 조치 또는 개인정보보호 관련 법률 등 법규 요구사항을 준수하는가?
- 개인정보보호 관리 체계는 위험 정도를 평가한 후 조직의 위험 수용 수준을 설정하고, 위험 기반 접근 방법을 통해 위험 관리의 절차 수립 및 대책을 지속적으로 운영 및 관리한다.
- 개인정보보호 관리 체계에서 필요한 관리 절차와 과정은 일반적인 사업 통제의 관리 주기와 마찬가지로 계획-실행-검토-반영 단계를 수행한다.
  - 명확한 목표를 정하고 전략을 세우는 계획 수립 단계
  - 수립된 계획을 실행하는 단계
  - 수립 결과를 계획에 대비하여 검토하는 단계
  - 검토 결과를 차기 계획에 반영하는 단계

Plan	To plan for implementation of a PIMS	Clause 3
Do	To implement and operate the PIMS	Clause 4
Check	To monitor and review the PIMS	Clause 5
Act	To improve the PIMS	Clause 6

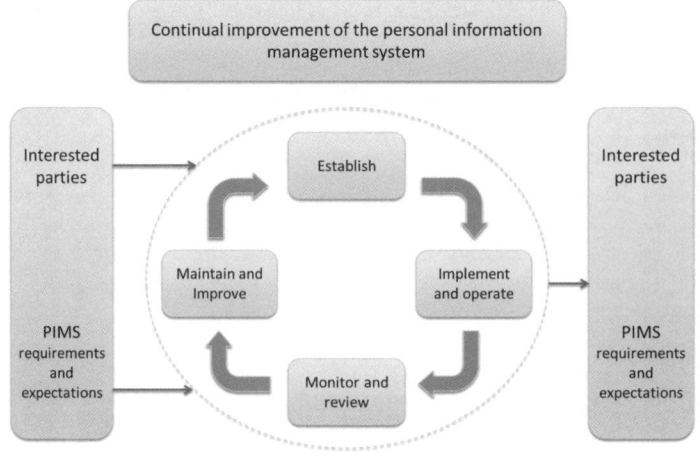

[BS10012 PDCA Cycle]

| 개인정보보호 관리 체계 수립의 이점 |

- 개인정보보호 관리 체계의 수립으로 인해 조직은 대내외 신뢰도 확보 및 조직 내 개인정보의 보호를 위한 체계적인 내부 통제 프레임워크 운영 및 유지 등의 효과를 기대할 수 있다.
- 개인정보보호 관리 체계 수립 및 운영을 통해 개인정보의 수집/이용 및 제공/저장 및 관리/파기에 이르는 생명 주기를 지속적으로 관리함으로써 법규 위반 리스크를 최소화하고 법적 요건 준수를 위한 대응 방안을 마련한다.
- 개인정보보호 관리 체계를 운영함으로써 개인정보 관리 수준을 제고하고, 이를 통해 기업 경영 목표 달성을 지원하는 등 보호 조치 수준을 지속적으로 유지한다.
- 개인정보보호 관리 체계 수립 및 운영을 통해 개인정보 유출 사고 발생 위험을 최소화하고, 침해사고로 인한 자산의 피해와 보호 대책 마련을 위한 투자 비용 남용을 방지함으로써 투자 균형을 확보한다.
- 조직의 개인정보취급자를 대상으로 관련 법적 요구사항 및 보호 대책 운영 목적의 이해를 도모하고, 자발적인 참여를 유도할 수 있는 인식 제고 활동을 통해 조직의 보안성을 향상한다.
- 개인정보보호 관리 체계의 지속적인 운영 및 유지를 통해 정보보호 관련 기술 및 노하우를 축적하며, 이를 통해 조직 내부의 보안 관련 이슈 발생 시 대응할 수 있는 능력을 갖추게 하여 사고 발생 피해를 감소시킨다.

> **학습 Tip** 개인정보보호 관리 체계 인증 법적 근거
>
> **제32조의2(개인정보보호 인증)**
> 1 보호위원회는 개인정보처리자의 개인정보 처리 및 보호와 관련된 일련의 조치가 해당 법에 부합하는지 등에 관하여 인증할 수 있다.
> 2 제1항에 따른 인증의 유효기간은 3년으로 한다.
> 3 보호위원회는 다음 각 호의 어느 하나에 해당하는 경우 대통령령으로 정하는 바에 따라 제1항에 따른 인증을 취소할 수 있다. 다만, 제1호에 해당하는 경우에는 취소하여야 한다.
>   - 거짓이나 그 밖의 부정한 방법으로 개인정보보호 인증을 받은 경우
>   - 제4항에 따른 사후관리를 거부 또는 방해한 경우
>   - 제8항에 따른 인증기준에 미달하게 된 경우
>   - 개인정보보호 관련 법령을 위반하고 그 위반 사유가 중대한 경우
> 4 보호위원회는 개인정보보호 인증의 실효성 유지를 위하여 연 1회 이상 사후관리를 실시하여야 한다.
> 5 보호위원회는 대통령령으로 정하는 전문기관으로 하여금 제1항에 따른 인증, 제3항에 따른 인증 취소, 제4항에 따른 사후관리, 제7항에 따른 인증 심사원 관리 업무를 수행하게 할 수 있다.
> 6 제1항에 따른 인증을 받은 자는 대통령령으로 정하는 바에 따라 인증 내용을 표시하거나 홍보할 수 있다.
> 7 제1항에 따른 인증을 위하여 필요한 심사를 수행할 심사원의 자격 및 자격 취소 요건 등에 관하여는 전문성과 경력 및 그 밖에 필요한 사항을 고려하여 대통령령으로 정한다.
> 8 그 밖에 개인정보 관리 체계, 정보 주체 권리 보장, 안전성 확보 조치가 해당 법에 부합하는지의 여부, 제1항에 따른 인증 기준/방법/절차 등 필요한 사항은 대통령령으로 정한다.

국내외 개인정보보호 관리 체계 제도

| 개인정보보호 마크 |

개인정보를 기반으로 한 시스템의 안전과 보안, 소비자 보호의 항목에서 일정 수준의 요건을 갖춘 사이트에 대해 지정된 기관의 객관적인 평가 결과에 따라 일정 수준을 확보한다.

구분	BBB Online	Privacy Mark	ePRIVACY
국가	미국	일본	한국
주관 기관	미국 경영개선협회 (Better Business Bureau)	일본 정보처리개발협회 (JIPDEC)	개인정보보호협회
신청 방법	온라인	오프라인	온라인
심사	온라인 심사	서면 조사, 현장 점검	온라인 심사, 서면 조사, 현장 점검
유효 기간	1년	2년	1년
주요 심사 내용	• 범위 및 이행 • 정보 수집 • 접속 및 수정 • 행위 정보 • 정보의 통합 • 예측 정보 • 정보 접근 제한 • 민감 정보 • 사업 영역 • 정보 공유 • 어린이 보호	• 개인정보보호 방침의 제정 여부 • 개인정보의 특성 • 내부 규정의 정비 여부 • 권한 및 책임에 관한 규정 • 개인정보 생명 주기별 관리 규정 • 정보 주체의 권리 행사에 관한 규정 • 개인정부 교육에 관한 규정 • 개인정보보호 감사에 관한 규정 • 내부 규정 위반에 관한 처벌 규정 • 내부 규정의 준수에 필요한 계획 • 교육 계획 • 감사 계획	• 개인정보의 수집에 관한 조치 • 개인정보의 이용 및 관리 • 정보 주체의 권리 보장 • 개인정보 관리 현황 공개 책임 • 만 14세 미만 아동에 관한 특별 조치
마크			

[BBB, Privacy Mark, ePRIVACY]

| 개인정보보호 관리 체계 인증 제도 |

• 기업이 개인정보보호 활동을 체계적 또는 지속적으로 수행하기 위해 필요한 보호 조치 체계를 구축하였는지 점검하여 일정 수준 이상의 기업에 인증을 부여하는 제도이다.

- 기업이 개인정보보호를 위해 무엇을(What to do), 어떻게(How to do) 조치하여야 하는지에 대한 기준을 제시한다.

구분	ISMS-P	BS10012, ISO/IEC 27701
국가	한국	ISO/IEC 국제 표준
주관 기관	**정책 기관** : 과학기술정보통신부, 개인정보보호위원회 **인증 기관** : KISA, FSI 등	국가별 인정 기관 지정 KAB(한국), ANAB(미국), JAB(일본), UKAS(영국), TGA Gmbh(독일), RvA(네덜란드) 등
법규 근거	정보통신망법, 개인정보보호법	OECD 가이드라인 유럽 및 영국 법규
심사 방법	서면 조사, 현장 점검	서면 조사, 현장 점검
인증 유효 기간	3년 - 연 1회 사후관리	3년 - 연 1회 사후관리
주요 심사 기준	• 개인정보 관리 과정 • 생명 주기 및 권리 보장 • 보호 대책	• 개인정보보호 관리 체계 계획 • 개인정보 관리 체계 구현 및 운영 • 개인정보 관리 체계 모니터링 및 검토 • 개인정보 관리 체계 개선

개인정보 영향 평가

- 개인정보 영향 평가(Privacy Impact Assessment ; PIA)란 사업 주체가 개인정보를 취급하는 새로운 정보 시스템을 도입하거나 기존 개인정보 처리 시스템의 중대한 변경 시 해당 시스템을 대상으로 개인정보 침해 위험을 사전에 조사/예측/검토하고 침해 요인을 분석하여 개선하는 사전 예방 조치이다.
- 시스템의 구축 운영 변경 등이 개인정보에 미치는 영향을 사전에 분석하여 안정성 확보를 위한 개선 방안을 도출함으로써 침해 위험을 최소화하는 체계적인 절차이다.
- 일정 규모 이상의 개인정보 파일을 운영하는 공공 기관으로 개인정보보호법(이하 '법'이라 함) 제33조 및 개인정보보호법 시행령(이하 '영'이라 함), 제35조에 근거하여 개인정보 영향 평가를 수행한다.
  - (5만 명 조건) 5만 명 이상의 민감 정보 및 고유 식별 정보가 포함된 개인정보 파일
  - (50만 명 조건) 공공 기관의 내부 혹은 외부 다른 개인정보 파일과 연계할 때 연계 결과로서 정보 주체의 수가 50만 명 이상의 개인정보 파일
  - (100만 명 조건) 100만 명 이상의 정보 주체 수를 포함하고 있는 개인정보 파일
  - 시행령 제35조에 근거하여 영향 평가를 실시한 기관이 개인정보 파일의 운용 체계를 변경하는 경우 변경된 부분에 대해서는 영향 평가를 실시
  - 법령상 규정된 대상 시스템이 아니더라도 대량의 개인정보나 민감한 개인정보를 수집 및 이용하는 기관은 개인정보 유출 및 오남용으로 인한 사회적 피해를 막기 위해 영향 평가를 수행

> **학습 Tip** PIA 수행 기준인 '개인정보 처리 시스템' 변경 예시
>
> - 개인정보의 수집 방법을 기존 정보 주체로부터 직접 수집하는 방식에서 간접 수집 방식으로 변경하는 경우
> - 개인정보를 수집/이용/저장/관리/파기하는 기존의 업무 수행 절차에 변경이 발생하는 경우
> - 기존 정보 시스템에 신기술을 적용하는 등의 새로운 활용법을 채택함으로써 기존에 수집되거나 향후 수집될 정보가 본인 확인이 가능한 형태로 변경되는 등 시스템에 중대한 변화가 발생하는 경우
> - 신규 또는 추가로 구축된 시스템이 개인정보 DB에 대한 접근을 관리 또는 통제하기 위해 사용되는 보안 체계에 중대한 변화를 초래하는 경우
> - 사업의 서비스 이용 과정에서 생성되는 정보를 기존에 수집한 개인정보와 결합시킴으로써 정보 주체의 프라이버시에 영향을 미칠 수 있는 2차적인 정보가 생성되는 경우
>   ☞ 기존 업무 처리 절차의 변경 없이 개인정보보호를 위해 추가 장비를 도입하는 등 단순히 정보보호 수준이 높아지는 경우는 영향 평가 대상에서 제외할 수 있다.

- 개인정보 영향 평가 시 개인정보 관련 법규의 요구사항 준수 및 침해사고 위험 최소화를 위한 활동을 수행한다.
    - 국내 개인정보보호 관련 법 및 제도 요구사항을 준수하도록 프로세스를 구축
    - 개인정보 수집/이용/저장/제공/파기의 생명 주기 분석
    - 취급되는 개인정보 대상 위험 평가를 통하여 개인정보에 대한 부정적 영향도 평가
    - 위험을 제거 또는 감소시키기 위한 효과적인 대응책 수립
- 개인정보 처리 시스템을 신규로 구축하거나 기존 시스템 변경 시 정보 시스템 분석 및 설계 단계에서 개인정보 영향 평가를 수행한다.

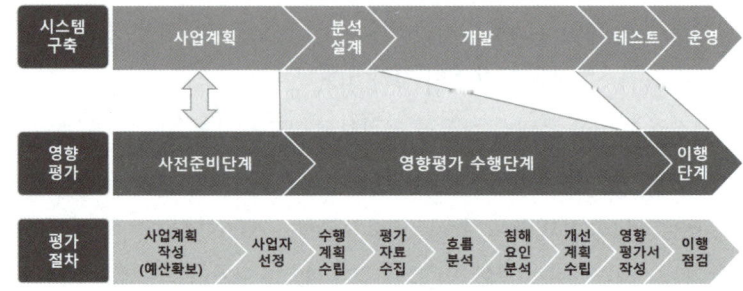

[개인정보 영향 평가 시기]

- 영향 평가의 사전 준비 단계는 사전 평가 수행을 통해 영향 평가의 수행 필요성 확인 및 사업 계획 수립, 사업자 선정을 한다.

질문	Y	N	N/A
1. 개인정보를 신규로 수집, 이용, 공개하거나 기존 개인정보의 수집, 이용, 공개 범위를 확대하는가?			
2. 개인정보 수집 방법을 변경하는가? (**예시** : 기존 정보 주체로부터 직접 수집에서 제3자로부터 제공받는 것으로 변경하는 경우)			
3. 사업 수행을 위해 제3자로부터 개인정보를 제공받거나 회사의 개인정보 DB를 제3자와 연계하여 이용할 필요가 있는가?			

4. 개인정보 수집/이용/저장/관리/파기 수행 절차에 중대한 변경이 초래되는가?			
5. 기존의 정보 시스템에 신기술을 적용하는 등의 새로운 활용법을 채택함으로써 기존에 수집되거나 향후 수집될 정보가 본인 확인이 가능한 형태로 변경되는 등 시스템상에 중대한 변화가 발생하는가?			
6. 개인정보 수집 등의 업무 처리 절차 변경에 따라 예상치 못한 기존 사용 중인 개인정보의 폐기를 야기하거나 본인 확인이 가능한 형태의 정보를 주기적으로 수집해야 하는 필요성이 있는가?			
7. 서비스 이용 과정에서 생성되는 정보를 기존에 수집한 개인정보와 결합함으로써 정보 주체의 프라이버시에 영향을 미칠 수 있는 2차적 정보가 생성되는가?			
8. 기존에 수집된 개인정보를 개인정보 수집 시 정보 주체에게 고지한 수집 목적 또는 이용 목적 외로 사용할 가능성이 있는가?			
9. 구축하고자 하는 시스템이 위치 정보, RFID 등 신규 서비스를 제공하기 위한 것으로서 정보 주체의 프라이버시 침해 문제가 발생할 가능성이 있다고 예측되는가?			
10. 신규 또는 추가로 구축되는 시스템에서 개인정보 DB에 대한 접근을 관리 또는 통제하기 위해 사용되는 보안 체계에 중대한 변화를 초래하는가?			

[개인정보 영향 평가 필요성 검토 - 사전 평가 항목]

- 영향 평가의 수행 단계는 평가 자료 수집 및 분석, 개인정보 흐름 분석, 침해 요인 분석 등을 실시한다.
- 효율적인 영향 평가 수행에서 평가 대상 및 개인정보 정책 환경 분석을 위한 관련 자료 수집이 필요하다 (**분석 대상 자료** : 내부 정책 자료, 외부 정책 자료, 대상 시스템 관련 자료 등).

항목	수집 목적	수집 대상 자료
내부 정책 자료	개인정보보호 관리 체계 및 규정, 조직 현황 등 분석	• 개인정보보호 규정 • 정보보안 규정 • 조직도 및 직무 기술서
	개인정보취급자, 위탁 업체 등에 대한 내부 규정 및 관리 절차 확인	• 개인정보 관련 업무 분장표 및 직급별 권한 • 정보 시스템 접근 권한 내부 규정 • 위탁 업체 관리 규정 • 개인정보취급자 대상 교육 계획
외부 정책 자료	개인정보보호 정책 환경 분석	• 개인정보보호법, 관련 지침 • 개인정보보호 내부 관리 계획
	평가 대상 비즈니스 환경 분석	비즈니스 특성에 따른 관련 법률 및 개인정보보호 법령
대상 시스템 관련 자료	정보 시스템을 통해 수집되는 개인정보 범위	• 사업 수행 계획서, 요건 정의서 • 업무 흐름도
	정보 시스템의 외부 연계 여부 검토	• 위탁 계약서 • 인터페이스 정의서 • 메뉴 구조도
	정보 시스템의 구조와 연계된 개인정보보호의 기술 현황 파악	IPS/IDS 등 보안 시스템 구조도

- 대상 사업에서 처리되는 개인정보 흐름에 대한 파악을 위해 정보 시스템 내 개인정보 흐름 분석을 실시한다.
  - 개인정보 처리 업무 분석(개인정보 영향도 등급표, 개인정보 처리 업무표 및 업무 흐름도 작성)
  - 개인정보 처리 업무표를 기반으로 개인정보 흐름표 작성
  - 개인정보 흐름표를 기반으로 개인정보 흐름도 작성
  - 네트워크 및 보안 시스템 구조 등을 분석하여 정보 시스템 구조도 작성

등급	설명	위험성	자산 가치	분류	개인정보 항목
1등급	그 자체로 개인의 식별이 가능하거나 매우 민감한 개인정보 또는 관련 법령에 따라 처리가 엄격하게 제한된 개인정보	• 정보 주체의 경제적/사회적 손실을 야기하거나 사생활을 현저하게 침해 • 범죄에 직접적으로 악용 가능 • 유출 시 민/형사상 법적 책임 부여 가능 및 대외 신인도 크게 저하	5	고유식별정보	주민등록번호, 여권번호, 운전면허번호, 외국인등록번호
				민감정보	사상/신념, 노동조합/정당의 가입 및 탈퇴, 정치적 견해, 병력(病歷), 신체적/정신적 장애, 성적(性的) 취향, 유전자 검사정보, 범죄 경력 정보, 개인의 신체적/생리적/행동적 특징에 관한 정보로서 특정 개인을 알아볼 목적으로 일정한 기술적 수단을 통해 생성한 정보, 인종이나 민족에 관한 정보
				인증정보	비밀번호, 바이오 정보(지문, 홍채, 정맥 등)
				신용/금융정보	신용카드번호, 계좌번호 등
				의료정보	건강상태, 진료기록 등
				위치정보	개인 위치정보 등
				기타 중요정보	해당 사업의 특성에 따라 별도 정의
2등급	조합되면 명확히 개인의 식별이 가능한 개인정보	• 정보 주체의 신분과 신상 정보에 대한 확인 또는 추정 가능 • 광범위한 분야에서 불법적인 이용 가능 • 유출 시 민/형사상 법적 책임 부여 가능 및 대외 신인도 저하	3	개인식별정보	이름, 주소, 전화번호, 핸드폰번호, 이메일주소, 생년월일, 성별 등
				개인관련정보	학력, 직업, 키, 몸무게, 혼인 여부, 가족 상황, 취미 등
				기타 개인정보	해당 사업의 특성에 따라 별도 정의

3등급	개인식별정보와 조합되면 부가적인 정보를 제공하는 간접 개인정보	• 정보 주체의 활동 성향 등에 대한 추정 가능 • 제한적인 분야에서 불법적인 이용 가능 • 대외 신인도 다소 저하	1	자동생성정보	IP 정보, MAC 주소, 사이트 방문 기록, 쿠키(Cookie) 등
				가공정보	통계성 정보 등
				제한적 본인 식별정보	회원번호, 사번, 내부용 개인식별 정보 등
				기타 간접 개인정보	해당 사업의 특성에 따라 별도 정의

> **학습 Tip** 개인정보 생명 주기(Life-Cycle)
> - 개인정보를 취득하여 활용하는 단계로서 통상적으로 수집, 보유, 이용/제공, 파기의 4단계로 구분
> - (수집) 정보 주체의 개인정보를 취득하는 단계로서 웹 사이트 회원 가입, 서면 신청서 작성, 민원 접수 등의 형태를 통해 이루어짐
> - (보유) 수집한 개인정보를 보유하는 단계로서 보유한 개인정보를 안전하게 관리하며, 정보 주체의 개인정보 열람 및 정정 권리 등을 보장
> - (이용/제공) 취득 및 저장한 개인정보를 업무 목적으로 이용하거나 수집한 공공 기관 외의 제3의 기관에게 정보를 제공하는 행위
> - (파기) 수집 및 이용 목적이 달성된 개인정보를 파기하는 행위

• 침해 요인 분석을 통해 개인정보의 흐름에 따른 조치 사항 및 계획 등을 파악하고, 개인정보 침해 위험성을 도출한다.
  - 평가 기준 수립 및 개인정보보호 조치 사항 파악을 위한 평가 항목 작성
  - 자료 분석, 현장 및 시스템 실사, 담당자 인터뷰 등을 통해 개인정보보호 조치 현황 파악
  - 파악한 조치 현황을 기반으로 개인정보 침해 요인을 도출
  - 도출된 개인정보 침해 요인에 대한 위험도 산정
  - 평가 영역 및 평가 분야(**출처** : 개인정보 영향 평가 수행 안내서)

평가 영역	평가 분야	세부 분야	평가 영역	평가 분야	세부 분야
1. 대상 기관 개인정보보호 관리 체계	1.1 대상 기관 개인정보보호 조직	책임자 지정	3. 개인정보 처리 단계별 보호	3.2 저장 및 보유 단계	보유의 적합성
		취급자 지정			파일 대장 작성
	1.2 개인정보보호 계획	계획 수립			암호화
		교육 계획 수립		3.3 이용 및 연계 제공 단계	이용 및 제공의 기본 원칙
	1.3 개인정보 처리 방침	처리 방침 수립			타기관 연계 제공 시 절차
	1.4 개인정보 파일 관리	파일 관리			개인정보처리시스템 접근 통제
		이용 및 제공 대장 관리			웹/애플리케이션 통제
		파기 관리			개인정보처리 단말기 보호 조치
	1.5 개인정보 위탁 및 제공 시 안전 조치	위탁 시 안전 조치			개인정보 이용제공승인
		제공 시 안전 조치			네트워크 접속 통제
	1.6 개인정보 침해 대응	침해 사고 처리 절차			웹사이트 개인정보 노출 차단
	1.7 정보 주체 권익 보호	정보 주체 권익 보호			개인정보 처리 내역 기록 관리
	1.8 개인정보 처리 구역 보호	보호 구역 지정		3.4 파기 단계	보유 기간 산정 및 안내
		처리 구역 통제	4. 특정 IT 기술 활용 시 개인 정보보호	4.1 CCTV 활용	CCTV 설치 시 의견 수렴
2. 대상 시스템의 개인정보보호 관리체계	2.1 대상 시스템 개인정보 관리	대상 시스템 취급자 지정			CCTV 설치 안내
		대상 시스템 취급자 의무			CCTV 사용 제한
	2.2 개인정보 처리 내용 공개	개인정보 파일 안내			CCTV 설치 및 관리 위탁
		위탁 관리 안내		4.2 RFID 활용	RFID 이용자 안내
		제공 및 목적 외 이용 사실 안내			RFID 태그 부착 및 제거
		개인정보 파기 사실 안내		4.3 바이오 정보 활용	원본 정보 보관 시 보호 조치
3. 개인정보 처리 단계별 보호	3.1 수집 단계	수집 적합성		4.4 위치 정보 활용	개인 위치 정보 수집 동의
		동의 적합성			
		수집 사실 안내			개인 위치 정보 제공 시 안내 사항
		수집 시 보호 조치			

- 영향 평가의 이행 점검 단계에서는 개인정보 침해 요인에 대한 조치 내역을 확인한다.
- 시스템 구축이나 변경 사업의 경우에는 테스트 단계에서 침해 요인별 조치가 적절하게 수행되었는지 점검한다.

Section 4 정보 주체의 권리

정보 주체의 권리 주요 내용

| 개인정보처리에 관한 정보를 제공받을 권리 |
- 정보 주체는 개인정보의 수집 및 이용, 제공, 파기 등 개인정보 처리에 관한 사항을 개인정보처리자로부터 제공받을 권리가 있다.
- 개인정보처리자는 수집, 이용, 제공 목적 등에 관한 고지 의무 및 개인정보처리방침의 공개 의무 등을 준수하여야 한다.
- 정보통신서비스 제공자 등은 서비스 이용자에게 개인정보 이용 내역을 통지하여야 한다.

| 동의 여부와 동의 범위 등을 선택하고 결정할 권리 |
- 개인정보자기결정권은 자신에 관한 정보가 언제 누구에게 어느 범위까지 알려지고, 이용되도록 할 것인지를 정보 주체가 스스로 결정할 수 있는 권리이다.
- 개인정보자기결정권의 핵심은 정보 주체가 개인정보처리자의 개인정보 처리에 대하여 자율적/실질적 통제권을 갖는 것이다.
- 정보 주체에게 개인정보 처리 여부 및 동의 범위 등을 선택할 수 있는 권리를 부여하더라도 개인정보처리자가 사실상 동의를 강요하면 정보 주체의 권리가 형식화하기 때문에 포괄적인 동의를 금지하고 있다.

| 개인정보 처리 유무를 확인하고 열람을 요구할 권리 |
- 정보 주체가 자신의 개인정보를 누가 얼마나 가지고 있고 어떻게 이용, 제공, 관리하고 있는지를 확인할 수 있도록 자신의 개인정보에 접근권을 보장하고 있다.
- 정보 주체는 개인정보처리자에 대하여 개인정보의 열람을 요구할 수 있다.
- 정보 주체는 웹 사이트 회원정보(이름, 주소, 아이디 등)와 같이 정보 주체가 직접 제공한 개인정보 외에도 개인정보처리자가 다른 경로를 통해 수집, 보관하고 있는 개인정보(주문 내역, 통화 내역, 신용카드 사용 내역, 진료 기록 등)도 열람이 가능하다.
- 개인정보처리자가 정보 주체로부터 열람 요구를 받은 때에는 지체 없이 이에 응하여야 하나 법률 규정에 의하여 비밀로 취급되는 개인정보 파일에 포함된 개인정보, 타인 생명, 신체 재산을 부당하게 침해할 우려가 있는 경우와 일정 범위의 공공기관 업무에 중대한 지장을 초래하는 경우는 열람을 제한하거나 거부할 수 있다.

- 열람 요구권은 개인정보처리자의 무분별한 개인정보 수집, 이용, 제공을 방지하는 기능도 수행한다.

개인정보의 처리 정지, 정정, 삭제 및 파기를 요구할 권리

- 헌법상 기본권인 '개인정보자기결정권'은 개인정보처리에 관한 동의권 및 동의철회권을 핵심 요소로 하고 있으므로 정보 주체가 원하지 않는 개인정보처리를 저지할 수 있는 권리가 보장되어야 한다.
- 개인정보처리자의 잘못된 개인정보 처리로 인한 피해를 방지하기 위해 정보 주체에게 불완전하거나 부정확한 정보의 처리 정지, 정정, 삭제를 요구할 권리를 보장하고 있다.
- 서비스 이용자에게는 정보통신서비스 제공자 등에 대하여 개인정보 수집, 이용, 제공 등에 관한 동의를 철회할 권리를 보장하고 있다.
- 정보 주체는 개인정보 유출 등의 피해를 방지하고, 오남용이 발생하지 않도록 개인정보의 처리 목적이 달성되는 등 개인정보를 계속 보관할 필요성이 없어진 경우에는 자신의 개인정보를 파기해 달라고 요구할 수 있다.
- 정보 주체의 정정, 삭제 요구권도 개인정보자기결정권의 한 내용으로서 정보 주체는 오류가 있거나 보존 기관을 경과하여 파기되어야 할 개인정보에 대해 개인정보처리자에게 정정, 삭제를 요구할 수 있다(다른 법령에서 그 개인정보가 수집 대상으로 명시되어 있는 경우에는 삭제를 요구할 수 없으며, 개인정보처리자는 삭제할 수 없는 사유를 정보 주체에게 알려야 함).
- 정보 주체의 정정, 삭제 요구를 받은 개인정보처리자는 다른 법령에 특별한 절차가 규정된 경우를 제외하고는 지체없이 그 개인정보를 조사하여 정정, 삭제 등 필요한 조치를 취한 후 그 결과를 정보 주체에게 알려야 한다.
- 최근 발생하는 개인정보 유출 사고는 현재 정보통신서비스를 이용하고 있는 이용자의 개인정보뿐만 아니라 장기간 미 이용자의 개인정보도 상당 부분 포함하고 있다.
- 장기간 서비스를 이용하지 않고 방치되는 개인정보의 이용자 피해를 방지하고, 사업자의 불필요한 개인정보 보관을 최소화함으로써 개인정보의 오남용과 유출을 방지하기 위해 일정 기간(다른 법령에서 별도의 기간을 정하고 있거나 이용자 요청에 따라 기간을 달리 정한 경우가 아닐 시에는 1년)동안 이용하지 않는 이용자의 개인정보를 해당 기관에서 즉시 파기하거나 다른 이용자의 개인정보와 분리하여 별도 저장/관리해야 한다.

피해를 신속하고 공정한 절차에 따라 구제받을 권리

- 신속, 공정한 절차에 따라 피해를 구제받을 권리는 민사소송법의 기본이라고 할 수 있지만, 특히 현대 사회에서 개인정보 유출 등에 따른 피해는 광범위하고 확산 속도가 빠르며 소액 다수의 피해자가 양산되고 있으므로 신속, 공정한 절차에 따른 피해 구제의 중요성은 더욱 크다.
- 정보 주체는 개인정보의 수집, 이용, 제공 등으로 피해가 발생한 경우 신속하고 공정한 절차에 따라 피해의 심각성에 비례하여 적절한 보상 받을 권리를 가진다.
  - 입증 책임의 전환(제39조 제1항 참고)
  - 분쟁조정제도(제40조~제50조 참고)

- 권리침해 중지 단체소송제도(제51조~제57조 참고)
- 법정/징벌적 손해배상제도(제39조의2 및 제39조 제3항 참고)
- 정보통신서비스 제공자 등의 손해배상책임 보장 조치 의무(제39조의9 참고)

🔓 개인정보의 열람

| 정보 주체의 개인정보 열람 요구권 |

- 정보 주체는 개인정보처리자가 처리하는 자신의 개인정보에 대한 열람을 해당 개인정보처리자에게 요구할 수 있다(열람에는 사본의 교부를 포함).
- 정보 주체가 직접 제공한 개인정보 이외에 제3자 또는 공개된 정보원으로부터 수집한 개인정보, 개인정보처리자가 생산한 개인정보(신용평가, 인사평가, 거래 내역, 진료기록 등), 서비스 제공 등의 과정에서 자동적으로 생성된 개인정보(수/발신 내역, 입출 기록, 쿠키, 로그 기록 등)도 열람 요구의 대상이 된다.

| 정보 주체의 개인정보 열람 요구사항 |

- 정보 주체는 자신의 개인정보에 대하여 다음 각 호 사항의 열람을 요구할 수 있다.
    - 개인정보의 항목 및 내용
    - 개인정보의 수집, 이용의 목적
    - 개인정보의 보유 및 이용 기간
    - 개인정보의 제3자 제공 현황
    - 개인정보 처리에 대하여 동의한 사실 및 내용
- 해당의 경우 정보 주체는 열람하려는 사항을 개인정보처리자가 마련한 방법과 절차에 따라 요구하여야 한다.

| 정보 주체의 개인정보 열람 요구 방법 및 절차 |

- 개인정보처리자가 개인정보 열람 요구 방법과 절차를 마련하는 경우에는 해당 개인정보의 수집 방법과 절차에 비해 어렵지 않도록 다음 각 호의 사항을 준수하여야 한다.
    - 서면, 전화, 전자우편, 인터넷 등 정보 주체가 쉽게 활용할 수 있는 방법으로 제공할 것
    - 개인정보를 수집한 창구의 지속적 운영이 곤란한 경우 등 정당한 사유가 있는 경우를 제외하고는 최소한 개인정보를 수집한 창구 또는 방법과 동일하게 개인정보의 열람을 요구할 수 있도록 할 것
    - 인터넷 홈페이지를 운영하는 개인정보처리자는 홈페이지에 열람 요구 방법과 절차를 공개할 것
- 개인정보처리자가 정보 주체로부터 개인정보 열람을 요구받았을 때는 요구받은 날로부터 근무일 기준 10일 이내에 정보 주체가 해당 개인정보를 열람할 수 있도록 조치하여야 한다.
    - 개인정보처리자는 열람할 개인정보와 열람이 가능한 일시 및 장소 등을 열람통지서로 해당 정보 주체에게 알려야 함
    - 정보 주체에게 즉시 열람하게 하는 경우는 열람통지서 발급을 생략할 수 있음

- 개인정보처리자가 정보 주체로부터 개인정보 열람을 요구받았지만 10일 이내에 열람을 할 수 없는 정당한 사유가 있을 때는 정보 주체에게 그 사유를 알리고 열람을 연기할 수 있다.

| 열람의 제한 및 거절 |

- 개인정보처리자는 다음 각 호의 어느 하나에 해당하는 경우에는 정보 주체에게 그 사유를 알리고 열람을 제한하거나 거절할 수 있다.
    - 법률에 따라 열람이 금지되거나 제한되는 경우
    - 다른 사람의 생명, 신체를 해할 우려가 있거나 다른 사람의 재산과 그 밖의 이익을 부당하게 침해할 우려가 있는 경우
    - 공공기관이 다음 각 목의 어느 하나에 해당하는 업무를 수행할 때 중대한 지장을 초래하는 경우
        가. 조세의 부과 징수 또는 환급에 관한 업무
        나. 초중등교육법 및 고등교육법에 따른 각 급 학교, 평생교육법에 따른 평생교육시설 그 밖의 다른 법률에 따라 설치된 고등교육기관에서의 성적 평가 또는 입학자 선발에 관한 업무
        다. 학력, 기능 및 채용에 관한 시험, 자격 심사에 관한 업무
        라. 보상금, 급부금 산정 등에 대하여 진행 중인 평가 또는 판단에 관한 업무
        마. 다른 법률에 따라 진행 중인 감사 및 조사에 관한 업무
- 가명정보에는 이름, 연락처 등 개인을 알아볼 수 있는 정보가 포함되지 않으므로 정보 주체는 가명정보에 대하여 열람 요구권을 행사할 수 없다.

🔒 개인정보의 정정 및 삭제

| 정보 주체의 정정 및 삭제 요구권 |

- 자신의 개인정보를 열람한 정보 주체는 개인정보처리자에게 그 개인정보의 정정 또는 삭제를 요구할 수 있다.
- 개인정보의 정정 또는 삭제는 개인정보 열람을 거친 경우 요구할 수 있도록 규정하고 있으므로 개인정보처리자가 개인정보의 열람을 제한하거나 거절할 수 있는 경우에는 정보 주체의 정정 및 삭제 요구권이 인정되지 않는다.

| 정정 및 삭제 등의 조치 |

- 개인정보처리자가 정보 주체로부터 정정 및 삭제 요구를 받았을 때는 다른 법령에 특별한 절차가 규정되어 있는 경우를 제외하고는 지체없이 그 개인정보를 조사하여야 한다(개인정보처리자는 해당 정보 주체에게 정정, 삭제 요구사항의 확인에 필요한 증거 자료를 제출하게 할 수 있음).
- 개인정보처리자는 조사 결과 정보 주체의 요구가 정당하다고 판단되면 개인정보의 정정 및 삭제 요구를 받은 날부터 10일 이내에 그 개인정보를 조사하여 정보 주체의 요구에 따라 해당 개인정보의 정정 및 삭제 등의 조치를 한 후 그 결과를 결과통지서로 정보 주체에게 알려야 한다.
- 다른 개인정보처리자로부터 개인정보를 제공받아 개인정보 파일을 처리하는 개인정보처리자는 정보 주체로부터 개인정보의 정정 또는 삭제 요구를 받은 요구에 따라 해당 개인정보를 정정, 삭제하거나 그 요구

사항을 해당 개인정보를 제공한 기관장에게 지체없이 알리고 처리 결과에 따른 조치를 하여야 한다.
- 다른 법령에서 그 개인정보가 수집 대상으로 명시되어 있는 경우에는 삭제를 요구할 수 없다.
- 가명정보에는 이름, 연락처 등 개인을 알아볼 수 있는 정보가 포함되지 않으므로 정보 주체는 가명정보에 대하여 정정, 삭제 요구권을 행사할 수 없다.

🔒 개인정보의 처리 정지 등

| 정보 주체의 처리 정지 요구권 |

- 정보 주체는 개인정보처리자에 대하여 자신의 개인정보 처리 정지를 요구할 수 있다.
- 처리 정지 요구권은 개인정보 처리 활동에 대한 정지를 요구하는 것으로 동의 철회권보다 적용 범위가 넓다.
- 동의 철회권은 정보 주체가 동의한 것에 대해서만 동의를 철회할 수 있으나 처리 정지 요구권은 정보 주체 자신이 처리에 동의하지 않았더라도 개인정보처리자가 정보 주체에 관한 모든 개인정보의 처리 정지를 요구할 수 있다(정보 주체는 처리 정지 요구의 이유를 소명할 필요가 없으며 언제든지 요구가 가능함).
- 개인정보 처리 정지 요구에서 예외인 개인정보 파일은 다음과 같다.
  - 국가 안전, 외교상 비밀 그 밖에 국가의 중대한 이익에 관한 사항을 기록한 개인정보 파일
  - 범죄 수사, 공소의 제기 및 유지, 형 및 감호의 집행, 교정처분, 보호처분, 보안 관찰처분과 출입국 관리에 관한 사항을 기록한 개인정보 파일
  - 조세범처벌법에 따른 범칙행위 조사 및 관세법에 따른 범칙행위 조사에 관한 사항을 기록한 개인정보 파일
  - 공공기관의 내부적 업무 처리만을 위하여 사용되는 개인정보 파일
  - 다른 법령에 따라 비밀로 분류된 개인정보 파일

| 개인정보의 처리 정지 |

- 개인정보처리자는 개인정보 처리 정지 요구를 받았을 때는 지체없이 정보 주체의 요구에 따라 개인정보 처리의 전부를 정지하거나 일부를 정지하여야 한다.
- 개인정보처리자는 처리 정지 요구에 대한 예외 혹은 거부 사유가 없는 한 처리 정지를 해야 하는데 처리 정지를 요구받은 대상 처리 유형만을 정지하는 것으로 충분하지만 특정 처리 유형의 정지만으로 그 처리 정지 요구를 이행할 수 없는 경우는 처리의 전부를 정지하여야 한다.
- 개인정보처리자는 개인정보 처리 정지 요구를 받은 날로부터 근무일 기준 10일 이내에 처리 정지 조치를 한 사실을 개인정보 처리 정지 요구에 대한 결과 통지서로 해당 정보 주체에게 알려야 한다.
- 개인정보처리자는 정보 주체의 요구가 있으면 처리가 정지된 개인정보에 대하여 지체없이 해당 개인정보의 파기 등 필요한 조치를 하여야 한다.
- 개인정보 파기 이외의 필요한 조치로는 해당 개인정보를 이용 또는 제공하지 않도록 개인정보를 분리하여 별도의 개인정보 파일에 분리 및 보관하여야 한다.

| 처리 정지 요구의 거부 |

- 개인정보처리자가 정보 주체로부터 개인정보 처리 정지 요구를 받았을 때 다음 각 호의 어느 하나에 해당하는 경우에는 정보 주체의 처리 정지 요구를 거절할 수 있다.
    - 법률에 특별한 규정이 있거나 법령상 의무를 준수하기 위하여 불가피한 경우
    - 다른 사람의 생명/신체를 해할 우려가 있거나 다른 사람의 재산과 그 밖의 이익을 부당하게 침해할 우려가 있는 경우
    - 공공기관이 개인정보를 처리하지 않으면 다른 법률에서 정하는 소관 업무를 수행할 수 없는 경우
    - 개인정보를 처리하지 않으면 정보 주체와 약정한 서비스를 제공하지 못하는 등 계약 이행이 곤란한 경우로 정보 주체가 그 계약의 해지 의사를 명확하게 밝히지 아니한 경우
- 개인정보처리자는 정보 주체로부터 개인정보 처리 정지 요구를 받은 날로부터 근무일 기준 10일 이내에 처리 정지 요구를 거절한 사실 및 그 이유와 이의제기 방법을 적은 개인정보 처리 정지 요구의 결과 통지서로 해당 정보 주체에게 알려야 한다.
- 가명정보에는 이름, 연락처 등 개인을 알아볼 수 있는 정보가 포함되지 않으므로 정보 주체는 가명정보에 대하여 처리 정지 요구권을 행사할 수 없다.

🔓 권리행사 및 신원확인의 방법과 절차

| 대리인에 의한 권리행사 |

- 정보 주체는 열람의 요구, 정정/삭제의 요구, 처리 정지의 요구, 동의 철회의 요구 등 권리행사를 대리인을 통해 할 수 있다.
- 대리인의 범위에는 정보 주체의 법정대리인 이외에 정보 주체로부터 위임계약 등 대리권을 수여 받은 임의 대리인도 포함된다.
- 만 14세 미만 아동의 법정대리인은 개인정보처리자에게 그 아동에 관한 개인정보 열람 등을 요구할 수 있다(만 14세 미만 아동에 관한 개인정보의 열람 등 요구는 법정대리인이 직접 해야 하며, 아동이 법정대리인의 동의를 받아서 하는 것은 허용되지 않음).

| 신원확인 의무와 방법 |

- 개인정보처리자는 개인정보 열람 등 요구를 받은 때에는 요구를 한 자가 본인이거나 정당한 대리인인지를 확인하여야 한다.
- 대리인의 경우에는 자신에 관한 신원확인뿐만 아니라 정보 주체와 대리인 사이의 대리 관계를 증명할 수 있는 위임장 및 인감이 있거나 법정대리인의 경우에는 법정대리인임을 확인할 수 있는 서면(주민등록등본, 가족관계증명서 등)을 추가로 확인하여야 한다.

| 권리행사의 방법과 절차 |

- 개인정보처리자는 정보 주체가 열람 등 요구할 수 있는 구체적인 방법과 절차를 마련하고, 이를 정보 주체

- 가 알 수 있도록 공개하여야 한다.
- 개인정보를 수집하는 방법과 동일하거나 보다 쉽게 권리를 행사할 수 있도록 간편한 방법을 제공하여야 하며, 개인정보 수집 시 요구되지 않았던 증빙서류 등을 요구하거나 추가적인 절차를 요구해서는 안 된다.
- 열람 등 요구에 대한 거절 조치에 대하여 불복이 있는 경우 정보 주체가 이의를 제기할 수 있도록 개인정보 처리자는 필요한 절차를 마련하고 안내하여야 한다.

> **학습 Tip** 정보 주체 권리
>
> EU의 개인정보보호지침(95/46/EC, 1995) 이후 일반 개인정보보호법(GDPR, 2018)상 정보 주체는 정보를 제공받을 권리, 자신의 개인정보에 대한 접근권, 부정확한 정보의 수정, 삭제, 파기 요구권, 개인정보의 처리를 거부할 권리, 개인정보가 직접 판매에 이용되는 것을 거부할 권리, 자동처리정보만으로 불이익을 받지 않을 권리를 인정하고 있다. 우리나라의 경우에도 2011년 개인정보보호법 제정 당시 시행 중이던 정보통신망법은 동의 철회권, 열람 요구권, 정정 요구권 등을 규정하고 있었으며, 구(舊) 공공기관 개인정보보호법은 정보 주체의 열람 청구권과 정정 및 삭제 청구권을 인정하고 있었다.
>
> 우리나라 헌법재판소는 이른바 개인정보자기결정권 또는 개인정보자기통제권을 헌법상 보장되는 기본권으로 인정하고 있다. 헌법재판소는 개인정보자기결정권을 헌법 제10조 제1문에서 도출되는 일반적 인격권 및 헌법 제17조의 사생활 비밀과 자유에 의하여 보장되는 권리로서 자신에 관한 정보가 언제 누구에게 어느 범위까지 알려지고 이용되도록 할 것인지를 그 정보 주체가 스스로 결정할 수 있는 권리라고 판시하였다.
>
> 헌법재판소 2005. 7. 21. 2003헌마282, 425 결정 참고

Section 5 분쟁 해결 절차

🔓 개인정보 분쟁 조정 제도

| 개인정보 분쟁 조정 제도의 의의 |

- 개인정보 유출, 오남용 등으로 인한 손해는 정신적인 피해가 대부분이라서 소송을 통한 피해 구제에는 한계가 있다(소송의 경우 고의/과실의 입증 책임이 개인정보처리자에게 전환되더라도 개인정보 침해 사실, 손해 발생, 손해액, 손해와 침해 사이의 인과관계 등 입증 책임을 정보 주체가 부담해야 하기 때문에 승소할 가능성이 낮고, 소송에서 이기더라도 손해배상액보다 소송에 소요되는 비용과 시간이 더 많은 경우가 대부분이라서 정보 주체가 이를 감당하기 어려움).
- 개인정보로 인한 피해는 파급 속도가 매우 빠르고 원상 회복이 어렵다는 점에서 여타 종류의 피해와는 차별성을 갖기 때문에 이를 보다 신속하고 간편하게 구제할 수 있어야 한다.
- 개인정보 분쟁 조정 제도는 개인정보에 관한 분쟁이 발생하였을 때 비용이 많이 들고 시간이 오래 걸리는 소송제도의 대안으로서 비용 없이 신속하게 분쟁을 해결할 수 있는 조정을 통해 국민의 피해를 원만하게 구제한다.

- 개인정보 분쟁 조정 제도는 신청 내용과 요건에 따라 개인정보 분쟁 조정과 집단 분쟁 조정으로 구분하여 절차를 달리 운영하고 있다.

| 개인정보 분쟁 조정의 효력 |

- 개인정보분쟁조정위원회의 조정 결정에 대해 신청인과 상대방이 이를 수락하여 조정이 성립된 경우 조정서를 작성하며, 조정서 내용은 개인정보보호법 제47조 제5항 규정에 따라 재판상 화해의 효력(민사소송법상 확정 판결과 동일한 효력)이 부여된다.
- 조정 성립 후 당사자가 결정 내용을 이행하지 않을 경우 법원으로부터 집행문을 부여받아 강제 집행을 할 수 있는 강력한 효력이 있다.

| 개인정보 분쟁 조정 절차 |

- 개인정보 처리와 관련하여 당사자 사이에 분쟁이 있을 때 분쟁 조정을 원하는 자는 누구든지 신청이 가능하며, 신청 내용은 법령 위반 행위의 중지, 피해에 대한 손해배상 청구뿐만 아니라 개인정보 열람 요구권, 정정 요구권, 삭제 요구권 등과 같은 적극적 권리 행사도 포함된다.
- 개인정보에 관한 분쟁 조정은 웹 사이트, 우편 등을 통해 신청인이 직접 또는 대리로 신청할 수 있으며, 분쟁 조정 사건이 접수되면 신청자와 상대방에게 접수 사실이 통보된다.
- 사건 담당자는 전화, 우편, 전자우편 등 다양한 수단을 이용한 자료 수집을 통해 분쟁 조정 사건에 대한 사실 조사를 실시하고, 사실 조사가 완료되면 이를 토대로 사실 조사 보고서를 작성하여 위원회에 회부한다.
- 개인정보분쟁조정위원회는 조정에 들어가기 앞서 당사자 간 자율적인 노력에 의해 원만히 분쟁이 해결될 수 있도록 합의를 권고할 수 있으며, 합의 권고에 의해 합의가 성립되면 사건이 종결된다.
- 조정 전 합의가 이루어지지 않으면 위원회를 통해 조정 절차가 진행되는데, 이때 당사자의 의견 청취, 증거 수집, 전문가 자문 등 필요한 절차를 거쳐 쌍방에게 합당한 조정안을 제시하고 이를 받아들일 것을 권고한다(사건의 신청자나 상대방은 위원회 회의에 참석하여 자신의 의견을 개진할 수 있음).
- 개인정보분쟁조정위원회의 조정을 통해 내려진 결정에 대하여 조정안을 받은 날로부터 15일 이내에 신청인과 상대방이 이를 수락한 경우 조정이 성립된다(당사자가 위원회의 조정안을 수락하는 경우 위원회가 송부한 조정서에 기명날인하여 위원회에 제출).
  - 양 당사자가 모두 조정안을 수락하면 조정이 성립되어 조정서가 작성되고 조정 절차가 종료됨
  - 당사자 중 일방이 조정안을 수락하지 않을 경우 민사소송을 제기하는 등 다른 구제 절차를 진행함
- 개인정보분쟁조정위원회의 조정 결정에 대해 신청인과 상대방이 이를 수락하여 조정이 성립된 경우 개인정보보호법 제47조 제5항의 규정에 따라 양 당사자 간 조정서는 재판상 화해와 같은 효력을 갖게 된다.

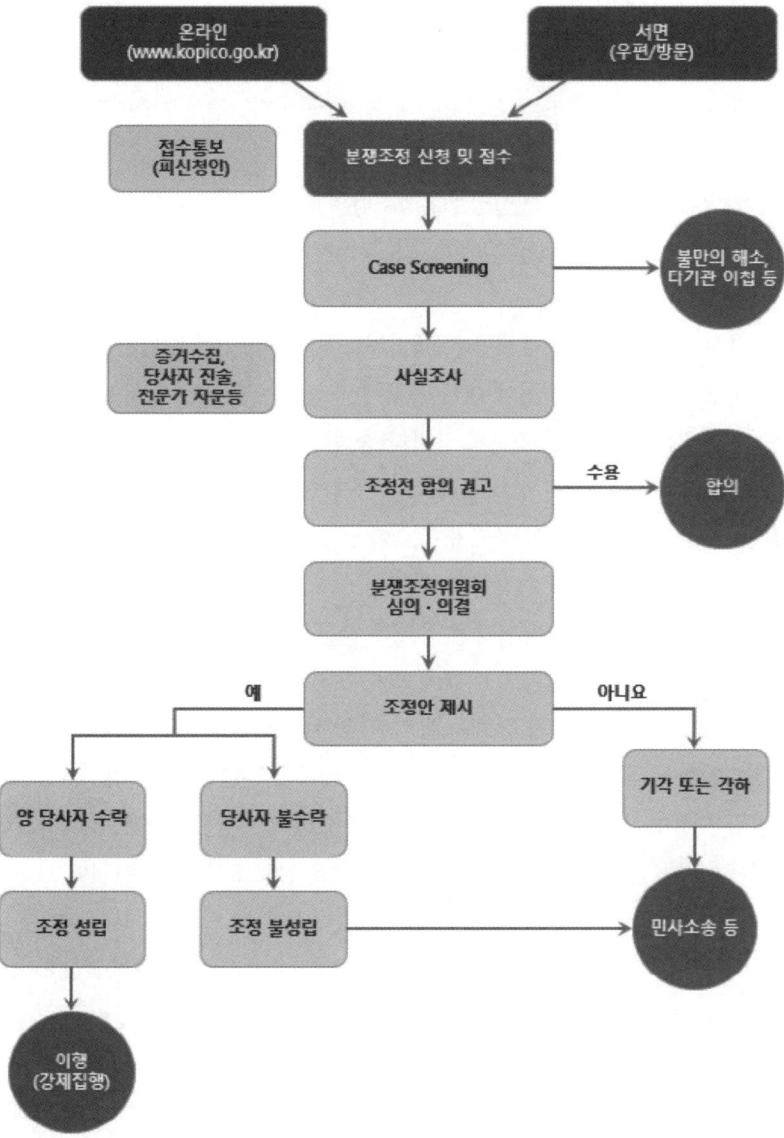

[개인정보분쟁조정위원회]

| 개인정보 집단 분쟁 조정 절차 |

- 개인정보 유출 사고와 오남용 사고는 대부분 집단성을 띠고 있고, 유출되거나 오남용된 개인정보의 항목이나 피해 유형도 같거나 비슷하다.
- 작게는 수천 건에서 많게는 수천만 건에 이르는 개인정보 유출 및 오남용 사건을 개별적인 분쟁 조정 절차를 통해 처리하면 많은 시간과 비용이 낭비된다.
- 집단적 분쟁 사건을 효율적으로 처리하기 위하여 하나의 분쟁 조정 절차를 통해 일괄적으로 해결할 필요가 있고, 이를 위한 제도가 집단 분쟁 조정 제도이다.

- 집단 분쟁 조정 절차는 개인정보 분쟁 조정 절차와 달리 피해 또는 권리 침해를 입은 정보 주체의 수가 50명 이상이어야 하고, 사건의 중요한 쟁점이 사실상 또는 법률상 공통되어야 한다.
- 국가, 지방자치단체, 한국소비자원 또는 소비자단체, 사업자가 개인정보분쟁조정위원회에 서면(집단 분쟁 조정 의뢰 및 신청서)으로 의뢰 또는 신청할 수 있다.
- 집단 분쟁 조정을 의뢰 또는 신청받은 개인정보분쟁조정위원회는 위원회 의결로 집단 분쟁 조정 절차를 개시할 수 있고, 이 경우 분쟁조정위원회는 홈페이지 또는 일간지에 14일 이상 그 절차의 개시를 공고하여야 한다.
- 집단 분쟁 조정의 당사자가 아닌 정보 주체 또는 개인정보처리자가 추가로 집단 분쟁 조정의 당사자로 참가하려면 해당 사건의 집단 분쟁 조정 절차에 대한 공고에서 정하는 기간 내에 문서로 신청한다.
- 개인정보분쟁조정위원회는 집단 분쟁 조정의 당사자 중 공동의 이익을 대표하는 1인 또는 수인을 대표 당사자로 선임할 수 있고, 대표 당사자를 상대로 조정 절차를 진행한다.
- 조정위원회는 집단 분쟁 조정 절차 개시 공고가 종료한 날로부터 60일 이내에 분쟁 조정을 마쳐야 하며, 부득이한 사정이 있는 경우 조정 기한을 연장할 수 있다.
- 결정된 내용은 당사자에게 통보되고, 당사자는 통보를 받은 날로부터 15일 이내에 분쟁 조정 내용에 대한 수락 여부를 조정위원회에 통보하며, 15일 이내에 의사 표시가 없을 때에는 불수락한 것으로 판단한다.
- 조정이 성립된 경우 조정 내용은 재판상 화해와 동일한 효력이 있다(일반 분쟁 조정 사건과 동일).
- 개인정보분쟁조정위원회는 피신청인이 집단 분쟁 조정의 내용을 수락한 경우 집단 분쟁 조정의 당사자가 아닌 자로서 피해를 입은 정보 주체에 대한 보상계획서를 작성하여 조정위원회에 제출하도록 권고할 수 있다.
- 보상계획서 제출을 권고받은 개인정보처리자는 권고를 받은 날로부터 15일 이내에 보상계획서의 수락 여부를 통지한다.
- 분쟁조정위원장은 집단 분쟁 조정 절차에 참가하지 못한 정보 주체가 보상계획서에 따라 피해 보상을 받을 수 있도록 사업자가 제출한 보상계획서를 일정 기간동안 홈페이지 등을 통해 알릴 수 있다.
- 개인정보처리자와 분쟁 해결이나 피해 보상에 관한 합의가 이루어진 정보 주체, 같은 사안으로 다른 법령에 따라 설치된 분쟁조정기구에서 분쟁 조정 절차가 진행 중인 정보 주체, 해당 개인정보 침해로 인한 피해에 대하여 법원에 소(訴)를 제기한 정보 주체는 제외된다.

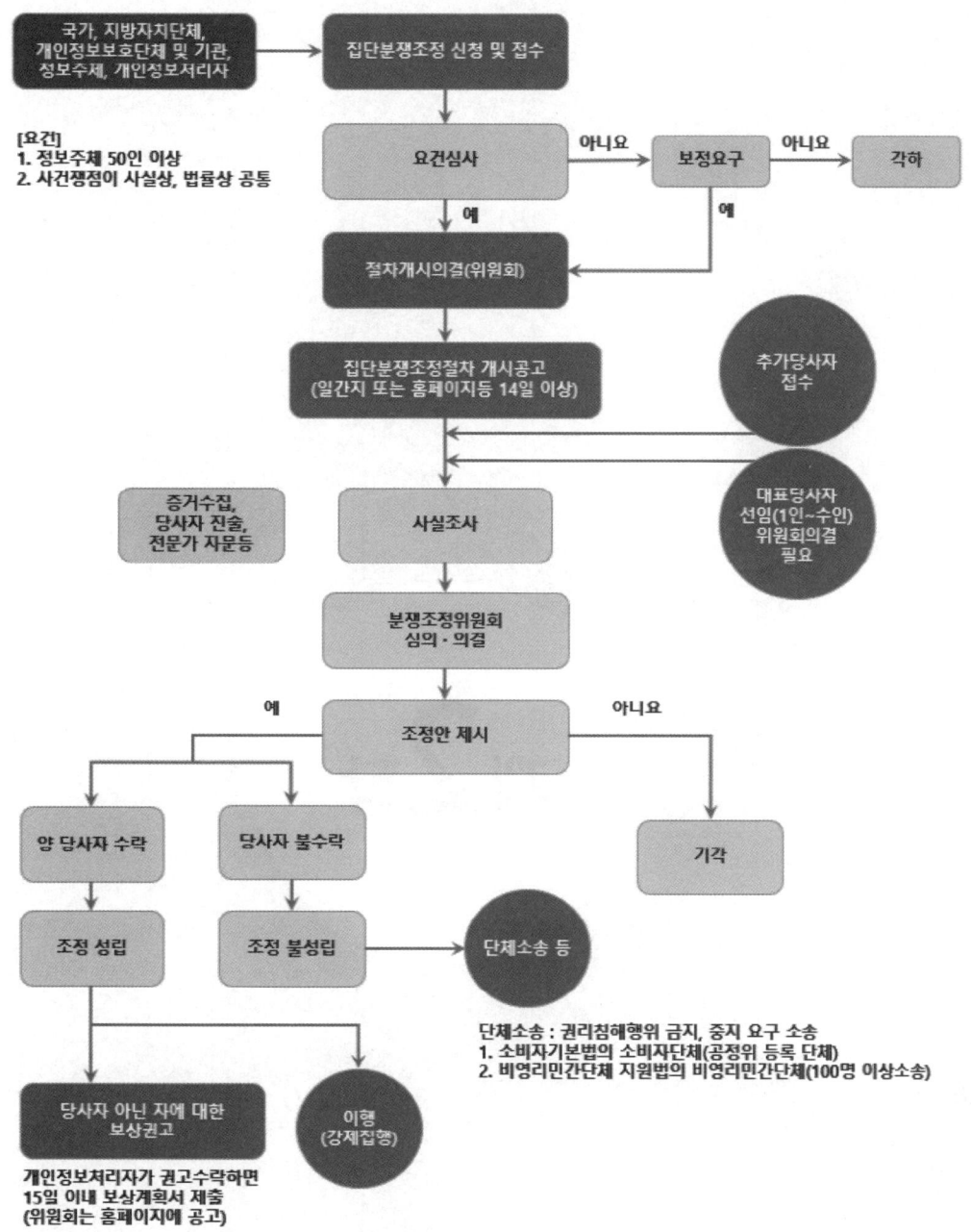

[개인정보 집단 분쟁 조정 절차]

개인정보보호 실무

Chapter 01 개인정보 흐름 분석

Chapter 02 개인정보 위험 관리 실무

Chapter 03 개인정보 보호 조치

Chapter 01 개인정보 흐름 분석

학습목표
- 비즈니스 운영 시 처리되는 개인정보를 구분하고, 처리 절차에 따른 보호 조치 필요성을 식별하여 개인정보 처리에 대한 보호 조치 적용 시 비즈니스 연관성을 고려한다.
- 개인정보 흐름 분석의 필요성과 생명 주기 단계별 특성에 대해 이해하고, 단위 업무별 개인정보 취급 절차를 흐름표 및 흐름도로 작성한다.
- 개인정보 관련 법규에서 정의하고 있는 개인정보 생명 주기별 보호 조치 요구 사항을 분석하고 적용 방안을 연구한다.

Section 1 개인정보 생명 주기 기준 및 원칙

🔒 개인정보의 흐름

| 데이터 흐름(Data Flow) |
- 데이터를 관리함에 있어서 비즈니스 특성 및 사용자 등 업무 환경에 따른 데이터의 흐름 분석은 필수적이다.
- 데이터가 수집 및 생성되는 순간부터 저장, 처리, 변경, 삭제까지의 생명 주기 절차를 고려한 체계적인 관리 프로세스가 필요하다.
- 데이터의 생명 주기는 그 흐름에 따라 지속적으로 반복하여 발생한다.
- 데이터 중요도에 따른 예상 위험을 식별하고, 비즈니스 목적에 따른 데이터 흐름을 분석하여 처리 단계별 위험 요소를 최소화할 수 보호 조치를 수립 및 적용한다.

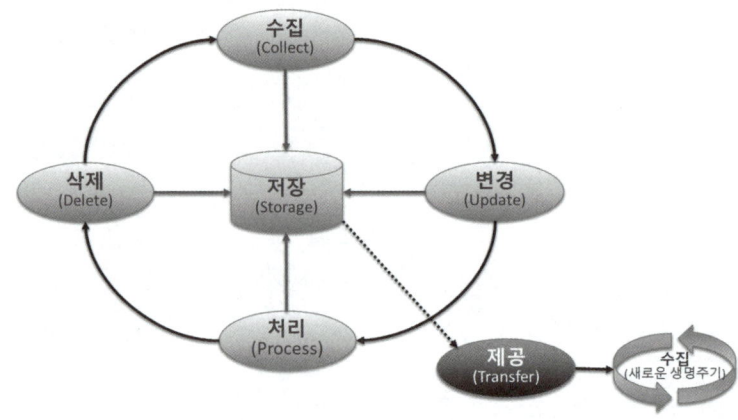

[Data Life Cycle]

개인정보 생명 주기(Life-Cycle)

- 개인정보를 취득하여 활용하는 단계로써 수집, 보유, 이용 및 제공, 파기의 4단계로 구분한다.
- 개인정보 수집은 정보 주체의 개인정보를 취득하는 단계로 웹 사이트의 회원 가입, 신청서 작성, 서비스 이용 등록, 민원 접수 등의 형태를 통해 이루어진다.
- 개인정보 보유는 수집한 개인정보를 저장하는 단계로 개인정보를 안전하게 관리하며, 정보 주체의 개인정보 열람/정정, 처리 정지, 삭제 등의 권리 보장 절차가 포함된다.
- 개인정보 이용 및 제공은 수집/보유한 개인정보를 업무적인 목적으로 이용하거나 수집한 개인정보처리자(수집 주체-기업 또는 기관) 외의 제3자에게 정보를 제공하는 행위로 시스템 운영 위탁 또는 행사 대행 용역 등의 업무 위탁 형태를 포함한다.
- 개인정보 파기는 보존 기간 만료 또는 이용 목적이 달성된 개인정보를 복구가 불가능한 방법으로 파기하는 행위이다.

개인정보 생명 주기 분석의 필요성

- 개인정보는 다양한 분야에서 처리되는 데이터의 대부분을 차지하고 있으며, 높은 비즈니스 의존도 특성으로 중요성이 강조되고 있다.
- 사회 전 영역에서 업무 프로세스가 시스템화 됨에 따라 IT 의존도가 증대되었고, 다양한 형태의 거대한 데이터 집합이 생겨나게 되었다.
- 데이터 홍수 시대에 개인정보의 범위는 확대되고 있으며, 활용 사례 또한 기하급수적으로 증가하고 있다.
- 개인정보의 생성부터 보관, 이용 및 제공, 파기까지의 생명 주기 분석을 통해 비즈니스 특성을 고려한 개인정보의 안전한 관리 방안 마련이 필수적이다.

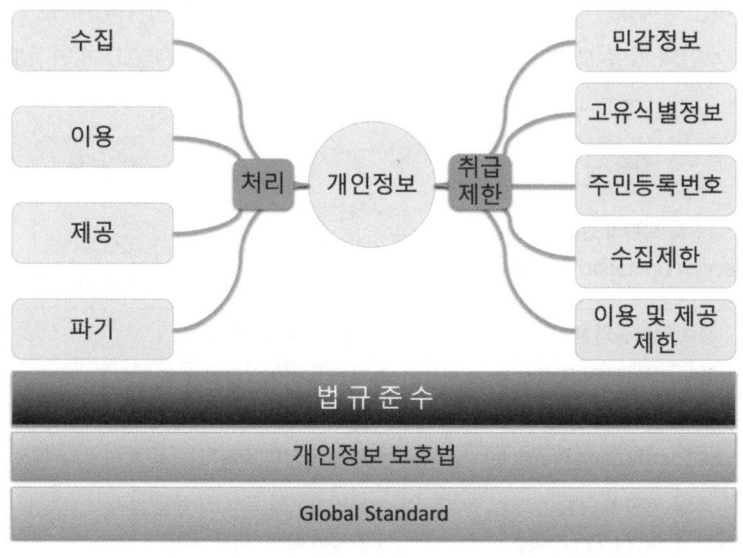

[개인정보 생명 주기 법적 보호 조치 주요 내용]

> **학습 Tip** 국내법 개인정보 생명 주기
> - 개인정보보호법 제15조 ~ 제28조
>   - 개인정보의 수집, 이용, 제공 등
>   - 개인정보의 처리 제한
> - 개인정보보호법 제39조의3 ~ 제39조의 15
>   - 정보통신서비스 제공자의 개인정보 처리 등 특례

🔒 개인정보 흐름에 따른 보호 조치

| 개인정보보호의 필요성 |

- 고도화된 정보화 사회의 모든 분야에서 개인정보는 서비스 이용에 가장 기초가 되는 데이터이다.
- 시공간을 초월하여 데이터 처리가 가능한 초연결 사회에서는 정보 이용 범위가 확대되고, 실시간 데이터 전파가 이루어지고 있다.

구분	내용
개인의 입장	개인정보 침해 발생 시 인격권 침해에 따른 정신적 피해 발생 및 보이스 피싱, 명의 도용 등 재산적 피해 발생
기업의 입장	• 이용자의 개인정보 활용을 통한 가치 창출 • 선량한 관리자로서 이용자 개인정보의 안전한 관리 의무 • 개인정보 유출 시 기업 이미지 실추 및 금전적 손해 발생
정부의 입장	• 국가 정보화에서 국가 기능 및 경쟁력 강화 • 전자 정부 정책 등에 있어 국민의 개인정보는 필수적 • 개인정보 침해 발생 시 정부 신뢰도 및 국가 브랜드 하락

- 개인정보 활용에 따른 경제적, 사회적 이익이 증대됨과 동시에 프라이버시 위험이 증가함에 따라 프라이버시의 기본 가치 및 개인의 자유 보장, 안전한 개인정보 활용 환경을 위해 OECD 개인정보보호 8원칙을 발표하였다.

No	원칙	주요 내용
1	수집 제한의 원칙 (Collection Limitation Principle)	• 개인정보 수집의 최소화 • 적법한 수집 절차에 의해 처리 • 정보 주체 대상 사전 고지 및 동의 획득
2	정보 정확성의 원칙 (Data Quality Principle)	• 데이터 정확성 확보 • 개인정보의 최신성 유지
3	목적 명확화의 원칙 (Purpose Specification Principle)	• 정보 주체 대상의 수집 목적을 사전 고지 • 이용 목적의 명확화 및 목적 범위 내 활용
4	이용 제한의 원칙 (Use Limitation Principle)	• 개인정보의 목적 외 활용 금지 • 활용은 수집, 이용, 제공

5	안전성 확보의 원칙 (Security Safeguards Principle)	개인정보의 변조, 도난, 훼손, 유출, 노출 방지를 위한 안전성 확보 조치 적용
6	공개의 원칙 (Openness Principle)	• 개인정보 처리에 있어서 관련된 절차 및 안전한 관리 조치 등에 대한 내용 공개 • 정보 주체의 알권리 보장
7	개인 참여의 원칙 (Individual Participation Principle)	• 정보 주체의 개인정보 열람, 정정, 삭제 청구 • 정보 주체가 합리적인 시간과 방법에 의해 개인정보에 접근
8	책임성의 원칙 (Accountability Principle)	정보 관리자의 상기 원칙들에 대한 실행 조치 준수 책임

> **학습 Tip** 개인정보보호법 제3조, 개인정보처리자의 '개인정보보호 원칙' 주요 내용
> - 개인정보의 처리 목적을 명확하게 하고, 그 목적에 필요한 범위에서 최소한의 개인정보만을 적법하고 정당하게 수집함
> - 개인정보의 처리 목적에 필요한 범위에서 적합하게 개인정보를 처리하여야 하며, 그 목적 외의 용도로 활용하여서는 아니 됨
> - 개인정보의 처리 목적에 필요한 범위에서 개인정보의 정확성, 완전성 및 최신성이 보장되도록 함
> - 개인정보의 처리 방법 및 종류 등에 따라 정보 주체의 권리가 침해받을 가능성과 그 위험 정도를 고려하여 개인정보를 안전하게 관리함
> - 개인정보 처리 방침 등 개인정보 처리에 관한 사항을 공개하여야 하며, 열람 청구권 등 정보 주체의 권리를 보장함
> - 정보 주체의 사생활 침해를 최소화하는 방법으로 개인정보를 처리함
> - 개인정보를 익명 또는 가명으로 처리하여도 개인정보 수집 목적을 달성할 수 있는 상황에서 익명 처리가 가능한 경우는 익명에 의해, 익명 처리로 목적을 달성할 수 없는 경우는 가명에 의해 처리될 수 있도록 함
> - 법 및 관계 법령에서 규정하고 있는 책임과 의무를 준수하고, 실천함으로써 정보 주체의 신뢰를 얻기 위하여 노력함

개인정보보호 조치 적용 대상 식별

- 개인정보보호법에서 정의하고 있는 개인정보의 범주에 해당하는 대상을 식별한다.
  - 성명, 주민등록번호 및 영상 등을 통하여 개인을 알아볼 수 있는 정보
  - 해당 정보만으로는 특정 개인을 알아볼 수 없더라도 다른 정보와 쉽게 결합하면 알아볼 수 있는 정보(해당의 경우 쉽게 결합할 수 있는지의 여부는 다른 정보의 입수 가능성 등 개인을 알아보는데 소요되는 시간, 비용, 기술 등을 합리적으로 고려하여야 함)
  - 가명처리를 통해 원래의 상태로 복원하기 위한 추가 정보의 사용 및 결합 없이는 특정 개인을 알아볼 수 없는 정보

유형	개인정보 항목
일반 정보	개인의 이름, 주민등록번호, 운전면허번호, 주소, 전화번호, 생년월일, 성별 등
가족 정보	가족 구성원의 이름, 출생지, 생년월일, 주민등록번호, 직업, 전화번호 등
교육 및 훈련 정보	학교 출석 사항, 학력, 자격증 취득 내역, 이수 훈련 프로그램, 상벌 사항 등
병역 정보	군번 및 계급, 제대 유형, 주특기, 근무 부대 등
부동산 정보	소유 주택, 토지, 자동차, 기타 소유 차량, 상점 및 건물 등

신용 정보	대부 잔액, 저당, 신용 카드, 지불 연기 및 미납의 수, 임금 압류 통보 기록 등
고용 정보	소속 회사, 회사 주소, 소속 부서, 직무 수행 평가 기록, 훈련 기록, 상벌 기록 등
법적 정보	전과, 교통 위반 기록, 파산 및 담보, 구속, 이혼, 납세의 기록 등
의료 정보	가족 병력 기록, 의료 기록, 신체 장애, 혈액형, IQ, 각종 신체 테스트 정보 등
조직 정보	노조 가입, 종교 단체 가입, 정당 가입, 클럽 회원 등
통신 정보	전자우편(E-mail), 전화 통화 내용, 로그 파일(Log file), 쿠키(Cookies) 등
위치 정보	GPS나 휴대폰에 의한 개인의 위치 정보 등
신체 정보	지문, 홍채, DNA, 신장, 가슴 둘레 등
습관 및 취미 정보	흡연, 음주량, 선호 스포츠 및 오락, 여가 활동, 도박 성향, 대여 기록 등

- 보호 조치의 적용 대상이 되는 정보의 처리 형식이나 처리 매체에는 제한이 없으며, 컴퓨터 등에 저장된 전자 파일 및 종이 문서, 음성, 영상, 이미지 등의 형태로 처리된 정보를 모두 포함한다.
- 개인정보의 수집, 생성, 기록, 저장, 보유, 가공, 편집, 검색, 출력, 정정, 복구, 이용, 제공, 공개, 파기 등과 관련된 업무 범위는 모두 보호 조치 대상에 포함한다.

구분	내용
개인정보보호법 '처리'	개인정보의 수집, 생성, 기록, 저장, 보유, 가공, 편집, 검색, 출력, 정정, 복구, 이용, 제공, 공개, 파기 그 밖에 이와 유사한 행위
신용정보법 '처리'	신용 정보의 수집(조사 포함), 생성, 연계, 연동, 기록, 저장, 보유, 가공, 편집, 검색, 출력, 정정, 복구, 이룔, 결합, 제공, 공개, 파기 그 밖에 이와 유사한 행위

| 개인정보 생명 주기 기반의 흐름 분석 |

- 개인정보를 처리하는 단위 업무를 구분하고, 각 단위 업무별 데이터 흐름에 따른 생명 주기를 분석한다.

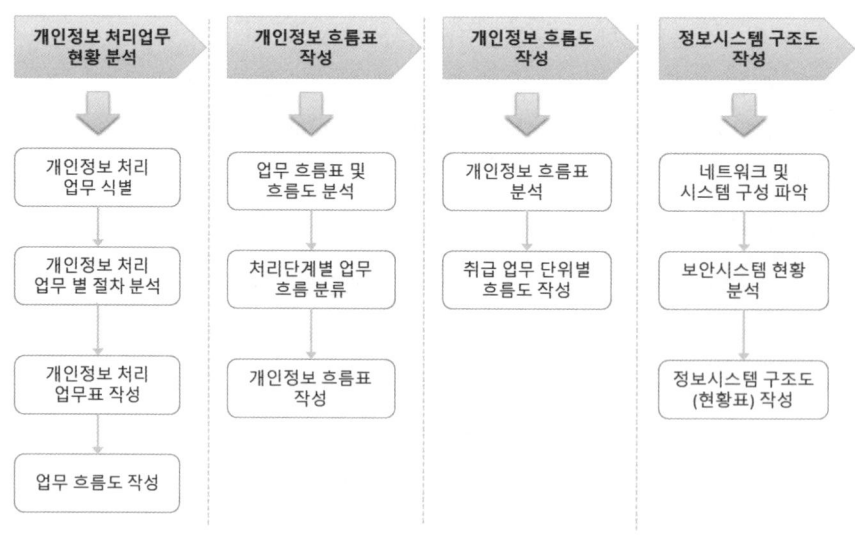

[개인정보 흐름 분석 단계별 절차 - 출처 : 개인정보 영향 평가 수행 안내서]

- 개인정보 데이터가 처리되는 유형 및 경로를 분석하고, 그 결과에 따라 생명 주기 단계별 구체적인 보호 조치 방안을 수립한다.

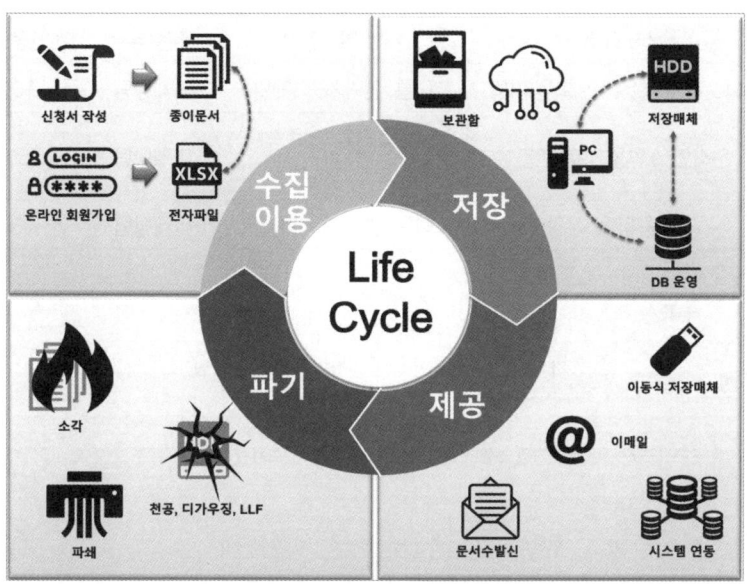

[개인정보 생명 주기 유형 및 경로]

- 개인정보 수집 유형 및 경로에 따라 데이터 흐름 전체 구조가 결정된다.
- 수집 경로가 온라인 또는 오프라인에 따라 데이터 흐름의 특성 및 생명 주기별 처리 절차가 달라진다.

생명 주기	온라인	오프라인	비고
수집 및 이용	온라인 동의 절차 적용	동의서 수취	
저장	DB 및 전자 파일 관리	문서함 물리적 보안	
제공	• 온라인 동의 절차 적용 • 데이터 공유 - 시스템 연동 등	• 동의서 수취 • 데이터 공유 - 전자 파일, 문서	
파기	LLF, 디가우징	소각, 파쇄	

[서비스 경로별 생명 주기 보호 조치]

> **학습 Tip** 개인정보 처리 업무표와 흐름도

【개인정보 처리 업무표】

업무명	처리 목적	처리 개인정보	주관 부서	개인정보 건수	중요도
회원 가입	OOO 서비스 온라인 회원 가입	이름, 연락처, 이메일	마케팅팀	100건	中
비회원 주문	온라인 쇼핑몰 상품 주문	이름, 연락처, 주소, 이메일, 계좌번호	마케팅팀	50건	上
문의 1:1	고객 문의 및 상담	이름, 연락처, 이메일	마케팅팀	150건	中

【개인정보 처리 업무 흐름도】

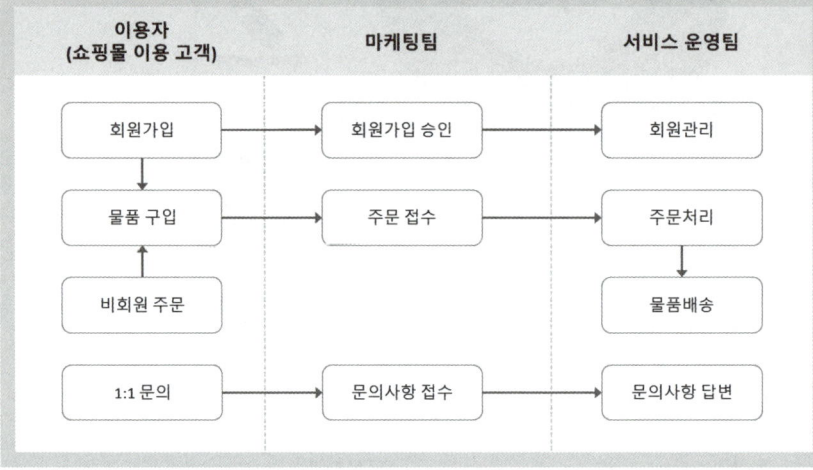

| 개인정보 생명 주기 보호 조치 수립 |

- 개인정보 데이터 흐름을 고려하여 법규 위반 및 내부 정보 유출 등의 관점에서 예상 위험을 분석한다.
- 법률 및 시행령, 시행 규칙, 고시 등의 보호 조치 요구 사항 준수를 통한 법규 위반의 위험 최소화 조치는 필수적이다.
- 개인정보를 포함한 내부 정보 자산의 안전한 관리를 통해 유출 및 훼손 등의 침해 사고 예방 활동이 필요하다.

[개인정보 위험 범위]

- 개인정보보호법 등 비즈니스 특성에 따른 법적 요구 사항을 반영하여 개인정보의 안전한 관리를 위한 생명 주기 단계별 보호 조치를 수립한다.

생명 주기	보호 조치 요건	예상 위험	비고
수집/이용	• 개인정보 취급 최소화 • 사전 고지 및 동의 획득 • 개인정보 처리 절차 공개	• 정보 주체의 동의 없는 개인정보 수집 • 과도한 수집 및 민감 정보 수집 • 관행적인 주민등록번호 수집	
저장	• 개인정보 암호화 • 저장 매체 대상 안전성 확보	기술적/관리적 보호 조치 미비	
제공	• 사전 고지 및 동의 획득 • 제공 항목 최소화	• 개인정보의 목적 외 제공 • 동의 없는 제3자 제공 • 부당한 개인정보 공유	
파기	• 보존 기간 지정 • 복구 불가능한 방법으로 파기 • 파기 이력 관리	• 관행적인 영구 보존 • 적시 파기 미적용	

> **학습 Tip** Safe-Harbor 협정과 Privacy Shield 협정
>
> 【EU-미국, Safe-Harbor 협정 → '15.10 유럽연합사법재판소(CJEU) 무효 판결】
> - 2000년 9월 전자상거래 등 기업의 원활한 산업 발전을 위해 개인정보 전송에 관한 협정 체결
> - **고지(Notice)** : 개인정보의 수집 및 이용에 대한 목적과 용도, 제3자 제공 시 제공 받는 자에 대한 정보, 정보 주체의 문제 제기 및 권리 행사 방법에 대한 내용 고지
> - **선택(Choice)** : 정보 주체에 의한 개인정보 수집 및 이용, 제공에 대한 옵트 아웃(Opt-Out : 사후 동의) 방식의 선택권 제공 (단, 민감 정보에 한해 옵트 인(Opt-In : 사전 동의) 방식 적용)
> - **제공(Onward-Transfer)** : 개인정보 위탁 및 제3자 제공 시 정보 주체 대상 사전 고지 및 동의 획득
> - **접근(Access)** : 정보 주체에 의한 개인정보 이용 내용 조회 및 정정 요구권 보장
> - **안전성(Security)** : 개인정보의 손실, 오용, 남용, 훼손, 변조 등의 침해 사고를 예방할 수 있는 합리적인 보호 조치 적용
> - **정보 무결성(Data Integration)** : 개인정보의 정확성 및 완전성, 최신성 확보
> - **이행(Enforcement)** : 보호 조치 준수 강제를 위한 수단 마련
>
> 【EU-미국, Privacy Shield 협정 → '20.7 유럽연합사법재판소(CJEU) 무효 판결】
> - EU 소재 미국 기업들이 유럽에서 수집한 EU 시민의 개인정보를 미국으로 전송할 수 있도록 허용함
> - 미국상무성은 프라이버시 쉴드에 참여하는 기업이 협정을 제대로 준수하고 있는지 정기적으로 모니터링할 의무가 있음
> - 미국으로 이전되는 개인정보에 대한 미국 정부기관의 무분별한 접근을 제한함
> - EU 시민은 개인정보 남용과 관련해 이의를 제기할 수 있음
> - EU 집행위원회와 미국상무성은 매년 프라이버시 쉴드 준수 여부를 평가 및 점검함

Section 2 | 개인정보 수집, 보유/이용, 제공, 파기 단계

🔒 개인정보 생명 주기

| 개인정보 생명 주기 관리 프레임워크 |

- 개인정보 처리 업무를 식별하고, 비즈니스 운영에 따른 개인정보 처리 목적 및 필요성을 확인한다.
- 비즈니스 운영 특성에 따른 개인정보 수집, 보유/이용, 제공, 파기의 각 단계별 유형을 분석한다.
- 개인정보 라이프 사이클의 단계별 법적 보호 조치 요구 사항을 파악하고, 서비스 유형별로 보호 조치 구현 방안을 차별화하여 적용한다.

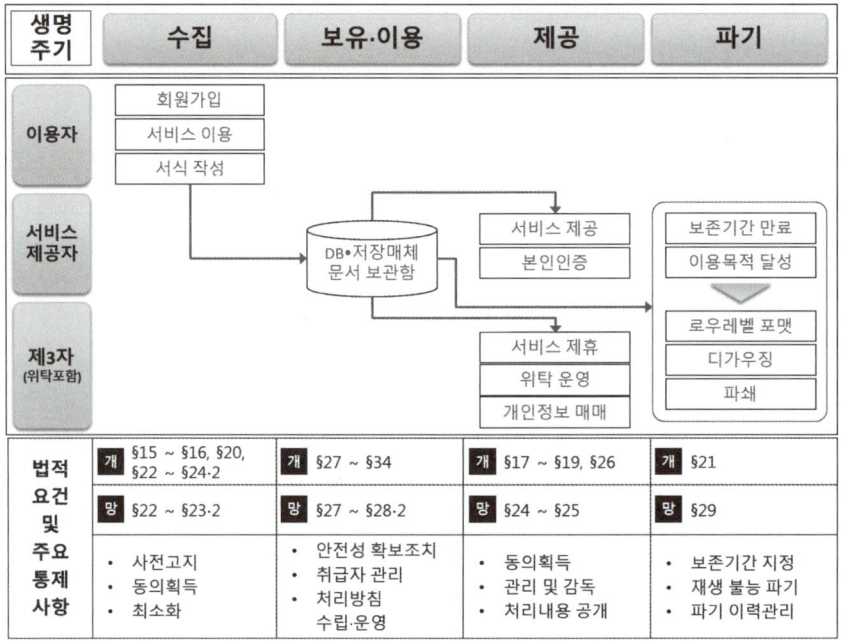

[개인정보 생명 주기 관리 프레임워크]

🔒 개인정보 수집 및 이용

| 개인정보 소유권의 이해 |

- 개인정보 제공자 즉, 개인정보를 활용하는 서비스 이용자인 정보 주체의 경우 일반적으로 본인의 개인정보가 안전하게 보호받을 권리에 대한 인식 수준이 낮다.
- 개인정보를 활용하여 서비스를 운영하는 개인정보 이용 주체 즉, 개인정보처리자의 경우 대부분이 비즈니스 운영에 따른 이윤 추구를 목적으로 한다.

구분	내용
정보 주체의 관점	• 개인정보 소유권에 대한 주체로서의 인식 수준이 낮음 • 정보 주체 본인의 정보를 적극적으로 관리 및 통제할 수 있는 권리 보유
개인정보처리자의 관점	• 정보 주체의 개인정보를 안전하게 관리해야 할 의무가 있음 → 사회적 책임(CSR ; Corporate Social Responsibility) • 개인정보의 효과적인 관리와 효율적인 이용 방안을 마련해야 함 • 보호 조치별 책임 소재를 명확히 관리해야 함

[개인정보 생성 유형 구분]

| 기업의 개인정보보호 필요성 |

- 기업은 비즈니스 운영에 따른 이익 극대화, 이윤 창출을 위해 더 많은 고객 확보 및 소비자와의 지속적인 관계 구축이 필수적인 요소가 되었다.
- 고객의 다양한 요구 사항을 만족시키기 위한 욕구 분석 및 맞춤 서비스 제공, 대상 마케팅 실시 등의 활동에 있어서 이용자의 개인정보는 반드시 필요한 비즈니스 자원이다.

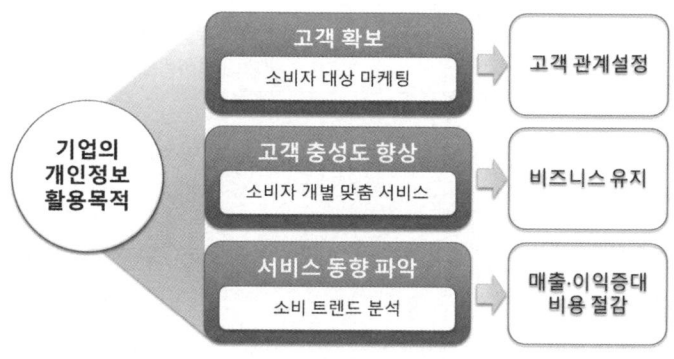

[기업의 개인정보 활용 목적]

| 개인정보 수집 특성 |

- 수집 유형 및 방식에 따라 '직접 수집/간접 수집', '제공 정보/생성 정보'로 구분할 수 있다.
- 개인정보 생명 주기가 시작되는 수집 단계에 있어서 최초 생성 특성에 따라 관리 절차가 달라진다.
- 개인정보의 최초 수집 대상 및 경로를 식별하여 법적 요구 사항 및 필수 보호 조치 항목을 적용한다.

항목	내용	구분 기준
직접 수집	정보 주체가 직접 제공한 정보를 최초로 수집한 경우(**최초 수집 경로** : 정보 주체)	수집 유형
간접 수집	제3자로부터 개인정보를 제공받는 경우(정보 주체 이외로부터 수집)	
제공 정보	정보 주체가 직접 회원 가입이나 서비스 등록을 위해 사업자에게 제공한 정보	수집 방식
생성 정보	사업자가 서비스를 제공하는 과정에서 생성되는 이용자에 관한 정보(**예** : 서비스 이용 기록, 접속 로그, 쿠키 등)	

필요한 최소한의 개인정보 수집/이용

- 개인정보처리자는 정보 주체의 개인정보를 수집하는 경우 해당 목적에 필요한 최소한의 개인정보에 대해서만 수집하며, 최소한의 개인정보에 대한 입증 책임은 개인정보처리자가 부담한다.
- 최소한의 개인정보 항목을 필수 항목으로 분류하고, 나머지 개인정보 항목들은 선택 항목으로 분류하여 정보 주체가 선택하여 동의할 수 있도록 한다.

구분	필수 항목	선택 항목
개념	• 해당 서비스의 본질적 기능을 수행하기 위해 반드시 필요한 정보 • 이용자에게 필수적 동의 요구 가능	• 해당 사업자의 필요에 의해 부가적인 서비스 제공을 목적으로 수집하는 정보 • 이용자가 동의 여부를 선택 가능
예시	인터넷 회원제 서비스	
	• 회원 가입을 위한 식별 정보 • 아이디, 비밀번호, 이름, 생년월일, 휴대 전화번호, 이메일 등	• 멤버십 특별 혜택 제공을 위한 정보 • 결혼 유무, 결혼 기념일, 배우자 정보 등
	온라인 결제 서비스	
	• 대금 결제 시 사용되는 정보 • 신용 카드 번호, 계좌 번호 등	• 결제 알림 서비스 • 휴대 전화번호, 이메일 등

- 개인정보처리자는 이용자가 서비스를 실제 이용하는 시점에 수집 및 이용 동의를 받아야 하며, 미리 동의를 받는 행위를 제한한다.
    - 서비스 개시를 위해 필요한 개인정보에 한정하여 수집 및 이용 동의를 받아야 하고, 이후에 제공되는 서비스의 경우 서비스 제공 시 동의를 받아야 함
    - 반복적인 서비스의 경우 최초 서비스 이용 시점에 선택 동의 항목으로 분류하여 동의를 받을 수 있음

> **학습 Tip** 개인정보 수집 최소화 원칙 법률상 정의
>
> 1 개인정보처리자는 제15조 제1항 각 호의 어느 하나에 해당하여 개인정보를 수집하는 경우에는 그 목적에 필요한 최소한의 개인정보를 수집하여야 함(해당의 경우 최소한의 개인정보 수집이라는 입증 책임은 개인정보처리자가 부담)
> 2 개인정보처리자는 정보 주체의 동의를 받아 개인정보를 수집하는 경우 최소한의 정보 외의 개인정보 수집에는 동의하지 아니할 수 있다는 사실을 구체적으로 알리고 개인정보를 수집하여야 함
> 3 개인정보처리자는 정보 주체가 최소한의 정보 외의 개인정보 수집에 동의하지 아니한다는 이유로 정보 주체에게 재화 또는 서비스의 제공을 거부하여서는 아니 됨
>
> 개인정보보호법 제16조(개인정보의 수집 제한)

수집 단계 보호 조치 원칙

- 개인정보처리자는 정보 주체의 개인정보를 수집할 경우 개인정보 활용에 대한 내용을 사전 고지하여 동의를 획득한다.

- 개인정보 수집 시 필요한 보호 조치 요구 사항에 대해서 개인정보보호법 등 개인정보 관련 법령상에 원칙을 명시하고 있다.

구분	개인정보보호법
수집 요건 주요 내용	• 정보 주체 동의 획득 • 법률에 특별한 규정이 있거나 법령상 의무 준수 • 공공 기관의 법령상 규정 업무 수행 • 정보 주체와의 계약 체결 및 이행
사전 고지 항목	• 개인정보의 수집 및 이용 목적 • 수집하려는 개인정보의 항목 • 개인정보의 보유 및 이용 기간 • 동의 거부권 및 거부 시 불이익
동의 원칙	• 필수/선택 항목 구분 • 명시적 동의 의사 확인 • 별도 동의 항목 구분(제3자 제공, 민감 정보 수집, 마케팅 목적 활용, 고유 식별 정보 수집 등)

[개인정보 수집 보호 조치]

- 개인정보처리자는 당초 수집 목적과 합리적으로 관련된 범위에서 정보 주체에게 불이익이 발생하는지 여부, 암호화 등 안전성 확보에 필요한 조치 여부 등을 고려하여 대통령령으로 정하는 바에 따라 정보 주체의 동의 없이 개인정보를 이용할 수 있다.
  - LP 음반을 판매하는 회사가 고객의 동의를 받아 정기적으로 LP 음반의 카탈로그를 보내다가 오디오 테이프, CD, DVD 형태의 음악 카탈로그도 보내는 경우
  - 약국에서 다른 고객의 의약품을 잘못 가져간 경우 약국이 고객에게 위 사실을 알리기 위하여 처방 병원으로부터 휴대전화번호를 제공받아 전화하는 경우

| 법정 대리인에 의한 동의 절차 |

- 만 14세 미만 아동의 경우 개인정보의 중요성이나 위험성에 대한 인식 및 정보 수집 목적의 진위를 평가하는 능력이 부족하다.
- 아동을 대상으로 한 무분별한 정보 수집을 방지하기 위해 법정 대리인에게 대신해서 동의를 획득하여야 한다.
- 법정 대리인이란 본인의 의사에 의하지 않고, 법률 규정에 의하여 대리인이 된 자를 의미한다.
  - **미성년자의 친권자 :** 민법 제909조, 제911조, 제916조, 제920조
  - **후견인 :** 민법 제931조 ~ 제936조
  - **법원이 선임한 부재자의 재산 관리인 :** 민법 제22조, 제23조
  - **상속 재산 관리인 :** 민법 제1023조 제2항, 제1053조
  - **유언 집행자 :** 민법 제1096조
- 법정 대리인의 동의 획득에 필요한 최소한의 정보(이름, 연락처)는 법정 대리인의 동의 없이 해당 아동으로부터 직접 수집할 수 있다(법정 대리인 정보 수집 시 아동에게 수집 주체의 신분과 연락처, 사유를 알려야 함).

개인정보 수집/이용에 대한 동의 획득 의무

- 정보 주체의 개인정보 자기 결정권 보장을 위해 개인정보 수집 시 이용자의 동의를 얻어야 한다.
- 동의 획득 시 개인정보 수집 목적, 항목, 보유 기간, 동의 거부권 및 불이익에 대해 알기 쉽고 명확하게 인지할 수 있도록 고지하여야 한다.
- 개인정보처리 방침 전문을 게재하고 일괄적으로 동의를 얻는 것은 명시적인 동의를 받은 것으로 볼 수 없다.

```
■ 경품 이벤트를 위한 개인정보 수집·이용

● 개인정보 수집·이용 목적 : 당첨자 확인 및 경품배송
● 수집하는 개인정보 항목 : 이름, 휴대전화번호, 주소, 이메일
● 개인정보 보유 및 이용기간 : 이벤트 종료 시(경품당첨 및 배송완료 후)
● 개인정보 수집·이용에 대한 동의를 거부할 수 있으나, 동의 거부 시 경품 응모가 제한될 수 있음

                    □ 동의        □ 동의하지 않음
```

[동의 획득 방법 - 동의서 예시]

개인정보 수집 시 동의 예외 사항

- 정보통신서비스 제공 이행을 위해 필요한 개인정보로서 동의 획득이 어려운 경우
    - 개인정보보호법 제39조의39 제2항 제1호
    - 과금 정보, 통화 내역, 접속 로그 등의 정보가 생성된 경우
- 정보통신서비스 제공에 따른 요금 정산에 필요한 경우
    - 개인정보보호법 제39조의39 제2항 제2호
    - 서비스별 요금액, 납부, 미납 사실 등의 정보를 수집 및 이용하는 경우
- 법률에서 개인정보 수집에 대한 규정이 있는 경우
    - 개인정보보호법 제39조의39 제2항 제3호
    - 전자상거래상에서의 소비자 보호에 관한 법률의 상거래 기록, 통신비밀보호법의 통신 사실 확인 자료 등을 수집하는 경우
- 공공 기관의 소관 업무를 위해 불가피하게 필요한 경우
    - 개인정보보호법 제15조 제1항 제3호
    - 국민건강보험공단이 보험 급여 관리 등을 위하여 진료 내역 등을 수집 및 이용하는 경우, 주민등록법의 등초본 교부, 주택임대차보호법의 전출입 신고 등을 위해 정보를 수집 및 이용하는 경우
- 계약 체결 및 이행을 위해 불가피하게 필요한 경우
    - 개인정보보호법 제15조 제1항 제4호
    - 회사가 취업 지원자와의 채용 및 근로 계약 체결 전에 지원자의 이력서, 졸업증명서 등의 정보를 수집 및 이용하는 경우, 물품 구매 후 배송을 위한 주소, 연락처를 수집 및 이용하는 경우

- 급박한 생명/신체/재산상 이익을 위하여 필요한 경우
  - 개인정보보호법 제15조 제1항 제5호
  - 조난 및 홍수 등으로 실종되거나 고립된 사람을 구조하기 위하여 위치 정보의 보호 및 이용 등에 관한 법률의 긴급 구조에 근거한 연락처, 주소, 위치 정보 등 개인정보를 수집하는 경우
- 개인정보처리자의 정당한 이익을 위해 필요한 경우
  - 개인정보보호법 제15조 제1항 제6호
  - 고객의 물품 주문 내역, 서비스 이용 내역, 통신 사실 확인 자료 등과 같이 요금을 산출하고 과금하기 위한 자료를 수집하는 경우, 신용 정보의 이용 및 보호에 관한 법률의 채권 추심을 위해 정보를 수집 및 이용하는 경우
- 통계 작성, 과학적 연구, 공익적 기록 보존 등을 위하여 가명정보를 처리하는 경우
  - 개인정보보호법 제28조의2 제1항
  - 통계 작성의 목적은 시장 조사와 같은 상업적 목적으로도 가능
  - 과학적 연구는 기술 개발과 실증, 기초 연구, 응용 연구뿐만 아니라 새로운 기술/제품/서비스 개발 등 산업적 목적을 위해서도 수행이 가능하며 민간 투자 연구도 가능
  - 공익적 기록 보존은 민간기업, 단체 등이 일반적인 공익을 위하여 기록을 보존하는 경우도 가능

| 개인정보의 동의 획득 방법 |

- 법률 근거는 개인정보보호법 제22조, 동법 시행령 제17조, 개인정보 처리 방법에 관한 고시 제4조이다.
- 서비스 유형 및 개인정보 취급 경로 등에 따라 동의 획득 방법을 구분하여 적용한다.
- 개인정보처리자는 정보 주체로부터 동의를 획득한 사실을 입증할 수 있어야 한다.

구분	동의 획득 방법	입증 방법
인터넷	동의를 구하는 화면 또는 동의 절차상에서 동의 내용을 게재하고, 정보 주체가 동의 여부를 표시하도록 하는 방법	정보 주체 동의 여부 로그 기록을 보유
서면	동의 내용이 기재된 서면을 정보 주체에게 직접 교부하거나 우편 또는 팩스 등을 통해 정보 주체에게 전달하고, 정보 주체가 서명 날인한 후 제출하는 방법	정보 주체가 작성한 동의서 서면을 보관
전자 우편	동의 내용이 기재된 전자 우편을 발송하여 정보 주체로부터 동의에 대한 의사 표시가 기재된 전자 우편을 전송받는 방법	정보 주체가 동의한 전자 우편을 보관
전화	서비스 신청을 위해 개인정보처리자가 직접 전화를 하거나 정보 주체가 전화를 하는 경우 직접 상담원 등이 동의 내용을 구두로 알려주고 동의를 받거나 동의 내용을 정보 주체가 확인할 수 있는 경로를 안내하고, 정보 주체가 해당 내용을 확인한 후 동의 의사를 확인하는 방법	정보 주체의 동의 의사를 녹취
기타	수집 매체의 특성상 내용을 전부 표시하기 어려운 경우 정보 주체에게 동의 내용을 확인할 수 있는 방법을 안내하고 동의를 획득함	

- 개인정보처리자가 개인정보 처리에 대해 정보 주체의 동의를 받을 때는 각각의 동의 사항을 구분하여 정보 주체에게 명확히 알리고 각각 동의를 받아야 한다.

- 수집 및 이용 동의(개인정보보호법 제15조 제1항 제1호, 제39조의3 제1항)
  - 제3자 제공 동의(개인정보보호법 제17조 제1항 제1호)
  - 국외 제3자 제공 동의(개인정보보호법 제17조 제3항)
  - 마케팅 목적 처리 동의(개인정보보호법 제22조 제4항)
  - 법정 대리인의 동의(개인정보보호법 제22조 제6항)
- 정보 주체가 신중한 의사결정을 해야 할 필요가 있는 사항에 대해서는 동의 내용과 의미를 명확하게 인지한 상태에서 결정할 수 있도록 통상의 동의와 구분해서 별도로 동의를 받아야 한다.
  - 목적 외 이용 및 제공 동의(개인정보보호법 제18조 제2항 제1호)
  - 개인정보를 제공받은 자의 이용 및 제공 제한(개인정보보호법 제19조 제1호)
  - 민감 정보 처리 동의(개인정보보호법 제23조 제1항 제1호)
  - 고유 식별 정보 처리 동의(개인정보보호법 제24조 제1항 제1호)
- 개인정보처리자가 동의를 서면 또는 전자문서로 받을 경우 중요한 내용을 명확히 표시하여 알아보기 쉽게 한다. 이는 정보 주체가 자신의 개인정보 처리와 관련하여 중요한 사항을 명확하게 인지한 상태에서 실질적인 동의권을 행사할 수 있도록 하기 위한 취지이다.
  - 개인정보의 수집 및 이용 목적 중 재화나 서비스의 홍보 또는 판매 권유 등을 위하여 해당 개인정보를 정보 주체에게 연락할 수 있다는 사실
  - 처리하려는 개인정보의 항목 중 민감 정보, 여권번호, 운전면허번호 및 외국인등록번호
  - 개인정보의 보유 및 이용 기간(제공 시 제공받는 자의 보유 및 이용 기간)
  - 개인정보를 제공받는 자 및 개인정보를 제공받는 자의 개인정보 이용 목적
- 중요한 내용을 표시할 때 글자 크기는 최소한 9포인트 이상으로 다른 내용보다 20퍼센트 이상 크게 한다.
- 인터넷 웹 사이트 또는 모바일 앱 등 화면상에서 동의를 받는 경우에는 원본 글자 크기가 9포인트 이상이어야 하고, 다른 내용보다 20퍼센트 이상 크게 하여 정보 주체가 쉽게 알아볼 수 있도록 한다.
  - 화면 크기 확대 기능 구현
  - 글자의 색깔, 굵기 또는 밑줄 등의 표시
- 개인정보처리자는 정보 주체의 동의가 필요 없는 개인정보와 정보 주체의 동의가 필요한 개인정보를 구분한다.
- 상품의 판매 권유 또는 홍보를 목적으로 개인정보처리에 대한 동의를 받을 때는 정보 주체에게 판매 권유 또는 홍보에 이용된다는 사실을 다른 동의와 구분하여 이를 명확히 인지할 수 있도록 한 후 동의를 받아야 한다.
- 정보 주체가 선택 정보의 처리에 대한 동의, 직접 마케팅에 대한 동의, 목적 외 이용 및 제공에 대한 동의를 거부하였다는 이유로 개인정보처리자는 재화 또는 서비스 제공을 거부하지 못한다. 또한, 필요한 최소한의 정보 외의 개인정보 수집에 동의하지 않는다는 이유로 재화 또는 서비스 제공을 거부하는 것도 금지된다.
- 법정 대리인의 동의를 얻기 위해서는 법정 대리인의 이름과 연락처를 알아야 하므로 동의를 받기 위한 최소한의 정보(법정 대리인 이름, 연락처)는 법정 대리인의 동의 없이 해당 아동으로부터 직접 수집할 수 있다.
  - 아동으로부터 수집한 법정 대리인의 개인정보는 동의를 얻기 위한 용도로만 사용

- 동의 거부 의사가 확인된 경우 동의 여부가 확인되지 아니한 채 3일이 경과한 경우는 해당 개인정보를 파기

공개된 정보의 수집 및 이용

- 개인정보처리자는 홈페이지 등 공개된 매체 또는 장소에서 개인정보를 수집하는 경우 정보 주체의 동의 의사가 명확히 표시되거나 홈페이지의 표시 내용에 비추어 사회 통념상 동의 의사가 있었다고 인정되는 범위 내에서만 이용할 수 있다.
- 공개된 개인정보를 수집/이용/제공 등 처리를 할 때는 정보 주체의 동의가 있었다고 객관적으로 인정되는 범위 내에서 정보 주체의 별도 동의는 불필요하다고 보아야 한다(대법원 2016.8.17. 선고 2014다235080 판결).

개인정보 수집 및 이용 보호 조치 위반에 따른 벌칙과 과태료

- 정보 주체의 동의를 받지 아니하고 민감 정보를 처리한 경우 – 개인정보보호법 제23조 제1항 위반, 5년 이하의 징역 또는 5천만 원 이하의 벌금
- 정보 주체의 동의를 받지 아니하고 고유 식별 정보를 처리한 경우 – 개인정보보호법 제24조 제1항 위반, 5년 이하의 징역 또는 5천만 원 이하의 벌금
- 정보통신서비스 제공자가 이용자의 동의를 받지 아니하고 개인정보를 수집한 경우 – 개인정보보호법 제39조의3 제1항 위반, 5년 이하의 징역 또는 5천만 원 이하의 벌금
- 정보통신서비스 제공자가 법정 대리인의 동의를 받지 아니하거나 법정 대리인의 동의 여부를 확인하지 아니하고, 만 14세 미만 아동의 개인정보를 수집한 경우 – 개인정보보호법 제39조의3 제4항 위반, 5년 이하의 징역 또는 5천만 원 이하의 벌금
- 거짓이나 그 밖의 부정한 수단과 방법으로 개인정보를 취득하거나 개인정보처리에 관한 동의를 받는 행위를 하는 경우 – 개인정보보호법 제59조 제1호 위반, 3년 이하의 징역 또는 3천만 원 이하의 벌금
- 정보 주체의 동의를 받지 아니하고 개인정보를 수집한 경우 – 개인정보보호법 제15조 제1항 위반, 5천만 원 이하의 과태료
- 법정 대리인의 동의를 받지 아니하고, 만 14세 미만 아동의 개인정보를 수집한 경우 – 개인정보보호법 제22조 제6항 위반, 5천만 원 이하의 과태료
- 정보 주체에게 동의 획득 시 사전 고지를 하지 않거나 고지 항목을 누락한 경우 – 개인정보보호법 제15조 제2항, 제17조 제2항, 제18조 제3항, 제26조 제3항 위반, 3천만 원 이하의 과태료
- 정보 주체가 최소한의 정보 외의 개인정보 수집에 동의하지 아니한다는 이유로 재화 또는 서비스 제공을 거부한 경우 – 개인정보보호법 제16조 제3항, 제22조 제5항, 제39조의3 제3항 위반, 3천만 원 이하의 과태료
- 정보 주체 이외로부터 수집한 개인정보의 수집 출처 등을 고지하지 않은 경우 – 개인정보보호법 제20조 제1항, 제2항 위반, 3천만 원 이하의 과태료
- 법령의 근거 없이 정보 주체의 주민등록번호를 처리한 경우 – 개인정보보호법 제24조의2 제1항 위반, 3천만 원 이하의 과태료

- 주민등록번호 이외의 본인 확인 방법을 제공하지 않은 경우 – 개인정보보호법 제24조의2 제3항 위반, 3천만 원 이하의 과태료
- 개인정보의 처리 위탁 및 보관을 위해 서비스 이용자의 개인정보 국외 이전 시 정보통신서비스 제공자가 해당 사실을 서비스 이용자에게 통지 및 공개하지 않은 경우 – 개인정보보호법 제39조의12 제2항 제3항 위반, 2천만 원 이하의 과태료
- 정보 주체로부터 동의 획득 방법이 적절하지 않은 경우 – 개인정보보호법 제22조 제1항~제4항 위반, 1천만 원 이하의 과태료

> **학습 Tip** 개인정보 수집 동의 방식
>
> 【옵트인(Opt-In)과 옵트아웃(Opt-Out)】
> - **옵트인** : 정보 주체 당사자가 자신의 데이터 수집을 허용하기 전까지 해당 정보 주체의 데이터 수집 및 이용 등을 금지하는 제도로 기업 등의 단체가 광고성 메일/문자 메시지 발송 시 수신자의 사전 동의를 얻어야 하는 경우가 이에 해당
> - **옵트아웃** : 정보 주체 당사자가 자신의 개인정보 수집을 허용하지 않음을 명시적으로 표현할 때 정보 수집이 금지되는 제도로 기업 등의 단체가 정보성 안내 메일/문자 메시지 발송 시 수신자가 발송자에게 수신 거부 의사를 표시할 수 있도록 하는 경우가 이에 해당(정보 주체의 수신 거부 의사 표시 전에는 안내 발송 업무에 해당 개인정보를 활용할 수 있음)
>
> 【공개된 정보의 '개인정보' 범주에 해당하는지 여부】
> - 판례는 공적 생활에서 형성된 정보와 이미 공개된 정보의 개인정보에 해당하는지 여부
> - 개인정보는 개인의 신체, 신념, 사회적 지위, 신분 등과 같이 인격 주체성을 결정하는 사항으로 개인의 동일성을 식별할 수 있게 하는 일체의 정보를 의미하며, 반드시 개인의 내밀한 영역에 속하는 정보에 국한되지 않고 공적 생활에서 형성되었거나 이미 공개된 개인정보까지 포함(대법원 2016.03.10. 선고 2012다105482 판결)

🔓 개인정보 제공

| 개인정보 제공의 의미 |

- 정보 주체로부터 개인정보를 받은 개인정보처리자가 업무 제휴, 공동 마케팅 등을 위해 개인정보를 개인정보처리자 이외의 제3자에게 전달하는 행위를 말한다.
- 정보 주체의 개인정보가 제3자에게 제공되는 경우는 '개인정보의 제3자 제공', '개인정보 취급 위탁', '영업 양도 등에 따른 이전'으로 구분할 수 있다.
- 개인정보를 제공하는 것은 개인정보를 제3자에게 전달하는 행위를 말한다.
    - 정보 주체의 개인정보를 저장 매체(디스크, 테이프, 외장 하드, USB, 플래시 메모리, 출력 인쇄물 등)로 직접 전달하는 행위
    - 네트워크(파일 업/다운로드, FTP 등)를 통해 전달하는 행위
    - 개인정보 보유를 제3자가 열람 및 복사할 수 있도록 접근 권한을 부여하는 행위
    - 개인정보 DB 시스템을 제3자와 공유하거나 공용 계정을 통해 사용할 수 있도록 하는 행위
    - 정보 주체의 개인정보 자체를 확인할 수 있는 모든 행위

개인정보 업무 위탁과 제3자 제공

- 업무 위탁과 개인정보 제3자 제공 모두 개인정보를 개인정보처리자 이외의 다른 사람에게 이전하거나 다른 사람과 공동으로 이용하게 된다는 측면에서는 동일하다.
- 업무 위탁과 제3자 제공은 개인정보 이전의 목적이 다르고, 이전된 개인정보에 대한 관리 및 감독 등 법률적 관계에 있어서 차이가 있다.
  - 업무 위탁의 경우 개인정보처리자 업무를 처리할 목적으로 개인정보가 제3자(수탁자)에게 이전되지만 제공은 제공 받는 자의 업무를 처리할 목적 및 이익을 위해서 개인정보가 이전됨
  - 위탁의 경우 개인정보처리자의 관리 및 감독을 받지만, 제3자 제공은 개인정보가 제공된 이후에 제3자가 자신의 책임하에 개인정보를 처리하며, 개인정보처리자의 관리 및 감독권이 미치지 못함
- 영업의 양도 및 합병은 개인정보가 제3자에게 이전된다는 점에서는 제공과 유사하지만 그 개인정보를 이용한 업무의 형태는 변하지 않고, 단지 개인정보의 관리 주체만 변한다는 점에서 제공과는 차이가 있다.

구분	업무 위탁	제3자 제공
관련 조항	• 개인정보보호법 제26조 • 정보통신망법 제25조	• 개인정보보호법 제17조 • 정보통신망법 제24조의2
이전 목적	위탁자(개인정보처리자)의 이익을 위해 처리	제3자(제공받은 자)의 이익을 위해 처리
예측 가능성	정보 주체가 사전 예측 가능 (정보 주체의 신뢰 범위 內)	정보 주체가 사전 예측 곤란 (정보 주체의 신뢰 범위 外)
관리 및 감독 책임	위탁자 책임	제공받는 자 책임
손해 배상 책임	위탁자 부담(사용자 책임)	제공받는 자 부담
이전 방법	(개인정보보호법) 위탁 사실 공개 및 고지 (정보통신망법) 위탁 내용 고지 후 정보 주체 동의 획득	• 제공 목적 등 고지 후 정보 주체 • 동의 획득
예시	• 고객 불만 접수 처리 등을 위한 콜 센터 아웃소싱 • 개인정보처리시스템 유지 보수 대행 • 요금 고지서 및 DM 발송 위탁 • 물품 배송 및 서비스 A/S 아웃소싱	• 통신 회사가 보험 영업에 활용하도록 고객 정보를 보험사에 제공 • 초고속 통신 업체가 부가 서비스 제공을 위해 카드사에 고객 정보를 제공

개인정보 업무 위탁 절차 및 방법

- 개인정보처리자는 정보 주체의 개인정보를 제3자에게 수집/보관/처리/이용/제공/관리/파기 등 업무를 위탁하는 경우에 개인정보 처리 내용을 정보 주체가 쉽게 확인할 수 있도록 공개하여야 한다.
- 재화 또는 서비스를 홍보하거나 판매를 권유하는 업무를 위탁하는 경우에는 서면, 전자우편, 팩스, 문자 전송, 전화 등의 방법으로 정보 주체에게 알려야 한다.
- 개인정보 처리 업무 위탁 사실 공개와 통지 내용 및 방법은 개인정보보호법에 규정하고 있다.

구분	개인정보 업무 위탁 공개 및 고지	관련 법 조항
내용	• 개인정보 처리 위탁을 받는 자(수탁사) • 개인정보 처리 위탁을 하는 업무 내용	개인정보보호법 제26조, 시행령 제28조
방법	• 정보 주체가 쉽게 확인할 수 있는 방법 　- 위탁자의 사업장 등 보기 쉬운 장소에 게시 　- 관보 또는 정기 간행물, 청구서 등에 게시 　- 위탁자와 정보 주체 간의 계약서 등에 명시 • 정보 주체 대상 위탁 사실 고지 방법 　- 서면, 전자 우편, 팩스, 전화, 문자 전송 등	

- 개인정보처리자가 제3자에게 개인정보의 처리 업무를 위탁하는 경우 보호 조치 준수 의무 사항이 포함된 문서화된 계약 절차에 의하여야 한다.
  - 위탁 업무 수행 목적 외 개인정보의 처리 금지에 관한 사항
  - 개인정보의 기술적/관리적 보호 조치에 관한 사항
  - 위탁 업무의 목적 및 범위와 재위탁 제한에 관한 사항
  - 개인정보에 대한 접근 제한 등 안전성 확보 조치에 관한 사항
  - 수탁자의 보호 조치 준수 의무 위반 시 손해 배상 책임
- 개인정보 위탁 계약서 작성 또는 별도의 서비스 추가 합의서(SLA) 등을 작성한다.
- 수탁자가 개인정보 처리 위탁을 받은 업무와 관련하여 계약 시 명시한 보호 조치 준수 의무를 위반하여 정보 주체에게 손해를 발생시키면 수탁자를 손해 배상 책임에 있어서 개인정보처리자의 소속 직원으로 본다.

[개인정보 처리 위탁 계약서 샘플 - 출처 : 개인정보보호 종합포털]

- 위탁자는 업무 위탁으로 인하여 정보 주체의 개인정보에 대한 유출 및 오남용 등의 침해가 발생하지 않도록 수탁자를 교육하고, 처리 현황 점검 등 수탁자가 개인정보를 안전하게 처리하는지 감독한다.
    - 수탁자 대상 개인정보 보호 조치 의무 사항 등 인식 제고 교육 실시
    - 수탁자가 업무상 개인정보 처리 시 안전한 관리 여부 감독
    - 법령상 보호 조치 요구 사항 및 계약 시 의무 사항 준수 여부 확인 및 점검
    - 수탁자의 개인정보 처리 현황 및 실태, 목적 외 이용 및 제공, 재위탁 여부 등에 대해 정기적으로 점검
- 수탁 업체가 수탁받은 업무를 외부 업체에 재위탁하는 경우 재위탁 사실을 위탁자에게 통보하고, 재수탁사에 의해 처리되는 개인정보가 안전하게 관리되는지 감독한다.

| 개인정보 업무 위탁 보호 조치 위반에 따른 벌칙 |

- 위탁자는 개인정보 업무 위탁에 따른 법령상 보호 조치 의무를 준수하여야 하며, 미준수로 인한 이용자의 개인정보 침해 또는 법 위반 사항 발생 시 규정된 처벌을 받을 수 있다.
- 재화 또는 서비스를 홍보하거나 판매를 권유하는 업무 위탁 시 위탁하는 업무 내용과 수탁자를 정보 주체에게 알리지 않은 경우 - 개인정보보호법 제26조 제3항 위반, 3천만 원 이하의 과태료
- 개인정보 처리 위탁 시 문서에 의하지 아니한 경우 - 개인정보보호법 제26조 제1항 위반, 1천만 원 이하의 과태료
- 위탁하는 업무 내용과 수탁자를 공개하지 아니한 경우 - 개인정보보호법 제26조 제2항 위반, 1천만 원 이하의 과태료

> **학습 Tip** 동의, 통지, 안내의 구분
> - **동의** : 정보 주체와 개별적으로 연락을 하고, 반드시 정보 주체로부터 회신 등의 피드백을 받아야 함(개인정보 최초 수집 시 정보 주체에게 동의 절차에 조치하는 방법으로 동의를 얻을 수 있고, 최초 수집 이후 추가적인 동의를 얻으려면 전화, 전자우편, 우편 등을 통해 개별적으로 연락을 하고 회신을 받아야 함)
> - **통지** : 정보 주체와 개별적으로 연락을 하지만 회신 등의 피드백을 받을 필요는 없음(대표적으로 영업 양도 및 양수 사실을 정보 주체에게 통지하는 경우 등이 해당)
> - **안내(공개 및 게시)** : 정보 주체와 개별적인 연락이 필요 없고, 회신 등의 피드백도 필요로 하지 않음(인터넷 웹 사이트 공지 사항, 정기 간행물 등 정보 주체가 서비스를 이용하면서 쉽게 확인할 수 있는 경로에 해당 정보를 게시하는 것 등이 해당)

| 개인정보 제3자 제공 절차 및 방법 |

- 개인정보처리자는 정보 주체의 개인정보를 제3자에게 제공하는 경우 개인정보 제공 내용을 고지하고, 동의를 획득한다.
    - 개인정보를 제공받는 자
    - 제공받는 자의 개인정보 이용 목적
    - 제공하는 개인정보 항목
    - 제공받는 자의 개인정보 보유 및 이용 기간
    - 동의 거부권 및 거부에 따른 불이익

- 개인정보처리자는 정보 주체로부터 동의를 받은 사항 중 어느 하나의 사항이 변경되는 경우에 변경된 내용을 고지하고 별도로 동의를 받는다.

> ■ 서비스 제휴를 위한 개인정보 제3자 제공
> - 개인정보를 제공받는 자 : oo카드사
> - 개인정보 수집·이용 목적 : 포인트 적립 서비스 제휴
> - 제공하는 개인정보 항목 : 이름, 휴대전화번호, 주소, 이메일, 포인트 이용 내역, 포인트카드번호
> - 개인정보 보유 및 이용기간 : 포인트 회원 탈퇴 시
> - 개인정보 제공에 대한 동의를 거부할 수 있으나, 동의 거부 시 포인트 서비스가 제한될 수 있음
>
> ☐ 동의   ☐ 동의하지 않음

[제3자 제공 동의 획득 방법 - 동의서 예시]

- 제3자는 정보 주체로부터 동의를 얻어 개인정보를 수집한 개인정보처리자 이외의 모든 개인/법인/조직을 뜻한다(계열사이거나 본사로부터 분리되어 설립된 조직일지라도 별도의 법인이라면 제3자로 볼 수 있음).
- 법률에 특별한 규정이 있거나 법령상의 의무 준수, 공공 기관이 법령 등에서 정하는 소관 업무 수행을 위해 불가피한 경우에는 개인정보를 수집한 목적 범위 내에서 개인정보를 제3자에게 제공할 수 있다(정보통신서비스의 제공에 따른 요금 정산을 위하여 필요한 경우 개인정보를 수집한 목적 범위 내에서 개인정보를 제3자에게 제공할 수 있음).
- 개인정보처리자가 개인정보를 국외의 제3자에게 제공할 때는 정보 주체에게 사전 고지 및 동의를 획득하여야 한다.
- 개인정보처리자는 당초 수집 목적과 합리적인 범위에서 정보 주체에게 불이익이 발생하는지 여부, 암호화 등 안전성 확보에 필요한 조치를 하였는지 여부를 고려하여 정보 주체의 동의 없이 제3자에게 개인정보를 제공할 수 있다.
  - 당초 수집 목적과 관련성이 있는지 여부
  - 개인정보를 수집한 정황 또는 처리 관행으로 볼 때 개인정보의 추가적인 이용 또는 제공에 대한 예측 가능성이 있는지 여부
  - 정보 주체의 이익을 부당하게 침해하는지 여부
  - 가명처리 또는 암호화 등 안전성 확보에 필요한 조치를 하였는지 여부

| 개인정보 제3자 제공 보호 조치 위반에 따른 벌칙 |

- 정보 주체의 동의 없이 개인정보를 제3자에게 제공한 경우 및 그 사정을 알면서도 영리 또는 부정한 목적으로 개인정보를 제공받은 경우 – 개인정보보호법 제17조 제1항 제1호 위반, 5년 이하의 징역 또는 5천만 원 이하의 벌금

- 개인정보처리자가 정보 주체에 대한 고지 의무를 위반한 경우 – 개인정보보호법 제17조 제2항 위반, 3천만 원 이하의 과태료
- 정보통신서비스 제공자가 개인정보 제3자 제공 기준을 위반하여 개인정보를 제공한 경우 – 개인정보보호법 제17조 제1항, 제2항 위반, 위반 행위 관련 매출액에서 100분의 3 이하 과징금

| 개인정보의 목적 외 이용 및 제공 제한 |

- 개인정보처리자는 정보 주체에게 이용 및 제공의 목적을 고지하고, 동의를 받은 범위나 법령에 의해 이용 및 제공이 허용된 범위를 벗어나서 개인정보를 이용하거나 제공해서는 안 된다.
- 개인정보처리자로부터 개인정보를 제공받은 자는 정보 주체로부터 별도의 동의를 받은 경우 또는 다른 법률에 특별한 규정이 있는 경우를 제외하고, 개인정보를 제공받은 목적 외의 용도로 이용하거나 이를 제3자에게 제공하여서는 안 된다.

| 개인정보의 목적 외 이용 및 제공 제한 위반에 따른 벌칙 |

- 개인정보를 목적 외로 이용하거나 제3자에게 제공한 경우 및 그 사정을 알면서도 영리 또는 부정한 목적으로 개인정보를 제공받은 경우 – 개인정보보호법 제18조 제1항, 제2항 위반, 5년 이하의 징역 또는 5천만 원 이하의 벌금
- 정보통신서비스 제공자가 개인정보를 목적 외로 이용하거나 제3자에게 제공한 경우 – 개인정보보호법 제18조 제1항, 제2항 위반, 5년 이하의 징역 또는 5천만 원 이하의 벌금
- 정보 주체에 대한 목적 외 이용 및 제공에 대한 고지 의무를 위반한 경우 – 개인정보보호법 제18조 제3항 위반, 3천만 원 이하의 과태료

| 개인정보의 단계별 규제 수준 |

구분	수집/이용 및 제공 기준	목적 외 이용 및 제공 기준
공통 기준		정보 주체 또는 제3자의 이익을 부당하게 침해할 우려가 없는 범위 안에서만 목적 외 이용 및 제공이 가능함
동의	정보 주체의 동의를 받은 경우 → 수집/이용 및 제공 가능	정보 주체로부터 별도의 동의를 받은 경우(모든 개인정보처리자)
법률 규정	법률에 특별한 규정이 있거나 법령상 의무를 준수하기 위하여 불가피한 경우 → 수집 및 해당 목적 범위 안에서 이용 및 제공 가능	다른 법률에 특별한 규정이 있는 경우(모든 개인정보처리자)

공공 기관 소관 업무 소행	공공 기관이 소관 업무의 수행을 위하여 불가피한 경우 → 수집 및 해당 목적 범위 안에서 이용 및 제공 가능	개인정보를 목적 외로 이용하거나 제공하지 아니하면 다른 법률에서 정하는 소관 업무를 수행할 수 없는 경우로서 보호위원회의 심의를 거친 경우(공공 기관만 적용)
계약 이행	계약 이행을 위하여 불가피하게 수반되는 경우 → 수집 및 해당 목적 범위 안에서 이용 가능(제공 불가)	
정보 주체 또는 제3자의 이익	정보 주체 또는 제3자의 생명, 신체, 재산의 이익을 위하여 필요하다고 인정되는 경우로서 정보 주체의 사전 동의를 받기 곤란한 경우 → 수집 및 해당 목적 범위 안에서 이용 및 제공 가능	정보 주체 또는 그 법정 대리인이 의사 표시를 할 수 없는 상태이거나 주소 불명 등으로 사전 동의를 받을 수 없는 경우로 명백히 정보 주체 또는 제3자의 급박한 생명, 신체, 재산의 이익을 위하여 필요하다고 인정되는 경우(정보통신서비스 제공자를 제외한 개인정보처리자)
개인정보처리자의 이익	개인정보처리자의 정당한 이익을 달성하기 위해 필요한 경우로 명백히 정보 주체의 권리보다 우선하는 경우 → 수집 및 해당 목적 범위 안에서 이용 가능(제공 불가)	
국제 협정 이행		조약 그 밖의 국제 협정 이행을 위하여 외국 정부 또는 국제 기구에 제공하기 위해 필요한 경우(공공 기관만 적용)
범죄 수사 등		범죄 수사와 공소 제기 및 유지를 위하여 필요한 경우(공공 기관만 적용)
재판		법원의 재판 업무 수행을 위하여 필요한 경우(공공 기관만 적용)
형/감호 집행		형 및 감호의 집행을 위하여 필요한 경우(공공 기관만 적용)

학습 Tip 개인정보 관련 주체 동의와 법률상 규정

【개인정보 관련 국내법상 정보 주체의 동의를 얻어야 하는 경우】

주요 내용	개인정보보호법
개인정보를 수집하거나 수집한 이후에 동의를 얻은 사항에 변경이 있는 경우	제15조
개인의 권리 및 이익이나 사생활을 뚜렷하게 침해할 우려가 있는 개인정보(민감 정보)를 수집할 경우	제23조
고유 식별 정보를 수집할 경우	제24조
개인정보를 제3자에게 제공할 경우	제17조
개인정보처리자가 목적 외로 개인정보를 이용 및 제공할 경우	제18조
개인정보를 제공받은 자가 제3자에게 개인정보를 제공할 경우	제19조
개인정보를 국외에 이전할 경우	제17조

【개인정보의 목적 외 이용 및 제공이 허용되는 법률상의 특별한 규정 사례】
- 소득세법 제170조에 따른 세무공무원의 조사, 질문
- 감사원법 제27조에 따른 감사원의 자료 요구
- 국가유공자 등 예우 및 지원에 관한 법률 제77조에 따른 국가보훈처장의 자료 제공 요구
- 병역법 제81조 제2항에 따른 병무청장의 자료 제공 요구
- 부패 방지 및 국민권익위원회 설치와 운영에 관한 법률 제42조 제1항 및 제3항에 따른 국민권익위원회의 자료 제출 요구
- 질서행위위반규제법 제22조 제1항에 따른 관계인에 대한 자료 제출 요구 및 참고인 진술 청취
- 국회법 제128조 제1항, 국정감사 및 조사에 관한 법률 제10조 제1항의 보고 또는 서류 제출 요구
- 공공 기관의 정보 공개에 관한 법률 제5조 제1항에 의한 정보공개청구의 대상이 되는 정보(공공 기관이 보유 및 관리하는 정보)로서 동법 제9조 제1항 제6호 단서 각 목에 정한 비공개 대상 정보 제외 사유에 해당하는 경우

개인정보 파기

개인정보 파기의 원칙

- 정보 주체의 개인정보는 개인정보처리자의 것이 아니며, 서비스 운영을 위해 정보 주체에게 일시적으로 빌려온 것에 불과하다.
- 정보 주체로부터 수집한 개인정보는 서비스 라이프 사이클 및 운영 특성 등을 고려하여 이용 목적에 부합할 수 있도록 보존 기간을 지정한다(개인정보 보유 기간을 정할 때는 최소한으로 정해야 하며, 이 경우 필요한 기간이라는 입증 책임은 개인정보처리자가 부담함).
- 회원 탈퇴 및 서비스 종료 등 개인정보 이용 목적이 종료될 경우 개인정보처리자는 보유하고 있는 개인정보를 지체 없이 파기한다(근무 일 기준 5일 이내).
- 지체 없이 파기는 합리적 이유 및 근거가 없는 한 즉시 파기하는 것을 의미한다.

- 개인정보 수집 및 이용 목적 달성
- 개인정보 보유 및 이용 기간 만료
- 서비스 종료 또는 폐업
- 회원 탈퇴, 제명, 계약 관계 종료, 동의 철회, 대금 완제 또는 채권 소멸 시효 만료

파기 사유	구체적 사례
개인정보의 수집 및 이용 목적	정보 주체가 웹 사이트 회원을 탈퇴한 경우
	정보 주체가 초고속 인터넷을 해지한 경우
	정보 주체가 마트 마일리지의 회원 탈퇴를 요청하는 경우
	개인정보를 수집하는 이벤트가 종료되어 경품이 발송된 경우
	제3자 업체에 기획 TM을 위해 정보를 제공하고, 해당 업체 TM 업무가 종료된 경우
보유 및 이용 기간 종료	정보 주체에게 개인정보를 수집할 때 동의를 받는 기간이 도래한 경우
	타 법규에 따라 정보 주체의 동의 없이 보유 및 이용이 가능한 기간이 도래한 경우
	해지 고객이 이용 요금을 납부하지 않은 경우 해당 요금 정산 시까지
	요금 관련 분쟁이 발생한 경우에 보유 기간 내에 당해 분쟁 해결 시
사업 폐지	폐업하거나 서비스를 중단하는 경우

| 개인정보의 파기 대상 및 방법 |

- 개인정보의 파기 대상에는 정보 주체가 제공한 개인정보뿐만 아니라 정보 주체로터 재화 또는 서비스 제공 과정에 생성된 개인정보(**생성 정보** : 로그인 기록, IP, 쿠키, 결제 기록 등) 및 백업 파일에 기재된 개인정보도 포함된다.
  - **회원 가입 정보** : 회원 탈퇴
  - **대금 지급 정보** : 대금 완제일 또는 채권 소멸 시효 기간 만료 시
  - **배송 정보** : 물품 또는 서비스가 인도되거나 제공된 때
  - **설문 조사, 이벤트 등 일시적 목적을 위한 수집** : 설문 조사, 이벤트 등이 종료된 때
  - **본인 확인 정보** : 본인임을 확인한 때
  - **제3자에 제공된 개인정보** : 개인정보 제공 시 보유 및 이용 기간이 도래된 때
- 개인정보처리자는 전자적 기록으로 되어 있는 개인정보를 파기할 때는 복원할 수 없는 기술적 방법으로 삭제한다.
- 개인정보가 기록된 매체, 출력물, 서면을 물리적으로 분쇄하거나 소각하여 완전히 파기한다.
  - **출력물, 서면 등 종이 문서** : 파쇄 또는 소각
  - **전자적 파일 형태** : 복원이 불가능한 방법으로 영구 삭제(**예** : 로우 레벨 포맷, 와이핑, 디가우징, 천공 등)

| **개인정보 파기 수행 및 이력 관리** |

- 개인정보처리자는 개인정보 파기 시 해당 사항을 기록 및 관리하여 파기 수행 내역에 대한 이력을 유지한다.
- 개인정보 파기 및 확인은 개인정보보호 책임자에 의해 수행되어야 하며, 개인정보보호 책임자는 개인정보 파기 후 수행 결과를 확인한다.

[개인정보 파기 확인 및 이력 관리 양식]

| **개인정보 파기 의무 예외** |

- 개인정보처리자는 다른 법령에 따라 보존해야 하는 경우 예외적으로 개인정보를 파기하지 않아도 된다(개인정보를 파기하지 않고 보존하는 경우 법적 근거를 명확히 함).
- 개인정보처리자가 개인정보 보유 기간을 고지하고 동의를 받는 경우 그 보유 기간을 정할 때는 최소한으로 정하고, 이에 대한 입증 책임은 개인정보처리자가 부담한다.
- 법령에 따라 개인정보를 파기하지 않고 보존하는 경우 물리적/기술적 방법으로 해당 개인정보 또는 개인정보 파일을 다른 개인정보와 분리해서 저장 및 관리한다(법령에 근거하여 개인정보를 분리 보관할 경우 개인정보처리방침 등을 통해 사실을 공개함).
- 가명정보의 경우 개인정보보호법 제21조에 따른 개인정보 파기 기준을 적용하지 않는다.

| **개인정보 유효 기간 제도** |

- 개인정보보호법 제39조의6(개인정보 파기에 대한 특례)에 따라 정보통신서비스 제공자 등은 일정 기간 동안 서비스를 이용하지 않는 이용자의 개인정보를 파기한다.
- 유효하지 않은 이용자의 개인정보를 보유할 수 있는 기간은 1년을 원칙으로 하며, 타 법령에서 별도의 기간을 정하고 있는 경우 및 이용자의 요청에 따라 보존이 필요하면 별도로 분리 및 보관한다.

- 타 법령상 개인정보 보존 의무를 규정하고 있는 경우 해당 법령 기준에 따라 개인정보를 보관한다.

법령	내용
전자상거래 등에서의 소비자 보호에 관한 법률	• 표시 및 광고에 관한 기록 : 6년 • 계약 또는 청약 철회 등에 관한 기록 : 5년 • 대금 결제 및 재화 등의 공급에 관한 기록 : 5년 • 소비자의 불만 또는 분쟁 처리에 관한 기록 : 3년
통신비밀보호법	• 법 제2조 제11호 가목 내지 라목 및 바목에 규정된 통신 사실 확인 자료(가입자 전기통신 일시, 전기통신 개시 및 종료 시간, 상대방 가입자 번호, 사용도수, 발신 기지국 위치 추적 자료) : 12월 • 위의 자료 중 시외/시내 전화 역무와 관련된 통신 사실 확인 자료 : 6월 • 법 제2조 제11호 마목 및 사목에 규정 통신 사실 확인 자료(컴퓨터 통신 또는 인터넷의 로그 기록 자료, 정보 통신 기기의 위치를 확인할 수 있는 접속지 추적 자료) : 3월
의료법	• 환자 명부/검사 소견 기록 : 5년 • 진료 기록부/수술 기록 : 10년 • 처방전 : 2년 • 방사선 사진 및 그 소견서 : 5년 • 간호 기록부/조산 기록부 : 5년 • 진단서 등의 부본(진단서, 사망 진단서 및 시체 검안서 등을 따로 구분하여 보존할 것) : 3년

| 개인정보 파기 조치 위반에 따른 벌칙 |

- 정보 주체로부터 동의받은 개인정보의 수집 및 이용 목적 달성 또는 보존 기간 만료 시 지체 없이 개인정보를 파기하지 않은 경우 - 개인정보보호법 제21조 제1항, 제39조의6 위반, 3천만 원 이하의 과태료
- 타 법령의 기준에 따라 수집 이용 목적이 달성된 개인정보 보존 시 해당 개인정보를 다른 개인정보와 분리하여 저장 관리하지 않은 경우 - 개인정보보호법 제21조 제3항 위반, 1천만 원 이하의 과태료

Section 3 개인정보 흐름표 작성 실무

개인정보 흐름표

| 개인정보 흐름표 작성 준비 |

- 개인정보 처리 대상 식별 및 업무 흐름 분석 단계에서 확인한 내용을 바탕으로 업무 단위별 개인정보 흐름을 분석하고, 분석 결과를 흐름표로 작성한다.
- 개인정보 생명 주기의 각 단계별로 흐름표를 작성하고, 단위 업무에 따라 생명 주기 절차상의 특성을 구분한다.

- 개인정보 취급 업무별 이용 목적을 고려하여 수집, 보유, 이용 및 제공, 파기에 대한 운영 사항을 흐름표에 반영한다.

| 개인정보 수집 흐름표 |

- 단위 업무별 개인정보의 최초 취득 경로 및 수집 항목, 수집 대상(정보 주체 유형), 수집 근거, 업무 처리 담당자 등을 확인한다.
- 개인정보 수집 흐름표의 각 항목별 상세 내용을 이해하기 쉽도록 명확하게 작성한다.

업무명	수집 항목	수집 유형	수집 경로	수집 대상	수집 주기	수집 담당자	수집 근거

[개인정보 수집 흐름표 양식]

- **업무명** : 대상 비즈니스 중 개인정보를 처리하는 단위 업무, 개인정보 흐름 분석 대상을 기재한다.
- **수집 항목** : 해당 업무 수행 시 수집하는 구체적인 개인정보 항목을 나열한다.
- **수집 유형** : 최초 수집 또는 외부로부터 제공받는 정보 등의 개인정보 취득 형태를 확인한다.
- **수집 경로** : 개인정보 수집 방법이 온라인 또는 오프라인 등에서 개인정보 수집 경로를 확인한다.
    - (온라인) 웹 사이트 회원 가입, 온라인 1:1 문의 등
    - (오프라인) 가입 신청서 작성, 첨부 서류 제출 등
- **수집 대상** : 개인정보를 수집하는 대상인 정보 주체의 유형을 확인한다(개인 고객(B2C), 기업 고객 담당자(B2B), 임직원(B2E) 등).
- **수집 주기** : 주기적 수집 행위 발생 또는 상시 처리 등을 구분한다(**예시** : (대학 입시 전형) 연 1회, (홈페이지 회원 가입) 상시).
- **수집 담당자** : 개인정보를 수집하는 부서 및 담당자 정보를 기재한다.
- **수집 근거** : 수집 목적에 따른 법률 근거 및 정보 주체의 동의 획득 여부를 기재한다.

| 개인정보 보유 흐름표 |

- 개인정보 보유 형태 및 법상 필수적인 암호화 조치 항목, 이용 목적, 개인정보취급자, 개인정보 이용 방법 등을 확인한다.
- 개인정보 보유 및 이용 흐름표의 각 항목별 상세 내용을 이해하기 쉽도록 명확하게 작성한다.

업무명	보유 형태	암호화	상품 판매			물품 배송		
			이용 목적	개인정보 취급자	이용 방법	이용 목적	개인정보 취급자	이용 방법

[개인정보 보유 및 이용 흐름표 양식]

- **업무명** : 대상 비즈니스 중 개인정보를 처리하는 단위 업무, 개인정보 흐름 분석 대상을 기재한다(수집 흐름표와 동일).
- **보유 형태** : 수집한 개인정보의 보유 형태를 확인한다(시스템을 통해 DB에 저장, 신청서는 별도 문서함에 보관, 접수 내역을 엑셀 파일로 관리 업무용 PC에 저장).
- **암호화 항목** : 개인정보 저장 시 암호화 대상(개인정보 항목)을 기재한다.
  - DB 저장 주민등록번호, 비밀번호 등은 양방향/일방향 암호화
  - PC 저장 전자 파일 문서 암호화(DRM) 적용
- **이용 목적** : 개인정보의 이용 목적을 확인한다.
  - 상품 판매는 상품 구매 접수 및 구매자 정보 확인, 상품 결제 등
  - 물품 배송은 구매자 상품 배송 주소지 확인 및 배송 등
- **개인정보취급자** : 수집한 개인정보 처리 부서 및 업무 담당자를 기재한다.
- **이용 방법** : 개인정보취급자가 정보를 이용하는 방법을 확인한다.
  - 별도 관리 시스템(**예** : 관리자 페이지 등)을 이용
  - DB 다운로드 전자 파일을 이용

| 개인정보 제공 흐름표 |

- 개인정보 제공 목적 및 제공받는 자, 제공 정보, 제공 방법, 제공 근거, 보유 기간, 파기 절차 등을 확인한다.
- 개인정보 제공 흐름표에서 각 항목별 상세 내용을 이해하기 쉽도록 명확하게 작성한다.

업무명	제공 유형	제공 목적	제공자	수신자	제공 정보	제공 방법	제공 주기	암호화	제공 근거

[개인정보 제공 및 파기 흐름표 양식]

- **업무명** : 대상 비즈니스 중 개인정보를 처리하는 단위 업무, 개인정보 흐름 분석 대상을 기재한다(수집 흐름표와 동일).
- **제공 유형** : 제3자 제공 또는 업무 위탁인지를 기재한다.
- **제공 목적** : 개인정보 제공 목적을 상세히 기재한다(물품 배송, 시스템 운영 및 유지 보수, 행사 대행, 법적 의무 준수 등).
- **제공자** : 개인정보 제공의 관련 업무 수행 부서 및 담당자를 기재한다.
- **수신자** : 개인정보를 제공받는 자를 기재한다.
- **제공 정보** : 개인정보의 제공 항목을 기재한다.
- **제공 방법** : 개인정보의 제공(전달) 방법을 기재한다(시스템(DB) 연동, 전자 파일 전송 등).
- **제공 주기** : 정기 제공 시 발생 주기를 기재한다.

- **암호화** : 개인정보 제공 시 데이터 암호화 및 전송 구간 암호화 내용을 기재한다(전자 파일 암호화, SSL, VPN 등 조치 적용).
- **제공 근거** : 제공에 대한 타 법령 근거 존재 시 기재 또는 제공 동의 여부를 명시한다.

| 개인정보 파기 흐름표 |

- 개인정보 보유 기간, 파기 수행자, 파기 절차, 분리 보관 여부, 보존 사유 등을 확인한다.
- 개인정보 파기 흐름표에서 각 항목별 상세 내용을 이해하기 쉽도록 명확하게 작성한다.

업무명	보유 기간	파기 수행자	파기 확인자	파기 절차	파기 주기	분리 보관	보존 사유

[개인정보 파기 흐름표 양식]

- **업무명** : 대상 비즈니스 중 개인정보를 처리하는 단위 업무, 개인정보 흐름 분석 대상을 기재한다(수집 흐름표와 동일).
- **보유 기간** : 개인정보 수집 후 파기까지의 지정된 보유 기간을 확인한다(법적 보유 기간, 비즈니스 라이프 사이클을 고려하여 보유 기간 지정 등).
- **파기 수행자** : 업무상 개인정보를 취급하는 담당자 중 보유 기간 만료 시 파기를 수행하는 자(담당 부서)를 기재한다.
- **파기 확인자** : 파기 수행 내역 검토 및 확인자를 기재한다.
- **파기 절차** : 파기 방법 및 이력 관리 절차를 확인한다.
- **파기 주기** : 정기적인 파기 수행의 경우 해당 주기를 기재한다.
- **분리 보관** : 이용 목적은 달성하였으나 법령상의 기준에 따라 보관 지속이 필요한 경우 보관 장소(DB)의 분리 여부를 확인한다.
- **보존 사유** : 근거 법령 및 보존 항목을 기재한다.

> **학습 Tip** 개인정보 흐름표 작성 예시 - 쇼핑몰 상품 판매 및 배송

- 개인정보 수집 흐름표

업무명	수집 항목	수집 유형	수집 경로	수집 대상	수집 주기	수집 담당자	수집 근거
상품 판매 및 배송	이름, 연락처, 이메일, 주소	직접 수집	온라인(홈페이지)	B2C (고객)	상시	쇼핑몰 운영 담당자	동의
		제공 받음 (홈 쇼핑 社)	구매 신청서, 온라인(전용 웹)		주 1회	홈 쇼핑 관리 담당자	동의

- 개인정보 보유 흐름표

업무명	보유 형태	암호화	상품 판매			물품 배송		
			이용 목적	개인정보 취급자	이용 방법	이용 목적	개인정보 취급자	이용 방법
상품 판매 및 배송	Web DB	연락처, 이메일	상품 판매, 결제	상품 구매 담당자, 홈 쇼핑 관리 담당자	쇼핑몰 홈페이지	상품 배송 및 배송 이력 관리	쇼핑몰 운영 담당자, 배송 업체 관리자	배송 관리 홈페이지
	전자 파일	DRM			홈 쇼핑 관리 홈페이지			
	문서함	-						

- 개인정보 제공 흐름표

업무명	제공 유형	제공 목적	제공자	수신자	제공 정보	제공 방법	제공 주기	암호화	제공 근거
상품 판매 및 배송	위탁	물품 배송	쇼핑몰 운영 담당자	○○ 택배	이름, 연락처, 주소	배송 관리 홈페이지	상시	통신 구간 암호화 (VPN)	동의

- 개인정보 파기 흐름표

업무명	보유 기간	파기 수행자	파기 확인자	파기 절차	파기 주기	분리 보관	보존 사유
상품 판매 및 배송	1년 (5년)	DB 관리자, 쇼핑몰 운영 담당자	쇼핑몰 운영 팀장	DB 파기, 전자 파일 Wiping	일 단위	결제 정보 DB 분리	전자상거래법
	1년	홈 쇼핑 관리 담당자		문서 파쇄	주 단위	-	-

Section 4 개인정보 흐름도 작성 실무

🔒 개인정보 흐름도

| 개인정보 흐름도 작성 준비 |

- 개인정보 흐름표를 기반으로 수집, 보유, 제공, 파기되는 개인정보의 처리 단계별로 흐름도를 작성한다.

- 개인정보 처리 비즈니스 또는 시스템 전체의 개인정보 흐름을 총괄적으로 표현한 흐름도를 작성한다.
- 개인정보 처리 단위 업무별 세부적인 절차에 대한 흐름도를 작성한다.
- 개인정보 처리 비즈니스 전체에 대한 생명 주기 단계별 흐름을 작성한다.

| 총괄 개인정보 흐름도 작성 |

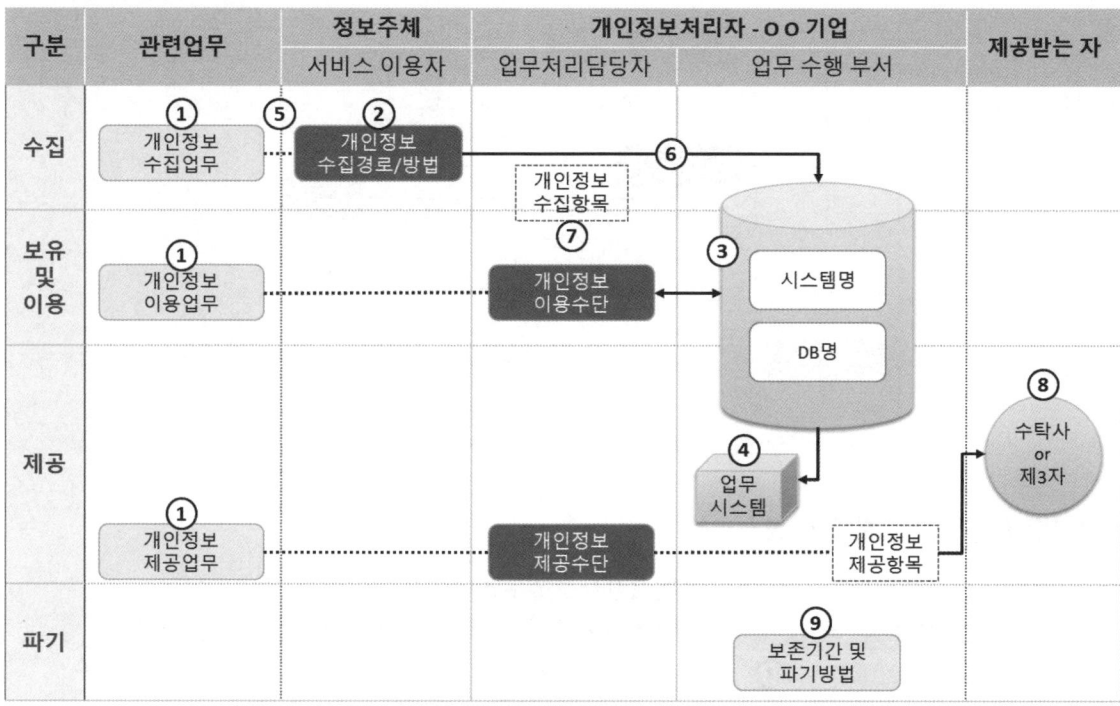

[개인정보 흐름도 양식]

- ① 개인정보 처리 업무를 확인한다(예 : 회원 가입/상품 구매, 물품 판매 및 배송 등).
- ② 개인정보 수집 경로 및 방법을 기재한다(예 : 홈페이지, 온라인 회원 가입, 비회원 상품 주문, 오프라인 회원 가입 신청 등).
- ③ 개인정보 처리 시스템 및 개인정보 보유 DB(인스턴트 명칭)를 기재한다.
- ④ 업무 처리를 위해 연계된 내부 시스템이 존재하는 경우 해당 시스템 명칭을 기재한다.
- ⑤ 온라인, 오프라인 경로 구분 및 최초 수집, 제공받는 정보를 구분하여 기재한다.
- ⑥ 수집 개인정보 보유 및 처리 과정을 기재한다.
- ⑦ 개인정보 수집 및 제공 항목을 기재한다.
- ⑧ 개인정보 외부 제공 시 제공받는 자를 기재한다.
- ⑨ 개인정보 보존 기간 및 파기 수행 절차를 기재한다.

학습 Tip 총괄 개인정보 흐름도 작성 예시 - ○○ 쇼핑몰

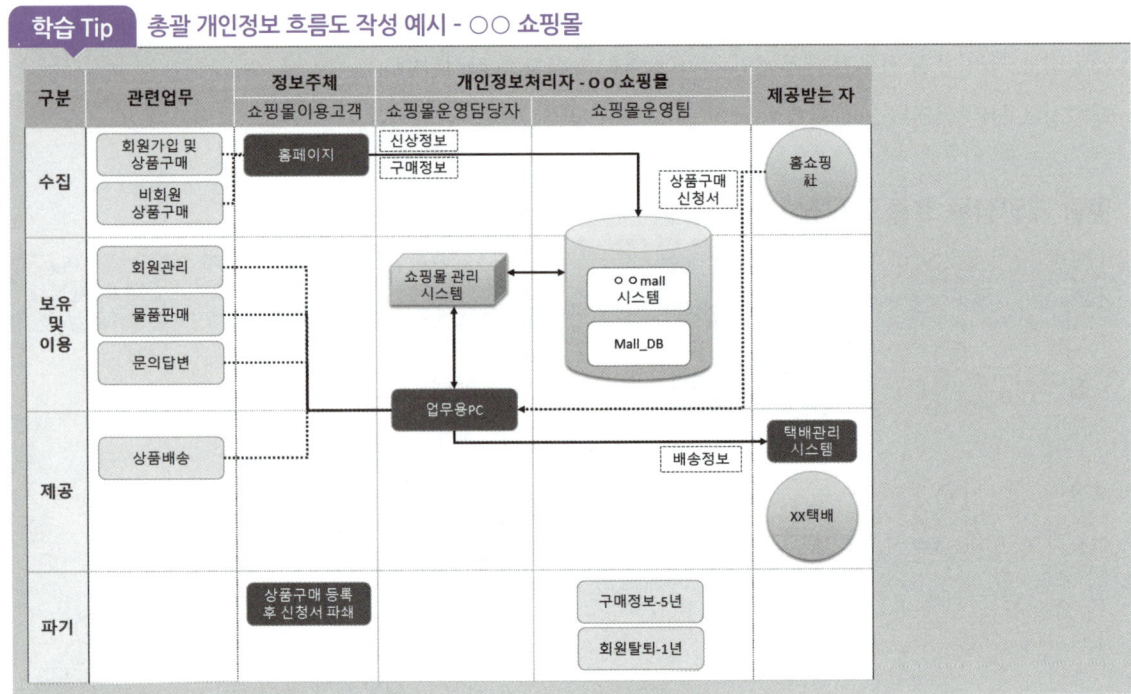

| 업무별 개인정보 흐름도 작성 |

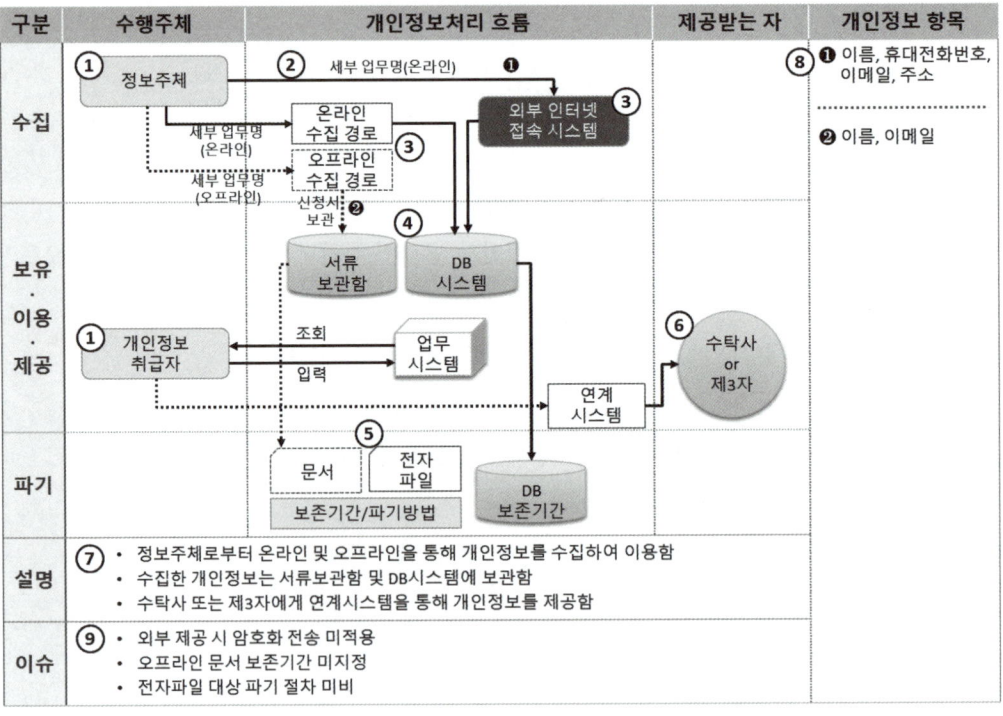

[업무별 개인정보 흐름도 작성 양식]

- ① 개인정보 처리 단계별 관련 주체를 확인한다(정보 주체 및 개인정보취급자 식별).
- ② 개인정보 수집 흐름을 기재한다(세부 업무명, 온/오프라인, 관련 시스템 등 확인).
- ③ 개인정보 처리 수단 온/오프라인 및 내/외부 시스템을 구분하여 기재한다.
- ④ 개인정보 저장 방법 및 DB, 보관함 등을 기재한다.
- ⑤ 개인정보 유형별 보존 기간 및 파기 방법 등 파기 절차를 기재한다.
- ⑥ 개인정보 외부 제공 내역을 기재한다(제공받는 자, 제공 항목 등).
- ⑦ 개인정보 처리 단계별 주요 흐름을 설명한다.
- ⑧ 개인정보 흐름상 전달되는 세부 개인정보 항목을 기재한다.
- ⑨ 개인정보 흐름 분석을 통해 확인된 각 단계별 주요 문제점을 기재한다.

학습 Tip 업무별 개인정보 흐름도 작성 예시 - 쇼핑몰 상품 구매

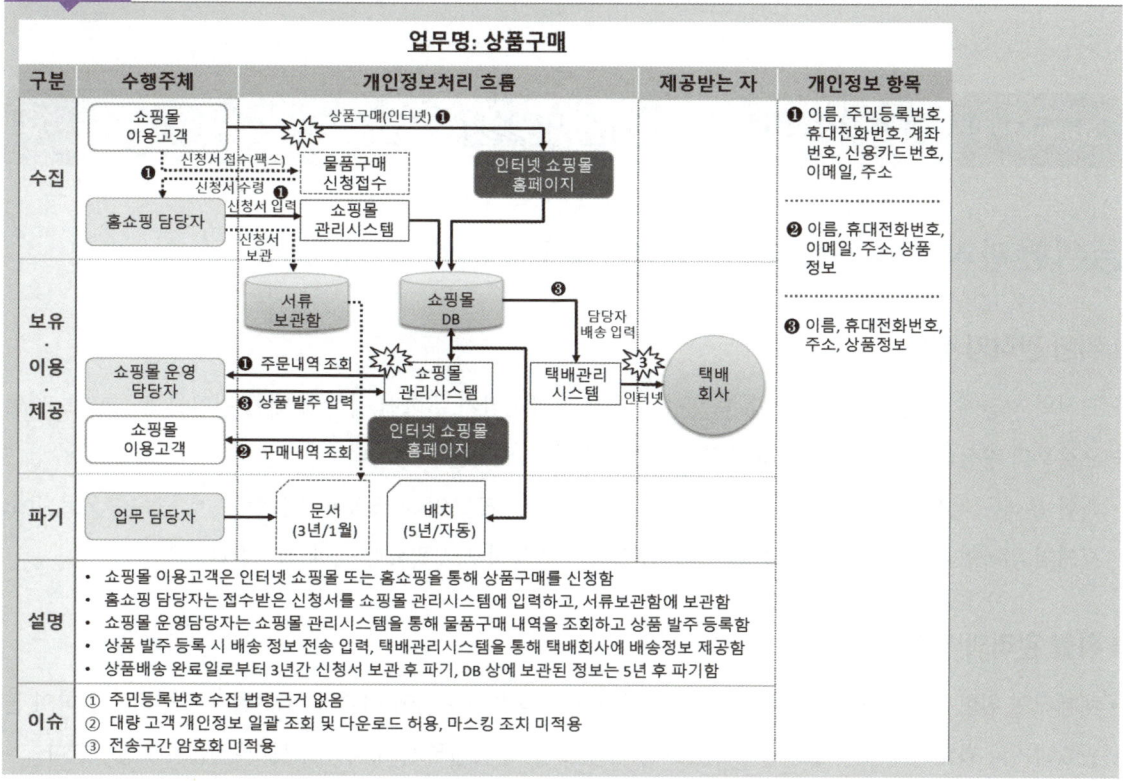

Chapter 02 개인정보 위험 관리 실무

- 개인정보 처리가 수반되는 비즈니스의 신규 도입 또는 중대한 변경 발생 시 해당 서비스 운영으로 인해 개인정보에 미치는 영향을 분석하고, 잠재 위험을 식별하여 개선 방안을 수립함으로써 개인정보 침해 사고를 사전에 예방한다.
- 위험 평가 프레임워크 및 위험 분석, 위험 관리 방법론에 대해서 이해한다.
- 비즈니스 특성을 고려한 위험 수용 수준 도출 및 위험 처리 절차에 대해서 숙지하고, 정보 자산의 중요도에 따른 위험 관리 방법에 대해 학습한다.

Section 1 개인정보 위험 관리 기준 및 절차

🔒 위험 관리(Risk Management)의 개요

| 위험 관리의 정의 |

- 조직의 자산에 대한 위험을 감수할 수 있는 수준으로 유지하기 위하여 자산에 대한 위험을 분석하고, 위험으로부터 자산을 보호하기 위한 효과적인 보호 대책을 마련하는 과정이다.
- 위험 분석은 자산의 가치와 손실을 측정하여 위험을 평가하고, 이를 조직이 수용할 수 있는 수준으로 감소시키기 위하여 적절한 보호 대책을 우선 순위에 따라 효율적으로 필요한 곳에 설치한다.

| 위험 관리의 특징 |

- 체계적인 위험 분석 없이 보호 대책을 수립하게 되면 취약점과 위협에 대한 우선 순위가 설정되지 못하여 불필요하거나 과도한 투자가 발생할 수 있으며, 위협 발생 시 적절하게 대처하지 못하는 경우가 발생한다.
- 보호 대책은 시간이 지나면서 그 효과가 감소하므로 조직의 위험 수준을 관리하기 위해서는 지속적인 위험 관리가 필요하다.

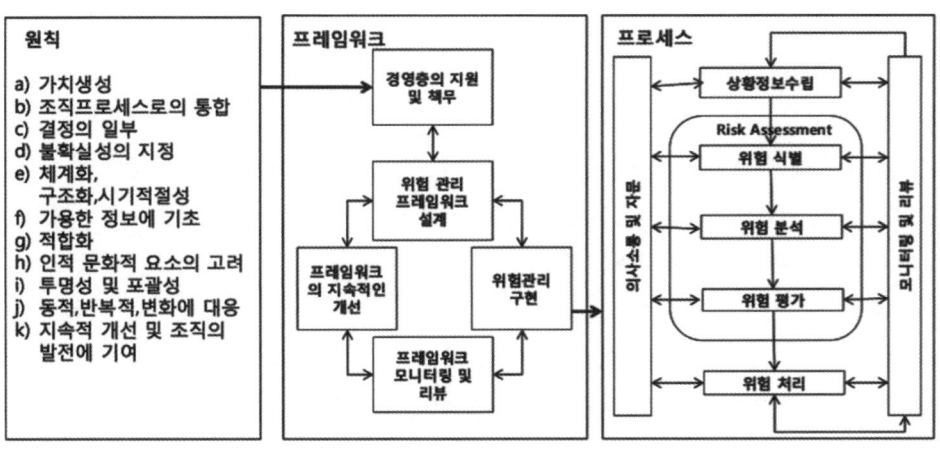

[ISO 31000 위험 관리 메커니즘]

🔒 위험 관리 절차

| 위험 관리 프레임워크 |

- 조직 내 비즈니스 특성을 고려한 위험 관리 프로세스 적용을 통하여 위험 관리를 효과적으로 수행한다.
- 위험 관리 프로세스에 따라 식별된 정보가 조직내 구성원에게 보고되고, 경영진에 의한 의사 결정 사항의 기초가 된다.

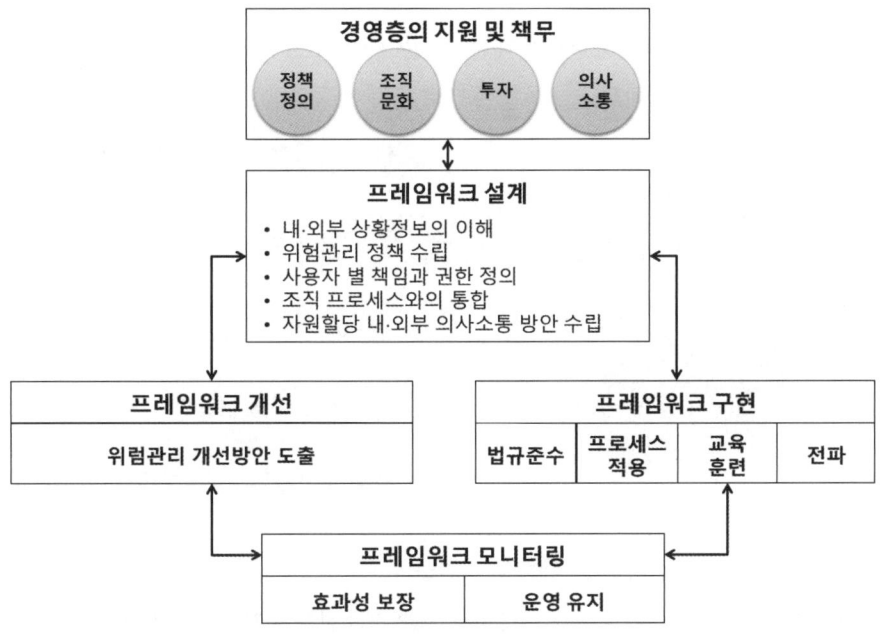

- 경영층의 지원 및 책무 단계에서는 의사 결정권자의 권한 및 의지가 반영되어야 한다.
  - 위험 관리 내부 규정 승인 및 관련 프레임워크 보장
  - 조직 문화 조성 및 조직 목표와의 조화

- 법적 요구 사항 준수와 전체 구성원 대상 전파
- 담당자별 책임과 권한 부여 및 보장
- 예산 및 자원의 배정
- 프레임워크 설계 단계에서는 위험 관리 정책을 수립하고, 관리 절차를 마련한다.
  - 법적 규제 및 국내외 관련 비즈니스 환경 반영
  - 조직 내 지배 구조 및 구성원별 역할과 책임 고려
  - 위험 관리 대상 자산 식별 및 데이터 흐름 분석
  - 위험 관리 프로세스 단계별 담당자 지정 및 책임/권한 정의
- 프레임워크 구현 단계에서는 조직 프로세스에 부합할 수 있는 위험 관리 정책 구현 방안을 마련한다.
  - 법적 요구 사항 준수
  - 프로세스 이행에 필요한 업무 관련자별 R&R 구체화
  - 위험 관리 정책 정보 제공 및 인식 제고를 위한 교육 실시
- 프레임워크 모니터링 단계에서는 위험 관리 정책의 유지 및 효과성을 보장할 수 있도록 한다.
  - 위험 관리 정책 준수 및 프로세스 이행 수준에 대한 주기적인 검토
  - 위험 관리 프레임워그에 대한 설계 적합성 및 운영 효과성 검토
  - 위험 관리 성과 측정 지표에 따른 성능 검토

| 위험 관리 프로세스 |

- 비즈니스 특성에 따른 개인정보 처리 현황에 대한 위험을 식별하고 위험 분석 및 위험 평가, 위험 처리에 이르는 위험 관리 프로세스를 이행한다.

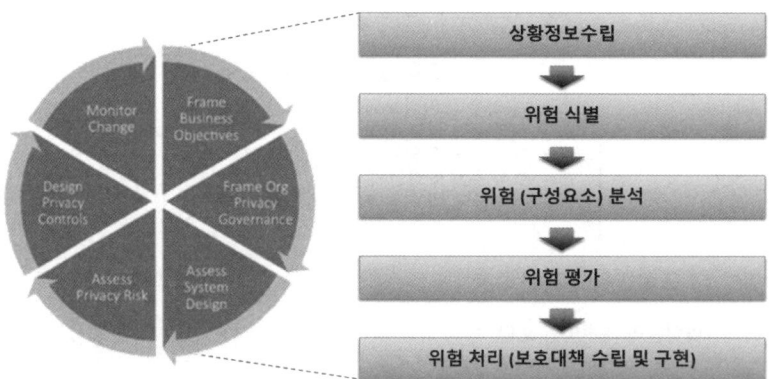

- 위험 관리 대상 비즈니스에 대한 전략과 계획을 수립한다.
  - 법/규제 요건, 동향, 내부 정책, 이해 당사자, 조직 구조, 정보 자산 현황 등 조직 내외부 정보를 수집
  - 위험 관리 적용 대상 자산 및 서비스 등의 범위 정의
  - 위험 발생 가능성 정의 등 기준 및 위험 평가 방법론 수립

- 비즈니스 특성에 따른 업무 처리 단계별 위험을 식별한다.
  - 위험 소스, 영향을 미치는 범위, 사건의 원인 및 잠재적 결과 식별
  - 위험 목록 작성 및 위험 시나리오 구성
- 식별된 위험을 대상으로 각각의 세부 구성 요소를 분석한다.
  - 분석을 통해 위험 원인과 소스, 발생 가능성, 예상 결과 등을 확인
  - 정성적 및 정량적 분석 기법에서 대상의 특성을 고려하여 적용
- 분석 결과에 기초하여 위험을 평가한다.
  - 식별된 위험에 대한 대응 필요성 확인 및 의사 결정 사항 도출
  - 각 항목별 조치 긴급도 등을 고려한 중요도 우선 순위 선정
- 위험을 처리할 수 있는 보호 대책을 수립하고, 구현 방안을 마련한다.
  - 위험 회피, 제거, 감소, 수용 등 대응 방안 결정
  - 위험 완화 조치 방안 마련 및 보호 대책 구현
  - 잔여 위험 수용 가능 여부 확인

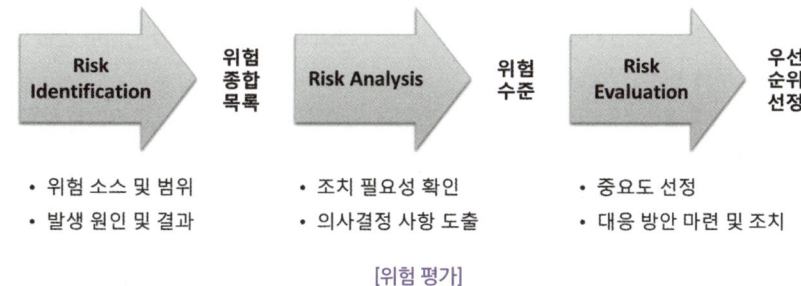

[위험 평가]

학습 Tip | NIST SP800-39 Risk Management Process

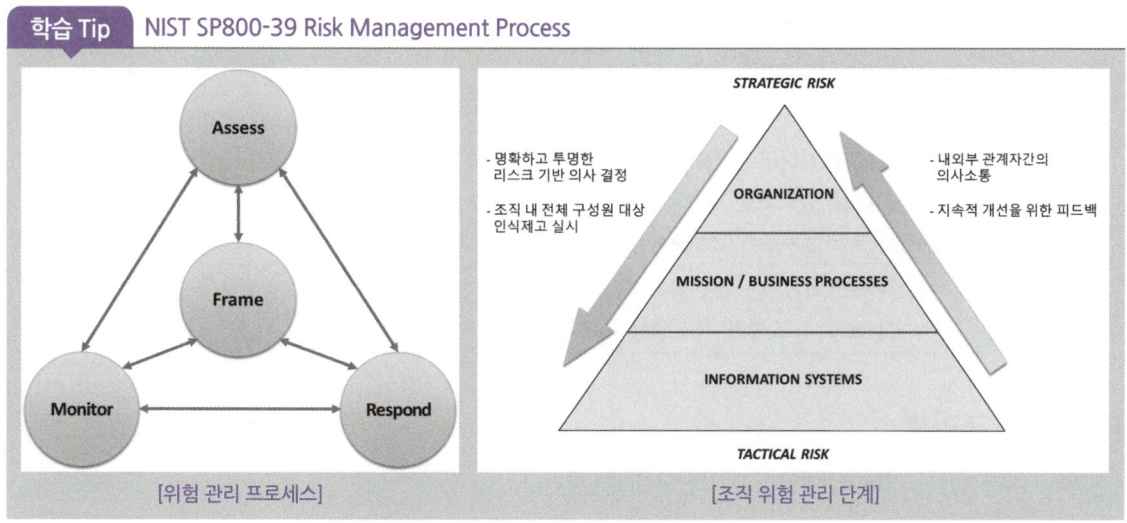

[위험 관리 프로세스]   [조직 위험 관리 단계]

Section 2 개인정보 위험 분석 방법

🔒 위험 구성 요소의 관계

| 구성 요소 |

- 위험의 유형과 규모를 확인하기 위해서는 위험에 관련된 모든 요소들을 파악하고, 각 요소들간 관계 및 위험의 규모에 미치는 영향을 분석한다(위험 = f (자산, 위협, 취약성)).
- 위험 분석을 위해서는 위험을 구성하는 자산, 위협, 취약성 및 취약성에 영향을 미치는 정보보호 대책의 관계를 확인한다.
- 위험은 원하지 않는 사건이 발생하여 손실 또는 부정적인 영향을 미칠 가능성을 말한다(위험 = 발생 가능성 × 손실 정도).

항목	설명
자산 (Asset)	• 조직이 보호해야 할 대상으로 데이터, 하드웨어, 소프트웨어, 시설 등을 말하며 관련 인력, 기업 이미지 등의 무형 자산을 포함 • 보안 사고 발생 시 나타나게 될 손실에 대해 위험 분석을 파악해야 함(자산의 파괴, 기밀성/무결성/가용성의 손상 또는 조직 이미지 실추 등) • 해당 자산이 조직 내에서 갖는 가치를 평가하고, 특정 위협에 의해 손상되는 정도를 취약성으로 파악(단기적 손실 및 장기적 영향 고려, 자산의 중요도 및 사고 발생 시 영향도 파악)
위협 (Threat)	• 자산에 손실을 초래할 수 있는 원치 않는 사건의 잠재적 원인(Source)이나 행위자(Agent) • 환경적 요인과 인적 요인(고의, 실수)으로 위협 원천을 구분할 수 있음 • 위협 분석 시 발생 가능성에 대한 고려 필요 • 보호 대책 여부에 따라 위협 성공 가능성 식별
취약성 (Vulnerability)	• 자산의 잠재적 속성으로서 위협의 이용 대상이 되는 것으로 정의(정보보호 대책의 미비로 정의되기도 함) • 자산과 위협 사이의 관계를 연결하는 특성 • 취약성 노출 정도 또는 효과로 측정 • 위협 + 취약성 = 우려(Concern)
정보보호 대책 (Safeguard)	• 자산을 보호하기 위한 내부 통제 조치(방화벽, IDS/IPS, 항온 항습 장치, 업무 프로세스, 정책, 교육 등) • 취약성 보호, 사고 발견, 사고 영향 축소, 복구 지원, 위협 발생 억제 등

| 구성 요소의 관계 |

- 위협은 취약성을 공격하고, 취약성은 자산을 노출 시킨다.
- 자산은 가치를 보유하고, 위협/취약성/자산/가치는 모두 위험을 증가시키는 요소이다.
- 위험 분석을 통해 보안 요구 사항을 파악하고, 정보보호 대책을 구현함으로써 위협을 방어할 수 있다(정보보호 대책의 적용을 통해 위협을 방어).

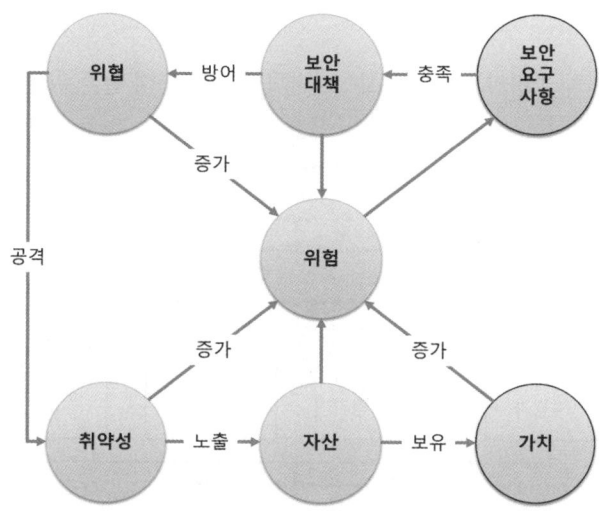

위험 분석 프로세스

| 위험 방법론 |

- **기준선 접근법(Baseline Approach)** : 모든 시스템에 대하여 표준화된 보안 대책을 체크 리스트로 구성하여 현재 해당 보안 대책이 구현되어 있는지를 판단하는 방법이다(일반적인 갭 분석 형태).
  - 분석 비용 및 시간이 절약됨
  - 과보호 또는 부족한 보호 존재 가능성(체크 리스트의 적합성 이슈)
  - 조직 내 자산 변동 또는 새로운 위협/취약성 발생 또는 위협 발생률 변화 등 보안 환경의 변화를 적절하게 반영하지 못함
  - 진단 결과에 대한 보안 대책 구현에 필요한 우선 순위 선정 시 구현 용이성에 의존하는 경향이 발생
- **비정형 접근법(Informal Approach)** : 구조적인 방법론에 기반하지 않고, 경험자의 지식을 사용하여 위험 분석을 수행하는 방법이다.
  - 수행자 경험에 따라 중요 위험을 중심으로 분석하므로 시간 및 비용이 절약됨
  - 수행자 개인적 경험에 지나치게 의존하므로 사업 분야 및 보안에 전문성이 높은 인력이 참여하여 수행하지 않으면 실패 위험이 높음
- **상세 위험 분석(Detailed Risk Analysis)** : 정립된 모델에 기초하여 자산 분석, 위협 분석, 취약성 분석의 각 단계를 수행하여 위험을 평가하는 방법이다.
  - 조직의 자산 및 보안 요구 사항을 구체적으로 분석하여 가장 적절한 대책을 수립
  - 자산, 위협, 취약성 등 조직 내 환경 변화 시 해당 변경 사항에 대해 적절히 대처
  - 분석 시 많은 시간과 비용 소요, 고급 인적 자원이 필요

위험 분석 절차

- 자산 분석, 위험 평가, 취약성 평가, 기존 정보보호 대책 평가를 통해 잔존 위험을 평가하는 단계로 나눌 수 있다.

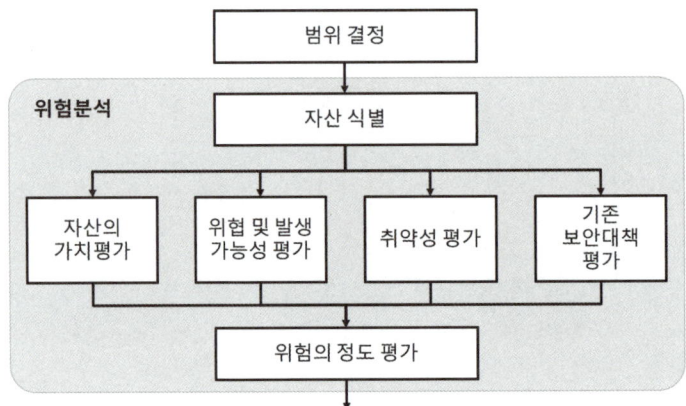

- 자산 분석 단계는 주요 자산을 유형별로 분류하여 목록을 작성한 후 목록상 각 자산에 대해 조직의 가치 및 기밀성, 무결성, 가용성의 요구 정도를 평가한다(위협에 따른 보안 사고가 각 자산에 미치는 영향).
- 자산 목록의 상세화 수준 및 분류 기준, 자산에 대한 보호 대책 수립에 필요한 투자의 의사 결정이 필요하다.
- 위험 분석 및 취약성 분석 단계는 위협 목록화 및 발생 가능성을 예측하거나 위협에 대한 자산별 취약성을 확인한다(표준적인 보호 조치 요구 사항을 기준으로 구현 여부를 검토하여 미흡한 사항에 대한 영향을 파악).

> **학습 Tip** 원천 위험(Original Risk)
> - 자산, 위협, 취약성을 분석하여 파악한 위험
> - 자산의 취약성 및 적용된 정보보호 대책 효과 평가
> - 보호 대책에 따라 취약성, 피해 규모, 위협 발생 가능성의 감소 여부 확인

위험 수준 평가

- 정보 자산의 가치와 위협 및 취약성의 정도에 따라 기밀성, 무결성, 가용성 손상에 따른 잠재적 손실의 규모를 평가한다(자산의 가치 × 위협 발생 빈도 × 취약성).
- 조직이 수용 가능한 목표 위험 수준을 설정하고, 책임자의 의사 결정 과정을 거쳐야 한다(투자를 통해 위험을 목표 수준 이하로 관리하거나 위험 부담을 감수하고 장기 계획을 수립).

🔓 위험의 관리

위험 처리 전략

- 위험이 조직에서 수용할 수 있는 수준 이상일 경우 위험 회피, 전가, 감소, 수용 등의 방법으로 처리한다.

- 위험 수용(Acceptance)은 현재의 위험을 받아들이고, 잠재적 손실 비용을 감수한다(위험의 완전한 제거는 불가능하므로 일정 수준 이하의 위험은 감수하고 사업을 진행).
- 위험 감소(Reduction, Mitigation)는 위험 감소 대책 수립 및 구현으로 보호 대책 구현 시 소요되는 비용과 실제 감소되는 위험의 크기를 비교하여 비용 효과를 분석한다.
- 위험 회피(Avoidance)는 위험이 존재하는 프로세스나 사업을 포기한다.
- 위험 전가(Transfer)는 보험 가입, 외주 용역 등의 방법으로 제3자에게 이전한다.

> **학습 Tip** 위험 처리 예시 - 시나리오
>
> - 조직 내 전자상거래 시스템 도입에 따른 위험 분석
> - 분석 결과, 고액 온라인 거래에 따른 거래 금액 노출/변조/거래 사실 부인 등 위험 확인
> - 보호 대책으로 전자 서명, 암호화, 부인 방지를 위한 인증 시스템 도입 등을 고려
> - (위험 회피) 시스템 운영 포기, 기존 오프라인 방식 거래 유지
> - (위험 전가) 전문 업체 위탁 또는 배상 보험 가입
> - (위험 수용) 일정 기간 위험 감수, 시스템 운영 결정
> - (위험 감소) 투자 의사 결정을 통해 보호 대책 수립 후 시스템 운영

| 정보보호 대책 수립 |

- 대책 수립을 통한 위험 감소 방안 선택 시 표준화된 보안 대책에 따라 통제 사항을 선정한다.
- 통제 적용 범위를 선정하고, 구체적인 보호 조치 절차를 수립한다.
- 통제 선정 시에는 기술, 법/제도, 조직 문화, 비용, 시간 등의 제약 조건들을 고려한다(통제 사항 선택 시 비용 대비 효과 분석 필요).

> **학습 Tip** 전통적 위험 분석 절차
>
> - **위험 분석 범위 선정** : 업무, 조직, 위치, 자산 및 기술적 특성에 따른 범위 선정
> - **위험 분석 방법 정의** : 정성적 또는 정량적 방법을 선정(기준선 접근법, 비정형 접근법, 상세 분석, 복합적 분석 방법 선정)
> - **자산 식별 및 가치 평가** : 정보 시스템을 이루고 있는 자산 식별로 자산의 CIA 상실의 결과가 조직에 미치는 영향으로 가치를 평가
> - **위험 분석** : 자산에 대한 위협 식별 및 위협 정도를 인터뷰 또는 실사를 통하여 측정
> - **취약성 분석** : 식별된 위협에 대하여 자산이 어느 정도 취약한가를 인터뷰 또는 실사를 통하여 판명
> - **위험도 측정** : 식별된 자산, 위협 및 취약성을 기준으로 위험도를 산출한 후 기존의 대응책을 파악하고 식별된 자산별 위협, 취약성 및 위험도를 정리
> - **대응책 선정** : 위험도를 평가하고 해당 위험도를 낮추기 위한 대응책을 제시한 후 제시된 대응책에서 우선 순위, 적용 기간을 표시

Section 3 개인정보 위험 관리 실무

🔒 환경 분석

| 비즈니스 환경 분석 |

- 비즈니스의 활동 주체인 사람이 특정 목적하에 비즈니스 프로세스를 통해 주요 대상 정보를 취급하는 과정에서 보안 위험 요소를 규명하여 위험도를 산정하고, 식별된 위험에 대한 정책을 수립한다(과거의 인프라 및 기술 중심적 사고 → 현재의 정보 및 사람 중심의 보안 위험 요소 고려).

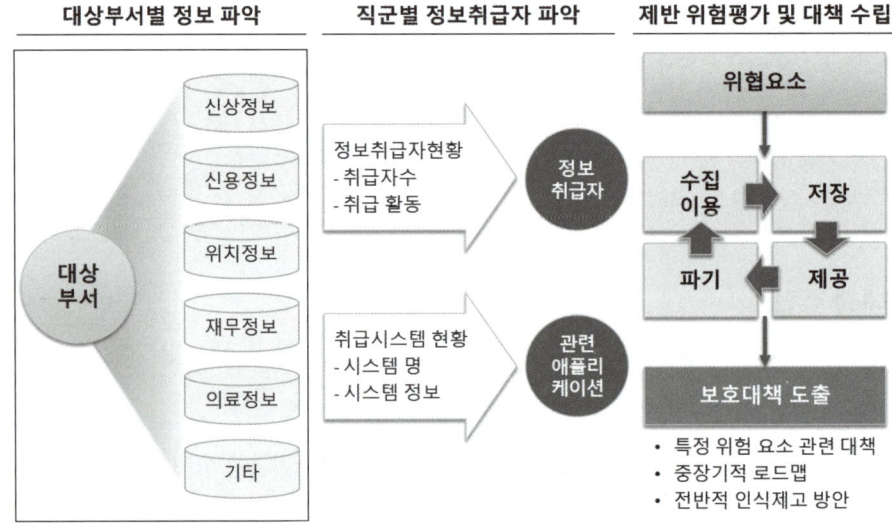

[사람 및 정보 중심의 위험 분석 개념도]

- 사람 및 정보 중심의 위험 분석은 보다 세밀하게 대상 조직의 직무를 분석하여 이를 근거로 직무별 위험을 분석하고, 기존 보호 대책에 대한 평가를 수행함으로써 시나리오 기반의 위험을 평가한다.
- 평가 결과를 근거로 인적 보안 등급 및 레벨을 재정의하고, 여러 영역별 보호 대책을 수립한다.

대분류	소분류	수행 내용	설명
직무 구조 분석	현황 파악	• 개인정보취급자 정의 • 개인정보 취급 직무별 취급 현황 LC 파악	기존에 정의된 직무 정의를 기초로 개인정보취급자에 대한 업무 현황 파악
	직무 분류	직무별 권한 분류	현황 분석에서 도출된 각 직무별 개인정보 접근 권한 및 취급 현황 분류

위험 분석	직무별 위험 분석	• 개인정보취급자 업무/권한별 위험 정의 • 취약성 분석	개인정보취급자별 개인정보 취급 업무와 사용 권한을 바탕으로 위험 요소 정의 및 취약점 도출
	旣 보호 대책 평가	기존 보호 대책 및 통제 평가	기존 보호 조치 및 통제 사항에 대한 적정성 여부를 평가하여 제반 위험을 최소화할 수 있는지 판단
	위험 평가	직무 분류별 위험 평가	기존 통제로 해결되지 않는 취약성에 대한 위험을 평가
보호 대책 수립	보안 등급 정의	인적 보안 등급 정의	위험 분석을 통해 인적 보안 등급을 정의
	보호 대책 수립	인적 보안 등급별 보호 대책 수립	인적 보안 레벨에 대한 추가 보안 대책 수립

위험 분석 방법론

기준선 접근법(Baseline Approach)

- 개인정보보호 정책 및 관리 절차 등에 대한 통제 적절성 확인 시 주로 사용하는 방법이다.
- 법/규제 요구 사항 및 모범 사례 등을 기준으로 보호 조치 구현 여부 및 현황을 확인한다.

구분	대분류	중분류	구분	대분류	중분류
개인정보보호 관리 과정	관리 체계 수립	정책 및 범위	개인정보보호 대책	관리적 보호 조치	교육 및 훈련
		경영진의 책임			개인정보취급자 관리
		조직			위탁 업무 관리
	실행 및 운영	개인정보 식별			침해 사고 관리
		위험 관리		기술적 보호 조치	접근 권한 관리
	검토 및 모니터링	관리 체계의 검토			접속 기록 관리
		내부 감사			접근 통제 영역 관리
	교정 및 개선	교정 및 개선 활동			운영 보안
		내부 공유 및 교육			암호화 통제
생명 주기 및 권리 보장	개인정보 생명 주기 관리	수집 시 보호 조치			개발 보안
		이용 및 제공		물리적 보호 조치	영상 정보 처리 기기 관리
		보유 시 보호 조치			물리적 보안 관리
		파기 시 보호 조치			
	정보 주체 권리 보장	권리 보장			매체 관리

- 담당자 인터뷰 또는 실사를 통해 통제 운영 현황을 확인한다(관련 문서, 증적 자료 등 확인).

□ 개인정보보호 관리과정

통제항목		상세내용	선정여부	운영현황	관련문서 (정책, 지침 등 세부조항번호까지)	기록 (증적자료)
1. 관리체계 수립						
1.1 정책 및 범위						
1.1.1	정책의 수립	개인정보보호정책과 시행문서를 수립하여 조직의 개인정보보호 방침과 방향을 명확하게 제시하여야 한다. 또한, 개인정보보호(관리)책임자 등 경영진의 승인을 받고 임직원 및 관련자에게 공표하여야 한다.	Y	개인정보보호 규정 수립, 그룹웨어를 통해 공개, 전결 규정에 따라 경영진 승인 획득	개인정보보호 업무 규정 전결 규정	그룹웨어 공개 내역
1.1.2	정책의 유지관리	개인정보보호정책 및 시행문서는 관련 법·규제를 준수하고, 상위 정책과 일관성을 유지하여야 한다. 또한, 정기적으로 검토하여 필요한 경우 재·개정 및 이력관리하고 운영기록을 생성·유지하여야 한다.	N	개인정보 관련 법적 요구사항을 규정 내 반영하고 있으나, 주기적인 규정 검토 수행 내역 확인 불가함		
1.1.3	범위설정	조직에 미치는 영향을 고려하여 중요한 업무, 서비스, 조직, 자산 등을 포함하는 개인정보보호 관리체계 범위를 설정하여야 한다.	Y	개인정보를 취급하는 조직 내 모든 영역을 대상으로 개인정보 관리체계를 적용하고 있음	개인정보보호 업무 규정	
1.2 경영진의 책임						
1.2.1	경영진의 참여	개인정보보호 관리체계 수립 및 운영 등 조직이 수행하는 개인정보보호 활동 전반에 경영진의 참여가 이루어질 수 있도록 보고 및 의사결정 체계를 수립하여야 한다.	Y	최고 의사결정 기구로 개인정보보호 위원회를 구성 및 운영하고 있음	전결 규정	개인정보보호 위원회 운영 내역

[개인정보보호 관리 과정 위험 분석 예시]

비정형 접근법(Informal Approach)

- 전문가적 판단법이라고도 하며, 분석 당사자의 전문가적 역량에 의존하여 분석하는 방법이다.
- 개인정보의 흐름 및 생명 주기 분석 시 주로 사용되며, 생명 주기 단계별 흐름 분석을 통해 취약점을 분석한다.

업무명: 상품구매

구분	수행주체	개인정보처리 흐름	제공받는 자	개인정보 항목
수집	쇼핑몰 이용고객 홈쇼핑 담당자	상품구매(인터넷) ❶ → 인터넷 쇼핑몰 홈페이지 신청서 접수(팩스) ❶ 신청서 수령 ❷ 신청서 입력 → 물품구매 신청접수 → 쇼핑몰 관리시스템 신청서 보관		❶ 이름, 주민등록번호, 휴대전화번호, 계좌번호, 신용카드번호, 이메일, 주소
보유·이용·제공	쇼핑몰 운영담당자 쇼핑몰 이용고객	서류보관함 ❶ 주문내역 조회 ❸ 상품 발주 입력 ❷ 구매내역 조회 쇼핑몰 DB → 쇼핑몰 관리시스템 → 택배관리시스템 ❸ 담당자 배송 입력 → 택배회사 인터넷 쇼핑몰 홈페이지	택배회사	❷ 이름, 휴대전화번호, 이메일, 주소, 상품정보 ❸ 이름, 휴대전화번호, 주소, 상품정보
파기	업무 담당자	문서(3년/1월) 배치(5년/자동)		
설명	\- 쇼핑몰 이용고객은 인터넷 쇼핑몰 또는 홈쇼핑을 통해 상품구매를 신청함 \- 홈쇼핑 담당자는 접수받은 신청서를 쇼핑몰 관리시스템에 입력하고, 서류보관함에 보관함 \- 쇼핑몰 운영담당자는 쇼핑몰 관리시스템을 통해 물품구매 내역을 조회하고 상품 발주 등록함 \- 상품 발주 등록 시 배송 정부 전송 입력, 택배관리시스템을 통해 택배회사에 배송정보 제공함 \- 상품배송 완료일로부터 3년간 신청서 보관 후 파기, DB 상에 보관된 정보는 5년 후 파기함			
이슈	① 주민등록번호 수집 법령근거 없음 ② 대량 고객 개인정보 일괄 조회 및 다운로드 허용, 마스킹 조치 미적용 ③ 전송구간 암호화 미적용			

[개인정보 생명 주기 흐름도 예시]

Chapter 03 개인정보 보호 조치

학습목표
- 개인정보의 안전한 관리 및 개인정보처리시스템 운영에 있어서 안전성 확보를 위한 관리적/기술적 보호 조치 사항을 학습한다.
- 개인정보 관련 법령 및 행정 고시 기준을 근간으로 보호 조치의 세부 사항을 이해하고, 적용 방안을 연구한다.

Section 1 개인정보 보호 조치 기준

개인정보 보호 조치의 개요

| 개인정보의 이해 |

- 법인 또는 단체에 관한 정보이면서 동시에 개인에 관한 정보인 대표자를 포함한 임원진과 업무 담당자의 이름, 주민등록번호, 자택 주소 및 개인 연락처, 사진 등 그 자체로 개인을 식별할 수 있는 정보는 개별 상황에 따라 법인 등의 정보에 그치지 않고 개인정보로 취급될 수 있다.
- 정보 주체와 관련되어 있으면서 키, 나이, 몸무게 등 객관적 사실에 관한 정보나 그 사람에 대한 제3자의 의견 등 주관적 평가 정보 모두 개인정보에 포함된다.
- '알아볼 수 있는'의 의미는 해당 정보를 처리하는 자 및 제공 등에 따른 향후 처리가 예정된 자의 입장에서 합리적으로 활용될 가능성이 있는 수단을 고려하여 개인을 알아볼 수 있다면 개인정보에 해당한다.

| 해외 개인정보보호 |

- 개인정보보호법을 제정하여 시행하고 있는 각국은 대부분 공통적으로 개인을 식별할 수 있거나 식별 가능한 개인에 관한 정보라고 규정하고 있다.

국가	개인정보의 정의
유럽 연합	• 자연인의 신원이 확인되었거나 확인할 수 있는 것과 관련한 정보 • 신원을 확인할 수 있는 자는 직접 혹은 간접적으로 특히 신원 증명 번호 혹은 신체적/생리적/정신적/경제적/문화적/사회적 동일성에 관한 하나 혹은 그 이상의 요인을 참조하여 그 신원을 알 수 있는 사람
OECD	식별되거나 식별될 수 있는 개인에 관한 모든 정보

국가	
독일	• 독일 연방 데이터보호법 제3조 • 신원이 확인되었거나 확인 가능한 개인의 인적/물적 환경에 관한 일체의 정보
영국	• 데이터 관리자가 보유하고 있거나 향후 관리할 가능성이 많은 해당 데이터와 기타 정보로부터 신원을 확인할 수 있는 생존하는 개인과 관련된 데이터(데이터보호법) • 해당 개인에 대해 표현된 의견이나 데이터 관리자의 모든 지시 사항, 그 사람과 관계있는 모든 타인에 관한 의견을 포함
미국	• 미연방 프라이버시법 제552조의2 • 개인에 관한 정보로 개인의 성명 또는 신분번호, 기호, 지문, 사진 등 개인에게 배정된 신분의 식별을 구분하는 사항
캐나다	• 개인정보보호와 전자 문서에 관한 법 제2조 • 신원을 확인할 수 있는 개인에 대한 정보
일본	• 개인정보보호에 관한 법률 제2조 • 생존하는 개인에 관한 정보로서 당해 정보에 포함되는 성명, 생년월일, 기타 기술 등에 의해 특정한 개인을 식별하는 일이 가능한 것 • 다른 정보와 용이하게 조합되어 식별할 수 있는 정보 포함

• 대부분의 국가에서는 보호되는 개인정보의 범위를 전산화하여 처리된 개인정보(디지털 상태의 정보, 데이터베이스화 정보 등)뿐만 아니라 수기에 의한 개인정보도 포함시키고 있다.

국가	보호 대상 개인정보의 범위
독일	전자적으로 처리된 개인정보와 전자적으로 처리되지 않은 개인정보(데이터 파일)를 모두 보호 대상으로 함
영국	자동화 장비에 의해 처리된 개인정보와 자동화 장비로 처리하려는 목적으로 기록된 개인정보를 모두 포함
프랑스	• 형식에 관계없이 직접 또는 간접적으로 자연인의 신원을 확인할 수 있게 하는 정보는 모두 보호 대상 • 전산화된 개인정보와 수기에 의한 개인정보를 모두 포함
일본	• **민간 부문** : 개인정보보호에 관한 법률 • **개인정보 데이터베이스** : 개인정보를 포함한 정보의 집합물 • 특정 개인정보를 전자계산기를 이용하여 검색할 수 있도록 체계적으로 구성 • 전자계산기를 이용하는 것 외의 방법으로 특정 개인정보를 용이하게 검색할 수 있도록 체계적으로 구성 • **공공 부문** : 행정 기관이 보유하는 개인정보보호에 관한 법률 • 행정 기관이 보유하는 전산화된 개인정보 및 수기 정보(행정 문서 등)
미국	• 연방 프라이버시법 중심 • 적용 대상 기관에서 보유하고 있는 개인에 관한 기록과 기록 시스템(수기 문서도 포함)
캐나다	물리적 형태나 특성과 관계없이 적용(전자적 형태의 정보, 수기 정보 모두 포함)

• 유럽(EU)은 나치의 개인정보 오남용으로 인한 유태인 학살 이후 전통적으로 개인정보를 인권적 차원에서 엄격하게 보호하며, 이행이 강제되지 않는 자율 규제는 비효과적이라고 판단하여 법률 규제를 선호한다.
• 미국은 개인정보의 효과적인 활용에 따른 편익에 가치를 두고, 개인정보 관련 규제를 최소화하는 경향이 있다.

- 개인정보보호를 위한 지나친 정부 관여는 정보 기술의 발전과 기업체들의 자유로운 경제 활동을 저해함
- 원치 않는 정보 공개 등 프라이버시를 침해하지 않는 범위 내에서 개인정보의 활용이 비교적 용이함

구분	유럽(EU)	미국
입법 방식	EU 회원국 공동 지침에 의거 각국마다 공공/민간 통합법 제정	• 단일/통합법이 아닌 특정 영역의 문제 해결을 위한 개별법 제정 • 최근 개인정보 침해의 심각성을 인식하고, 개인정보보호법을 제정하려는 움직임을 보이고 있음
감독 기구	• 독립 감독 기구 설치 및 운영 • 법률 위반 사업자 조사/제재 및 고충 처리 담당	• 독립 감독 기구 없이 개별 부처가 담당(FTC, 국토안보부, 교통부 등) • 사업자 조사/제재보다는 고충 처리, 기술 지원 및 교육 홍보에 중점
주요 규제 내용	• 개인정보 수집 전 감독 기구에 이용 목적 등 사전 신고 • 개인정보 수집/매매 시 본인에게 통보 • 개인정보관리책임자 채용 의무화 • 개인정보보호 체계가 미흡한 국가에 대해 EU 시민 개인정보 이전 금지	• 프라이버시를 침해하지 않는 범위 내에서 개인정보의 수집/이용/매매/타깃 마케팅 등이 비교적 용이 • 기업 스스로 개인정보보호 방침을 마련하여 공표 • 공표 사항 미이행 시 공정거래법 위반으로 제재
국제 협력	역 외국에게 일정 수준 이상의 보호 체계를 갖추도록 요구	• 보다 자유로운 개인정보 이전 촉구 • 규제는 전자상거래 발전을 위축시킬 것을 우려
장점	• 성문화된 법률로 명확히 규정 • 법적 소송으로 적극적인 피해 보상 • 무거운 징계로 정보 오남용 저지 • 강제력 있는 규제로 참여율 상승 • 각종 솔루션 지원으로 규제 효과 상승	• 자발적 참여로 개인정보 윤리 의식 고양 • 이익 달성에 공동 제작 시너지 효과 • 통일된 기준으로 비용과 부담 절감 • 급변하는 현실 대응에 민첩 • 법률이 규제하지 못하는 부분을 해결
단점	• 과다한 관리 및 준수 비용 • 행정 관리자들이 수행 부담 증가 • 정부 규칙의 경직성 • 강제 참여로 개인정보 윤리 의식 미흡 • 현실 상황 이해 부족으로 감독 미비 • 관할 범위의 제한으로 인해 외국 기업의 준수 미흡	• 경쟁 우위 기업에 의한 카르텔 형성 및 이에 따른 진입 장벽의 형성 • 각 기업의 평판과 연합체 평판간의 연관성 미흡 시 개인 이익 위주 활동 • 전문 기술 및 노하우 공유의 어려움 • 강제력 결여로 참여 준수율 불확실 • 전적인 자율 참여로 탈선 유혹 상존

| 정보 사회와 개인정보 노출 |

- 정보 기술 발전으로 사회 전반의 연결이 시공간의 제약을 받지 않고 처리됨에 따라 정보 수집 및 처리가 용이하지만 개인에 대한 감시, 사생활 침해 등 정보화에 따른 역기능의 위험성이 크다.
- 개인정보 침해는 매우 다양한 모습으로 나타나고 있으며, 그 빈도 또한 날로 증가하고 있다.

생명 주기	개인정보 침해 유형
수집	• 이용자의 동의 없는 개인정보 수집 • 과도한 개인정보 수집, 민감한 개인정보 수집 • 관행적인 주민등록번호 수집
저장	개인정보의 기술적/관리적 조치 미비로 인한 개인정보 침해
이용 및 제공	• 고지 및 명시한 범위를 벗어난 개인정보의 목적 외 이용 • 동의 없는 제3자 제공 • 부당한 개인정보 공유(계열사, 자회사, 패밀리 사이트 등) • 개인정보 매매 • 개인정보 이용 동의 철회 및 회원 탈퇴 요구에 불응
파기	정당한 이유 없는 개인정보 보유 및 미파기

개인정보 보호 조치

| 개인정보 보호 조치 구성 |

- 개인정보가 분실/도난/유출/위조/변조/훼손 등이 되지 아니하도록 안전성을 확보하기 위한 최소한의 보호 조치 기준을 수립하고 적용한다.
- 개인정보 보호 법령 하위 고시를 통해 안전성 확보를 위한 최소한의 기술적, 관리적, 물리적 보호 조치 기준을 제시하고 있다.
  - 개인정보보호법 제23조(민감 정보의 처리 제한), 제24조(고유 식별 정보의 처리 제한), 제29조(안전 조치 의무), 동법 시행령 제21조(고유 식별 정보의 안전성 확보 조치), 제30조(개인정보의 안전성 확보 조치), 개인정보의 안전성 확보 조치 기준(개인정보보호위원회 고시 제2020-2호)
  - 개인정보보호법 제48조의2 제3항(개인정보의 안전성 확보 조치에 관한 특례), 개인정보의 기술적/관리적 보호 조치 기준(개인정보보호위원회 고시 제2020-5호)

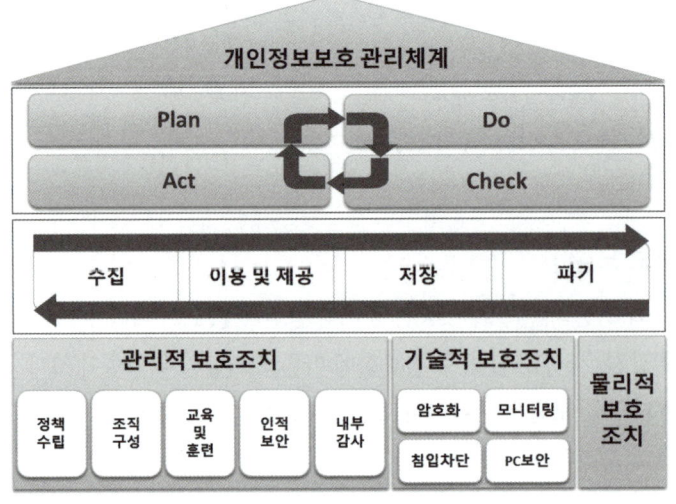

| 개인정보 보호 조치 적용 근거 |

- **무분별한 개인정보 수집 자제** : 개인정보 수집 최소화
    - 비즈니스 운영 및 서비스 제공에 필요한 최소한의 개인정보 수집
    - 개인정보보호법 제16조(개인정보의 수집 제한)
- 개인정보 수집 시 서비스 제공에 필요한 필수 정보와 선택 정보 구분
    - 선택 정보를 제공하지 않았다고 해서 서비스 제공을 거부해서는 안 됨
    - 필수 정보와 선택 정보의 적정성 입증 책임은 개인정보처리자가 부담
    - 개인정보보호법 제16조(개인정보의 수집 제한)
- 주민등록번호 원칙적 처리 금지 및 고유 식별 정보, 민감 정보 처리 제한
    - 주민등록번호 처리 금지, 타 법령의 구체적인 근거에 의해서만 처리 허용
    - 고유 식별 정보 및 민감 정보 수집 시 정보 주체로부터 별도 동의 획득
    - 개인정보보호법 제23조(민감 정보의 처리 제한)/제24조(고유 식별 정보의 처리 제한)/제24조의2(주민등록번호 처리의 제한)
- 개인정보 처리 업무 위탁 시 관리 및 감독 철저
    - 개인정보 처리 위탁 사실 공개, 고지 및 동의 획득
    - 위탁 계약 체결 시 개인정보 보호 조치 준수 의무 문서화
    - 위탁 업체 소속 취급자 대상 인식 제고 활동 및 주기적인 보호 조치 준수 여부 점검
    - 개인정보보호법 제26조(업무 위탁에 따른 개인정보의 처리 제한)
- 개인정보 저장 및 전송 암호화 적용
    - **개인정보 DB 및 전자 파일 암호화** : 고유 식별 정보, 비밀번호, 바이오 정보 필수 암호화 항목
    - **개인정보 전송 구간 암호화** : 내부 망의 경우 고유 식별 정보, 비밀번호, 바이오 정보 전송 시 필수 적용
    - 개인정보보호법 제29조(안전 조치 의무)
- 개인정보처리시스템 접근 제한
    - 개인정보처리시스템 대상 방화벽 등 침입 차단/침입 탐지 시스템 설치
    - 개인정보취급자 업무용 PC 및 처리 시스템 악성 소프트웨어 차단을 위한 백신 소프트웨어 운영
    - 개인정보처리시스템 접속 이력 유지(최소 6개월 이상) 및 월 1회 이상 주기적인 검토 실시
    - 개인정보보호법 제29조(안전 조치 의무)
- 개인정보 보존 기간 지정 및 파기 수행
    - 비즈니스 라이프 사이클 및 타 법령 근거 등을 고려하여 보존 기간 지정
    - 보존 기간 만료 시 재생 불가능한 방법으로 파기 수행 및 파기 이력 관리
    - 정보통신서비스 제공자는 정보통신서비스를 1년간 이용하지 않는 이용자의 개인정보를 파기 또는 분리 보관
    - 이용 목적 달성 시 타 법령상 의무 준수 목적으로 개인정보 보존 시 분리 보관
    - 개인정보보호법 제21조(개인정보의 파기), 제39조의6(개인정보의 파기에 대한 특례)
- CCTV 안내판 설치 및 영상 정보 처리 방침 운영

- 불특정 다수를 대상으로 CCTV 운영 시 안내판 설치
- 녹음 기능 및 각도 조정 등의 기능 사용 금지
- CCTV 촬영 영상에 대한 안전성 조치 적용
- 개인정보보호법 제25조(영상 정보 처리 기기의 설치 및 운영 제한)
• 개인정보보호에 관한 내부 기준 수립 및 정책/규정 등을 통한 문서화 마련
  - 개인정보 보호 조치에 대한 적용 기준 수립 및 내부 규정 마련
  - 관련 법규 요구 사항 반영 및 주기적인 개정 필요성 검토 후 현행화
  - 개인정보보호법 제29조(안전 조치 의무)
• 가명정보 처리 기준 및 안전 조치 의무 이행방안 마련
  - 통계 작성, 과학적 연구, 공익적 기록 보존 등을 위하여 정보 주체 동의 없이 가명정보 처리 가능
  - 가명정보를 처리하는 경우 원래의 상태로 복원하기 위한 추가 정보를 별도로 분리하여 보관 및 관리
  - 가명정보를 처리하는 과정에서 특정 개인을 알아볼 수 있는 정보가 생성된 경우는 즉시 해당 정보의 처리를 중지하고, 지체 없이 회수 및 파기
• 정보 주체 대상 권리 행사 절차 수립 및 적용
  - 개인정보 열람 및 정정, 처리 정지, 삭제 등을 위한 절차 마련
  - 개인정보보호법 제5장(정보 주체의 권리 보장)

🔒 개인정보보호 범위 선정

| 대상 식별 |

• 법령상 규정하고 있는 식별 기준을 바탕으로 조직 내 개인정보 보호 조치 적용 대상을 구분하는 원칙을 마련하고, 업무에 적용할 수 있도록 회사 규정 등에 반영한다(생존하고 있는 개인, 특정 개인과의 관련성, 정보(종류, 유형)의 임의성과 식별성).
• 조직 내 개인정보를 취급하는 영역을 구분하고, 업무상 처리하는 개인정보 현황 및 취급 절차를 확인한다.
• 합리적인 자원의 활용 및 업무 편의성 저하의 최소화 등을 목적으로 개인정보 중요도에 따른 보호 조치를 차등 적용할 수 있는 등급화 기준을 마련하고 적용한다.

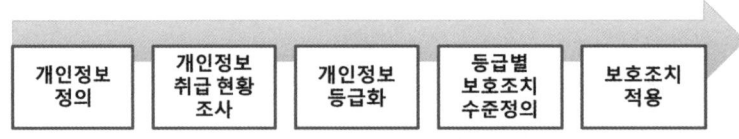

[개인정보 보호 조치 적용 대상 식별 절차]

| 보호 조치 적용 기준 - 등급화 |

• 정보 주체 유형에 따른 취급 특성 및 잠재 위험, 위험 발생 가능성 등이 구분되므로 조직 내 업무상 처리하는 개인정보를 대상으로 정보 주체의 유형별 분류를 실시한다.

정보 주체 유형	설명
B2C (개인 고객 정보)	• 조직의 비즈니스 목적 달성을 위해 운영 중인 서비스 이용 목적으로 개인정보를 제공한 개인 이용자의 개인정보 • (예시) 쇼핑몰 구매자, 포털 회원 등
B2B (기업 고객 정보)	• 조직의 비즈니스 목적 달성을 위해 운영 중인 서비스 이용 목적으로 개인정보를 제공한 법인 이용자의 개인정보 • (예시) 기업체 업무 담당자 정보 등
B2E (임직원 정보)	• 조직 내 업무 수행을 목적으로 소속된 구성원의 개인정보 • (예시) 인사 정보 등
기타	• 조직 내 비즈니스 운영을 위한 협업 등 조직 구성원 이외의 업무 관련자 개인정보 • (예시) 업무 협의체 소속 외부인 정보 등

- 서비스 운영 특성에 따른 위협 및 취약점, 발생 가능성 등이 상이하므로 온라인/오프라인 등 서비스 운영 특성을 고려하여 보호 조치 기준을 수립한다.
- 취급 개인정보 항목별 중요도 산정 및 취급 개인정보에 따라 법적 요구 사항 등을 고려하여 보호 조치 적용 여부를 결정한다.

등급	조합 설명	위험성	자산 가치	분류	개인정보 종류
1등급	그 자체로 개인 식별이 가능하거나 매우 민감한 개인정보 또는 관련 법령에 따라 처리가 엄격하게 제한된 개인정보	• 정보 주체와 경제적/사회적 손실을 야기하거나 사생활을 현저하게 침해 • 범죄에 직접적 악용 가능 • 유출 시 민/형사상 법적 책임 부여 가능 및 대외 신인도 크게 저하	5	고유 식별 정보	주민등록번호, 여권번호, 운전면허번호, 외국인등록번호
				민감 정보	사상, 신념, 노동조합 및 정당 활동, 정치적 견해, 병력, 장애, 성적 취향, 유전자 검사 정보, 범죄 경력 정보 등
				인증 정보	비밀번호, 바이오 정보
				신용/금융 정보	신용 정보, 신용카드번호, 계좌번호 등
				의료 정보	건강 상태, 진료 기록 등
				위치 정보	개인 위치 정보 등
2등급	조합되면 명확히 개인 식별이 가능한 개인정보	• 정보 주체의 신분과 신상 정보에 대한 확인/추정 가능 • 광범위한 분야에서 불법적인 이용 가능 • 유출 시 민/형사상 법적 책임 부여 및 대외 신인도 저하	3	식별 정보	이름, 주소, 전화번호, 핸드폰 번호, 이메일 주소, 생년월일, 성별 등
				관련 정보	학력, 직업, 키, 몸무게, 혼인 여부, 취미 등
				기타 정보	해당 사업의 특성에 따라 별도 정의

3등급	개인 식별 정보와 조합되면 부가적인 정보를 제공하는 간접 개인정보	• 정보 주체의 활동 성향 등에 대한 추정 가능 • 제한적인 분야에서 불법적인 이용 가능 • 대외 신인도 다소 저하	1	자동 생성	IP, MAC, 사이트 방문 기록, 쿠키, 로그등
				가공 정보	통계성 정보, 가입자 성향 등
				제한 식별	회원번호, 사번, 내부용 개인 식별 정보 등
				기타 간접	해당 사업 특성에 따라 별도 정의

| 보호 조치 수준 정의 |

- 개인정보보호 관리 체계 수립을 통해 설계한 내부 보호 조치에 대해 구체적인 이행 방법을 정의한다.
- 조직 내 인프라 현황 등을 고려하여 보호 조치 구현 방법을 수동 통제와 자동 통제로 구분한다.

구분	자원 활용	비용 부담	강제성
수동 통제 (Manual Control)	인적 자원 의존적	자동 통제 대비 적은 비용	자동 통제 대비 통제 강제성 떨어짐
자동 통제 (Application Control)	시스템 의존적	시스템 구축에 따른 비용 소요	수동 통제 대비 통제 강제성 높음

- 보호 조치 특성상 주기적 수행이 필요한 항목은 적용 대상별 특성을 고려하여 수행 빈도를 결정한다.
- 각 보호 조치별 특성에 따라 상호 보완적으로 운영 가능한 항목을 식별하고, 업무 담당자의 부담 최소화를 목적으로 운영할 수 있는 보완 통제를 정의한다(예시 : 보호 조치 적용 대상 부서의 인력난으로 직무 분리 적용이 쉽지 않은 경우 직무 분리 미흡으로 인한 위험을 보완 통제인 주기적인 사후 검토 행위를 통해 최소화 함).
- 보호 조치 책임의 명확한 정의를 위해 각 보호 조치 항목별 특성을 고려하여 수행 주체를 정의한다.
- 보호 조치 항목별 특성에 따라 운영 주체 및 관리 주체를 구분하여 R&R 차트를 작성한다.

구분	설명	예시
Responsible	보호 조치 실제 수행 주체(실무 담당자)	개인정보취급자 권한 요청
Accountable	보호 조치 책임자 - 보호 조치 승인(의사 결정권자)	권한 필요성 검토 및 승인
Consulted	보호 조치 수행에 따른 업무 협조 또는 지원자	개인정보처리 시스템 반영
Informed	보호 조치 이행 결과 검토 및 감독(Audit 담당자)	권한 적절성 사후 검토

> **학습 Tip** 통제 유형별 특성
>
> - **예방 통제** : 사실에 앞서 결코 100% 유효할 수 없고, 완전히 의존될 수 없음(접근 통제, 비밀번호 보안 정책, 직무 분리 등)
> - **적발 통제** : 발생 후 불규칙성(Irregularities)을 적발하고, 예방 통제를 통해 모든 보호 조치에서 적용하기 어려운 부분을 보완(사후 검토 및 모니터링, 내부 감사 등)
> - **보완 통제** : 통제의 취약점이 그 밖의 통제에 의해 보완되는 곳에서 존재할 수 있음

유형별 보호 조치 적용 기준

| 개인정보의 기술적/관리적 보호 조치 기준 |

개인정보의 기술적/관리적 보호 조치 기준 적용 대상자 유형을 정보통신서비스 제공자 및 방송사업자 등으로 특정하고 있다.

기준 적용 대상자				
	정보통신서비스 제공자 등	정보통신서비스 제공자	전기통신사업자	기간통신사업자 (전기통신사업법 제5조 제2항)	음성/데이터 등의 송수신, 주파수 할당/제공, 전기통신회선설비 임대 역무, 기간통신역무제공 등
				부가통신사업자 (전기통신사업법 제5조 제3항)	기간통신사업자의 전기통신회선설비를 임차하여 기간통신역무 외의 전기통신역무 제공 등
			영리를 목적으로 전기통신사업자의 전기통신역무를 이용해 정보를 제공하거나 매개하는 자		인터넷 홈페이지 등을 운영하여 영리를 목적으로 하는 사업자 등
		정보통신서비스 제공자로부터 법 제17조에 따라 이용자의 동의를 얻어 개인정보를 제공받은 자			업무 제휴 등을 위해 이용자의 동의를 얻어 개인정보를 제공받은 자 등
	방송사업자(개인정보보호법 제39조의14)				시청자의 개인정보를 수집 및 이용 또는 제공하는 자 등(IPTV 사업자는 직접 적용)
	수탁자(개인정보보호법 제26조)				수탁자는 법 제29조의 기술적/관리적 보호 조치 규정을 준용 등
	다른 법률에서 해당 법의 적용을 받는 자				다른 법률에서 특별히 규정된 때 등

| 개인정보의 안전성 확보 조치 기준 |

- 개인정보의 안전성 확보 조치 기준 적용 대상 유형을 개인정보 보유량 및 개인정보처리자 유형별로 구분하고 있다.

유형	적용 대상	안전 조치 기준
유형1 (완화)	1만 명 미만의 정보 주체에 관한 개인정보를 보유한 소상공인, 단체, 개인	• **제5조**: 제2항부터 제5항까지 • **제6조**: 제1항, 제3항, 제6항 및 제7항 • **제7조**: 제1항부터 제5항까지, 제7항 • 제8조, 제9조, 제10조, 제11조, 제13조
유형2 (표준)	• 100만 명 미만의 정보 주체에 관한 개인정보를 보유한 중소기업 • 10만 명 미만의 정보 주체에 관한 개인정보를 보유한 대기업, 중견기업, 공공기관 • 1만 명 이상의 정보 주체에 관한 개인정보를 보유한 소상공인, 단체, 개인	• **제4조**: 제1항 제1호부터 제11호까지 및 제15호, 제3항부터 제4항까지 • 제5조 • **제6조**: 제1항부터 제7항까지 • **제7조**: 제1항부터 제5항까지, 제7항 • 제8조, 제9조, 제10조, 제11조, 제13조

유형3 (강화)	• 10만 명 이상의 정보 주체에 관한 개인정보를 보유한 대기업, 중견기업, 공공기관 • 100만 명 이상의 정보 주체에 관한 개인정보를 보유한 중소기업, 단체	제4조부터 제13조까지

- 개인정보처리자는 개인정보 보유량의 변경 및 변동 가능 여부에 대해 정기적으로 확인하는 등 개인정보처리자 유형 또는 개인정보 보유량이 변동되는 경우에도 해당 유형의 안전 조치 기준을 적용하여야 한다.

구분	1만 명 미만	1만 명~10만 명 미만	10만 명~100만 명 미만	100만 명 이상
공공기관	유형2(표준)	유형2(표준)	유형3(강화)	유형3(강화)
대기업	유형2(표준)	유형2(표준)	유형3(강화)	유형3(강화)
중견기업	유형2(표준)	유형2(표준)	유형3(강화)	유형3(강화)
중소기업	유형2(표준)	유형2(표준)	유형2(표준)	유형3(강화)
소상공인	유형1(완화)	유형2(표준)	유형2(표준)	유형2(표준)
개인	유형1(완화)	유형2(표준)	유형2(표준)	유형2(표준)
단체	유형1(완화)	유형2(표준)	유형2(표준)	유형3(강화)

☞ 예시 : 50만 명의 개인정보를 보유한 대기업은 유형3(강화)에 해당하는 안전 조치 기준 적용
☞ 예시 : 5만 명의 개인정보를 보유한 중소기업은 유형2(표준)에 해당하는 안전 조치 기준 적용
☞ 예시 : 5백 명의 개인정보를 보유한 소상공인은 유형1(완화)에 해당하는 안전 조치 기준 적용

🔒 개인정보 관련 용어 정의

| 개인정보의 기술적/관리적 보호 조치 |

- 개인정보보호책임자란 이용자의 개인정보보호 업무를 총괄하거나 업무 처리를 최종 결정하는 임직원을 말한다(정보통신서비스 제공자 등은 이용자의 개인정보를 보호하고, 개인정보와 관련된 이용자의 고충을 처리하기 위하여 개인정보보호책임자를 요건에 맞게 지정하고, 법률에 따라 업무를 수행하도록 보장함).
- 개인정보취급자란 이용자 개인정보를 수집, 보관, 처리, 이용, 제공, 관리, 파기 등의 업무를 처리하는 자를 말한다.
  - 개인정보취급자란 정보통신서비스 제공자의 지휘/감독을 받아 이용자의 개인정보를 처리하는 자로 고용 관계가 없더라도 실질적으로 개인정보처리자의 지휘/감독을 받아 개인정보를 처리하는 자는 개인정보취급자에 포함됨
  - 개인정보취급자는 근로 형태를 불문하고, 이용자의 개인정보를 처리한다면 정규직, 비정규직, 파견직, 시간제 근로자 등이 모두 해당함
  - 고용 관계가 없더라도 실질적으로 정보통신서비스 제공자의 지휘/감독을 받아 이용자의 개인정보를 처리하는 자도 개인정보취급자에 포함됨(**예시**: 이동 통신사 영업점, 오픈 마켓 판매자 등)

- 내부 관리 계획이란 정보통신서비스 제공자 등이 개인정보의 안전한 처리를 위하여 개인정보보호 조직의 구성, 개인정보취급자의 교육, 개인정보 보호 조치 등을 규정한 계획을 말한다(정보통신서비스 제공자 등이 개인정보의 분실/도난/유출/위조/변조/훼손을 방지하고, 안전성 확보를 위하여 필요한 사항 등을 규정한 계획, 지침 등).
- 개인정보처리시스템이란 개인정보를 처리할 수 있도록 체계적으로 구성한 데이터베이스 시스템을 말한다.
  - 데이터베이스 시스템은 데이터가 저장되는 데이터베이스(DB)와 데이터베이스 내의 데이터를 처리할 수 있도록 해주는 데이터베이스 관리 시스템(DBMS), 응용 프로그램 등이 통합된 것을 의미
  - 개인정보처리시스템의 예시는 데이터베이스를 구성/운영하는 시스템 자체, 응용 프로그램(Web 서버, WAS 등) 등 데이터베이스의 개인정보를 처리할 수 있도록 구성한 때, 개인정보 처리를 위해 파일 처리 시스템으로 구성한 때 등
  - 업무용 컴퓨터, 노트북 등도 데이터베이스 관련 응용 프로그램이 설치 및 운영되어 개인정보취급자가 개인정보를 처리할 수 있도록 구성되었다면 개인정보처리시스템에 해당될 수 있음
- 망 분리란 외부 인터넷망을 통한 불법적인 접근과 내부 정보 유출을 차단하기 위해 업무망과 외부 인터넷망을 분리하는 망 차단 조치를 말한다.
  - 망 분리는 정보통신서비스 제공자 등이 개인정보를 처리하는 과정에서 외부와의 접점을 차단하여 외부로부터 들어오는 공격이나 내부에서 외부로의 개인정보 유출 등을 차단하기 위한 조치
  - 물리적 망 분리는 통신망, 장비 등을 물리적으로 이원화하여 인터넷 접속이 불가능한 컴퓨터와 인터넷 접속만 가능한 컴퓨터로 분리하는 방식
  - 논리적 망 분리는 물리적으로 하나의 통신망, 장비 등을 사용하지만 가상화 등의 방법으로 내부 업무 영역과 인터넷 접속 영역을 분리하는 방식
- 비밀번호란 이용자 및 개인정보취급자 등이 시스템 또는 정보통신망에 접속할 때 식별자와 함께 입력하여 정당한 접속 권한을 가진 자라는 것을 식별할 수 있도록 시스템에 전달하는 고유의 문자열로 타인에게 공개되지 않는 정보를 말한다.
- 접속 기록이란 이용자 또는 개인정보취급자 등이 개인정보처리시스템에 접속하여 수행한 업무 내역에 대하여 식별자, 접속 일시, 접속지를 알 수 있는 정보, 수행 업무 등 접속한 사실을 전자적으로 기록한 것을 말한다.
  - 접속 기록은 이용자와 개인정보취급자 등의 접속 기록을 모두 포함
  - 식별자는 개인정보처리시스템에 접속한 자를 식별할 수 있도록 부여된 ID 등을 말함
  - 접속 일시는 개인정보처리시스템에 접속한 시점 또는 업무를 수행한 시점(년-월-일, 시:분:초)을 말함
  - 접속지를 알 수 있는 정보는 개인정보처리시스템에 접속한 자의 컴퓨터 또는 서버의 IP 주소 등을 말함
  - 수행 업무는 이용자가 자신의 개인정보 조회, 수정, 탈퇴 등을 한 내용을 알 수 있는 정보 및 개인정보취급자가 개인정보처리시스템에서 처리(개인정보를 수집, 생성, 연계, 연동, 기록, 저장, 보유, 가공, 편집, 검색, 출력, 정정, 복구, 이용, 제공, 공개, 파기 그 밖에 이와 유사한 행위)한 내용을 알 수 있는 정보
  - 전자적으로 기록한 것은 수기로 작성한 문서가 아니라 개인정보처리시스템의 로그(Log) 파일 또는 로그 관리 시스템 등에 전자적으로 기록한 것
- 바이오 정보란 지문, 얼굴, 홍채, 정맥, 음성, 필적 등 개인을 식별할 수 있는 신체적 또는 행동적 특징에

관한 정보로서 그로부터 가공되거나 생성된 정보를 포함한다.
- **신체적 특징** : 지문, 얼굴, 홍채, 정맥, 망막, 손 모양, 손가락 모양, 열상 등
- **행동적 특징** : 필적, 키보드 타이핑, 입술 움직임, 걸음걸이 등
- P2P(Peer to Peer)란 정보통신망을 통해 서버의 도움 없이 개인과 개인이 직접 연결되어 파일을 공유하는 것을 말한다.
- 공유 설정이란 컴퓨터 소유자의 파일을 타인이 조회/변경/복사 등을 할 수 있도록 설정하는 것을 말한다.
- 보안 서버란 정보통신망에서 송수신하는 정보를 암호화하여 전송하는 웹 서버를 말한다(서버 기반 시스템의 유효성을 증명하여 보안 인증서를 설치하거나 암호화 소프트웨어를 설치하여 암호 통신 기능을 제공하고, 주요 보안 프로토콜에는 SSL/TLS, SHTTP, PCT 및 IPSec 등이 있음).
- 인증 정보란 개인정보처리시스템 또는 정보통신망을 관리하는 시스템 등이 요구한 식별자의 신원을 검증하는데 사용되는 정보를 말한다.
- 보조 저장 매체란 이동형 하드 디스크(HDD), USB 메모리, SD 메모리, 스마트폰 등 자료를 저장할 수 있는 매체로서 개인정보처리시스템 또는 개인용 컴퓨터 등과 쉽게 분리 및 접속할 수 있다.

| 개인정보의 안전성 확보 조치 |

- 정보 주체란 처리되는 정보에 의하여 알아볼 수 있는 사람으로서 그 정보의 주체가 되는 사람을 말한다(개인정보보호법상의 권리 행사 주체이며, 처리되는 정보를 통해 알아볼 수 있는 사람 및 법인이나 단체가 아닌 살아 있는 사람).
- 개인정보 파일이란 개인정보를 쉽게 검색할 수 있도록 일정한 규칙에 따라 체계적으로 배열하거나 구성한 개인정보의 집합물을 말한다(개인의 이름이나 고유 식별 정보, ID 등을 색인(Index) 및 검색 값으로 쉽게 검색할 수 있도록 체계적으로 배열/구성한 집합물로 데이터베이스 외 컴퓨터 문서 파일, 수기 문서 자료 등도 포함).
- 개인정보처리자란 업무를 목적으로 개인정보 파일을 운용하기 위하여 스스로 또는 다른 사람을 통하여 개인정보를 처리하는 공공기관, 법인, 단체, 개인 등을 말한다.
- 개인정보취급자란 개인정보처리자의 지휘 및 감독을 받아 개인정보 처리 업무를 담당하는 자로서 임직원, 파견 근로자, 시간제 근로자 등을 말한다(고용 관계가 없더라도 실질적으로 개인정보처리자의 지휘 및 감독을 받아 개인정보를 처리하는 자는 개인정보취급자에 포함(**예시**: 용역사 상주직원, 자동차 보험 판매 프리랜서 등)).
- 개인정보처리시스템이란 데이터베이스 시스템 등 개인정보를 처리할 수 있도록 체계적으로 구성한 시스템을 말한다(업무용 컴퓨터의 경우 데이터베이스 응용 프로그램이 설치 및 운영되어 다수의 개인정보취급자가 개인정보를 처리하는 경우에는 개인정보처리시스템에 해당될 수 있음).
- 대기업이란 독점 규제 및 공정 거래에 관한 법률 제14조에 따라 공정거래위원회가 지정한 기업을 말한다.
- 중견기업이란 중견기업 성장 촉진 및 경쟁력 강화에 관한 특별법 제2조에 해당하는 기업을 말한다.
- 중소기업이란 중소기업기본법 제2조 및 동법 시행령 제3조에 해당하는 기업을 말한다.

- 소상공인이란 소상공인 보호 및 지원에 관한 법률 제2조에 해당하는 자를 말한다.
- 위험도 분석이란 개인정보 유출에 영향을 미칠 수 있는 다양한 위험 요소를 식별/평가하고, 해당 위험 요소를 적절하게 통제할 수 있는 방안을 위해 종합적으로 분석하는 행위를 말한다.
  - 개인정보 유출에 영향을 미칠 수 있는 위험 요소는 내부자의 고의/과실 등 관리적인 측면과 개인정보처리시스템, 관리용 단말기의 악성코드 감염으로 인한 해킹 등 기술적인 측면 그리고 비인가자의 전산실 출입 등 물리적인 측면으로 나눌 수 있음
  - 위험 요소 식별/평가 및 통제 방안으로는 개인정보처리시스템 등 자산 식별, 위협/위험 확인, 대책 마련, 사후 관리 등이 해당될 수 있음
- 비밀번호란 정보 주체 또는 개인정보취급자 등이 개인정보처리시스템, 업무용 컴퓨터 또는 정보통신망 등에 접속할 때 식별자와 함께 입력하여 정당한 접속 권한을 가진 자라는 것을 식별할 수 있도록 시스템에 전달하는 고유의 문자열로 타인에게는 공개되지 않는 정보를 말한다.
- 정보통신망이란 전기통신기본법 제2조 제2호에 따른 전기통신설비를 이용하거나 전기통신설비와 컴퓨터 및 컴퓨터 이용 기술을 활용하여 정보를 수집/가공/저장/검색/송수신하는 정보통신 체계를 말한다.
- 공개된 무선망이란 불특정 다수가 무선 접속 장치(AP)를 통하여 인터넷을 이용할 수 있는 망을 말한다.
  - 개인정보처리자가 직원의 업무 처리 목적으로 사무실, 회의실 등에 무선 접속 장치(AP)를 설치하여 운영하는 경우 공개된 무선망에서 제외
  - CDMA, WCDMA 등의 기술을 사용하는 이동통신망은 공개된 무선망에서 제외
- 모바일 기기란 무선망을 이용할 수 있는 PDA, 스마트폰, 태블릿 PC 등 개인정보 처리에 이용되는 휴대용 기기를 말한다.
- 내부망이란 물리적 망 분리, 접근 통제 시스템 등에 의해 인터넷 구간에서 접근이 통제 또는 차단되는 구간을 말한다.
- 접속 기록이란 개인정보취급자 등이 개인정보처리시스템에 접속하여 수행한 업무 내역에 대해 개인정보취급자 등의 계정, 접속 일시, 접속지 정보, 처리한 정보 주체 정보, 수행 업무 등을 전자적으로 기록한 것을 말한다.
  - **접속** : 개인정보처리시스템과 연결되어 데이터 송신 또는 수신이 가능한 상태
  - **계정** : 개인정보처리시스템에서 접속자를 식별할 수 있도록 부여된 ID 등의 계정 정보
  - **접속 일시** : 접속한 시점 또는 업무를 수행한 시점(년-월-일, 시:분:초)
  - **접속지 정보** : 개인정보처리시스템에 접속한 자의 컴퓨터 또는 서버의 IP 주소
  - **처리한 정보 주체 정보** : 개인정보취급자가 누구의 개인정보를 처리하였는지를 알 수 있는 식별 정보(ID, 고객번호, 학번, 사번 등)
  - **수행 업무** : 개인정보취급자가 개인정보처리시스템을 이용하여 개인정보를 처리한 내용을 알 수 있는 정보(검색, 열람, 조회, 입력, 수정, 삭제, 출력, 다운로드 등)
- 관리용 단말기란 개인정보처리시스템의 관리, 운영, 개발, 보안 등의 목적으로 개인정보처리시스템에 직접 접속하는 단말기를 말한다.

Section 2　개인정보 관리적 보호 조치

🔒 내부 관리 계획 수립

| 내부 관리 계획 수립 및 시행 |

- 내부 관리 계획은 개인정보처리자 및 정보통신서비스 제공자가 개인정보를 안전하게 처리하기 위하여 내부의 의사 결정 절차를 통해 수립 및 시행하는 내부 기준을 말한다.
  - 개인정보보호책임자의 지정에 관한 사항
  - 개인정보보호책임자와 개인정보취급자의 역할 및 책임에 관한 사항
  - 개인정보취급자에 대한 교육에 관한 사항과 접근 권한 관리에 관한 사항 및 접근 통제에 관한 사항
  - 개인정보의 암호화 조치 및 악성 프로그램 등 방지에 관한 사항
  - 접속 기록 보관 및 점검에 관한 사항
  - 개인정보보호 조직에 관한 구성 및 운영에 관한 사항
  - 개인정보 유출 사고 대응 계획 수립 및 시행에 관한 사항
  - 위험도 분석 및 대응 방안 마련에 관한 사항
  - 재해 및 재난 대비 개인정보처리시스템의 물리적 안전 조치에 관한 사항
  - 개인정보 처리 업무를 위탁하는 경우 수탁자에 대한 관리 및 감독에 관한 사항
  - 그 밖에 개인정보보호를 위하여 필요한 사항
- 개인정보 내부 관리 계획의 수립은 개인정보취급자와 개인정보보호책임자가 이용자의 개인정보를 어떻게 관리할 것인지에 관한 규정 문서를 작성하는 과정이다.
- 개인정보 처리 절차 및 운영에 있어서 중대한 변경이 있는 경우 내부 관리 계획상에 즉시 반영하며, 변경 이력을 유지 및 관리하여야 한다.
- 접근 권한 관리, 접속 기록 보관 및 점검, 암호화 조치 등 내부 관리 계획의 이행 실태를 연 1회 이상으로 점검 및 관리하여야 한다.
- 내부 관리 계획은 최소 연 1회 이상 정기적으로 개정 필요성을 검토하여야 한다.
- 내부 관리 계획은 최고 경영층의 내부 승인을 반드시 취득하여야 하며, 모든 임직원 및 관련자에게 공표 및 배포하여야 한다.
- 내부 관리 계획은 법률에서 규정한 사항을 그대로 반영하는 것이 아니라 해당 조직의 개인정보 정책 수립 및 운용 사항을 명시하는 것이 타당하다.

```
제1장 총칙                          제5장 기술적 안전조치
    제1조(목적)                        제11조(접근권한의 관리)
    제2조(적용범위)                    제12조(접근통제)
    제3조(용어정의)                    제13조(개인정보의 암호화)
                                      제14조(접속기록의 보관 및 점검)
제2장 내부관리계획 수립 및 시행        제15조(악성프로그램 등 방지)
    제4조(내부관리계획의 수립 및 승인)
    제5조(내부관리계획의 공표)      제6장 관리적 안전조치
                                      제16조(개인정보 보호조직 구성 및 운영)
제3장 개인정보 보호책임자의 역할과 책임 제17조(개인정보 유출사고 대응)
    제6조(개인정보 보호책임자 지정)    제18조(위험도 분석 및 대응)
    제7조(개인정보 보호책임자의 역할 및 책임) 제19조(개인정보 보호조치 이행점검)
    제8조(개인정보취급자의 역할 및 책임)    제20조(수탁자에 대한 관리 및 감독)

제4장 개인정보 보호 교육            제7장 물리적 안전조치
    제6조(개인정보 보호책임자의 교육)  제21조(물리적 안전조치)
    제7조(개인정보취급자의 교육)       제22조(재해 및 재난 대비 안전조치)

                                   제8장 그 밖에 개인정보 보호를 위하여
                                        필요한 사항
```

[내부 관리 계획서 목차 예시]

🔒 규정 수립 및 조직 구성

| 개인정보보호 내부 규정 및 절차 구성 |

- 권한 관리 중심의 개인정보보호 거버넌스 전략 수립 및 이해 관계 조직간 역할을 정의한다.
- 내부 절차 수립 시 세부 통제 항목별 수행 주체를 정의하고, 해당 내용을 문서화에 반영한다.

| 개인정보보호 책임자 지정 및 조직 구성 |

- 개인정보보호책임자(CPO ; Chief Privacy Officer)는 개인정보처리자의 개인정보 처리에 관한 업무를 총괄해서 책임지거나 업무 처리를 최종적으로 결정하는 자이다.
- 비즈니스 운영 특성에 따른 중요 개인정보 취급 영역 및 조직 구조 등을 고려하여 개인정보보호책임자를 지정하여 운영한다.
- 공공기관 외 개인정보처리자의 경우 사업주 또는 대표자, 임원을 개인정보보호책임자로 지정한다.
    - 개인정보보호책임자는 정보 보안 관련 지식뿐만 아니라 개인정보 취급에 관한 법/제도적인 측면에서도 다양한 지식 습득을 요함
    - 개인정보보호책임자 지정 시에는 인사 발령 등을 통해 공식적으로 책임과 역할을 부여
- 조직 내 정보 보호 업무를 총괄하는 정보보호책임자(CISO ; Chief Information Security Officer)가 별도로 있는 경우에는 기술적 조치에 관하여 상호간 업무를 분장하여야 한다.
- 개인정보보호책임자를 지정하거나 변경하는 경우에는 개인정보처리방침에 공개하여야 한다.

구분	역할 및 책임
개인정보보호책임자	• 개인정보보호법 제31조 • 개인정보보호 계획 등 내부 규정 수립 및 시행 • 조직 내 개인정보와 관련된 내부 지침을 준수하도록 충분한 기술적/관리적 보호 조치 실시 • 개인정보 처리 실태 및 관행의 정기적인 조사 및 개선 • 이용자 불만 사항 접수 및 고충 처리 책임 • 개인정보 유출 및 오남용 방지를 위한 내부 통제 시스템 구축 • 개인정보취급자 대상 인식 제고를 위한 교육 훈련 실시 • 개인정보 처리 위탁 업체 대상 개인정보 관리 현황 지속적 확인 • 개인정보 파일의 보호 및 관리 감독 • 개인정보 처리 방침의 수립/변경 및 시행 • 처리 목적이 달성되거나 보유 기간이 지난 개인정보의 파기

- 개인정보취급자는 개인정보처리자의 지휘 감독을 받아 개인정보를 처리하는 자로서 개인정보를 처리함에 있어서 개인정보가 안전하게 관리될 수 있도록 한다.
- 기업 단체 공공 기관의 임직원, 외부 기관에서 또는 외부 기관으로 파견된 근로자, 계약 직원, 아르바이트 직원 등의 시간제 근로자 등 업무상 개인정보를 취급하거나 개인정보처리시스템의 접근 권한을 부유한다.
- 개인정보취급자는 업무상 또는 서비스 제공을 위해 이용자의 개인정보를 취급(수집, 보관, 처리, 이용, 제공, 관리, 파기 등)하는 역할을 한다.
- 개인정보취급자는 업무상 필요한 범위 내에서 최소한으로 지정한다.

구분	역할 및 책임
개인정보보호취급자	• 내부 관리 계획의 각종 규정, 지침 등 준수 • 개인정보처리시스템의 안전한 운영 및 관리 • 개인정보의 안전성 확보 조치 및 기술적/관리적 보호 조치 기준 이행 • 개인정보보호 교육 참석 • 개인정보 침해 사고 발생 시 대응 및 보고 • 개인정보 처리 현황, 처리 체계 등의 점검 및 보고

> **학습 Tip** (예시) 개인정보보호 조직 구성

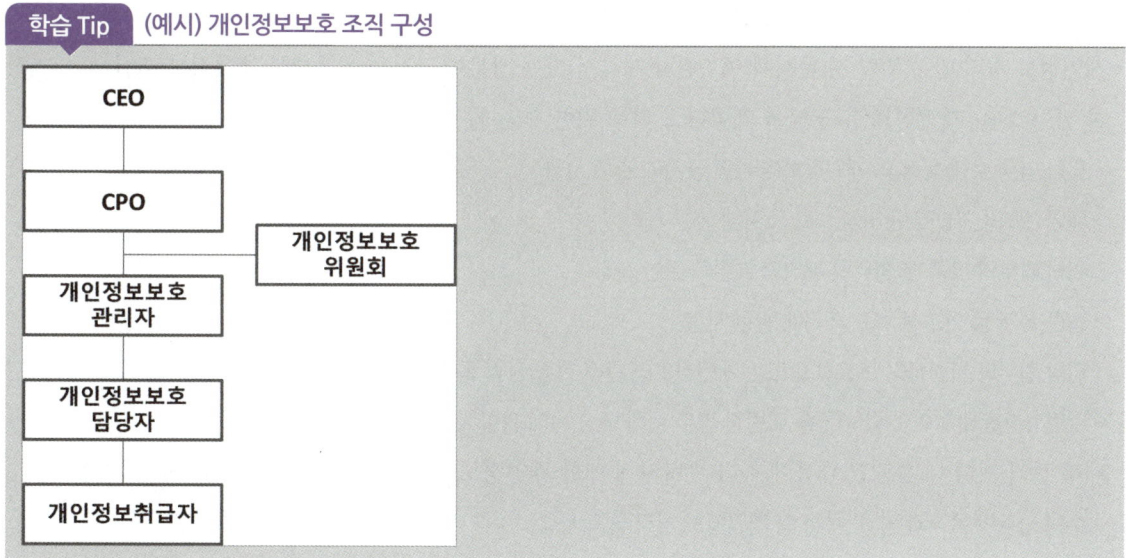

보호 조치 수준 관리 및 감독

| 개인정보 보호 조치 내부 점검 |

- 개인정보취급자가 내부 규정 및 절차를 준수하여 개인정보 보호 조치를 이행하고 있는지를 파악할 수 있도록 내부 관리 계획에 따라 최소 연 1회 이상 정기적으로 자체 점검을 실시한다.
  - 법적 요구 사항 및 내부 규정 통제 요건을 기준으로 점검 항목 마련
  - 연간 계획에 따라 점검 대상 및 범위 지정
  - 자가 진단, 서면 조사, 현장 점검, 담당자 인터뷰 등의 방법을 통해 점검 실시
  - 독립성이 확보된 자에 의한 점검 실시
- 내부 점검 시 위반 사항을 발견한 경우 즉시 필요한 조치를 취하고, 그 결과를 문서화하여 보관한다.
  - 발견된 개선 필요 사항에 대한 개선 방안 및 조치 계획 수립
  - 개선 조치 여부 확인 및 재발 방지 대책 적용
  - 필요 시 내부 징계 절차와 연계하여 운영

- 점검 결과 자료의 관리는 시스템 점검 결과 요약, 화면 덤프 내역, 시스템 로그 및 수집한 증거 자료 등 점검 시 생성된 모든 자료와 결과 보고서 관리
    - 점검 결과 자료의 접근 권한을 제한하여 자료의 무결성 보장
- 개인정보 보호 조치 수준 내부 점검 결과에 대해 최고 경영층의 검토 및 승인이 필요하다.

| 개인정보 수탁자 관리 및 감독 |

- 개인정보처리자는 개인정보 처리 업무 위탁 시 수탁자에게 제공된 개인정보를 안전하게 관리할 책임이 있다.
- 위탁자는 수탁자의 개인정보 보호 조치에 대한 관리 및 감독을 실시한다.
- 개인정보 처리 업무 위탁 시 문서화(예 : 위탁 계약서)하는 경우 수탁자의 무분별한 개인정보 재위탁, 개인정보 관리 소홀, 개인정보 유출 등을 예방하고 의무 위반 시 손해 배상 책임 등을 명확히 한다.
    - 위탁 업무 수행 목적 외 개인정보의 처리 금지에 관한 사항
    - 개인정보의 기술적/관리적 보호 조치에 관한 사항
    - 위탁 업무의 목적 및 범위와 재위탁 제한에 관한 사항
    - 접근 통제 등 안전성 확보 조치에 관한 사항
    - 위탁 업무와 관련하여 보유하고 있는 개인정보의 관리 현황 점검 등 감독에 관한 사항
    - 수탁자가 준수하여야 할 의무를 위반한 경우 손해 배상 등에 관한 사항
- 내부 관리 계획 내 수립한 내용에 따라 수탁자에 대한 개인정보보호 인식 제고 목적의 교육을 실시한다.
    - 수탁 업무의 목적과 범위, 목적 외 개인정보 처리 금지 사항
    - 수탁자 개인정보처리시스템 및 업무용 PC의 접근 권한 관리, 접근 통제, 개인정보의 암호화, 접속 기록의 보관 및 점검, 악성 프로그램 방지 등 개인정보의 안전성 확보 조치 기준
    - 수탁받은 개인정보 처리 업무의 안전성 확보 조치 방법
    - 수탁받은 개인정보 처리 업무의 목적 달성 또는 계약 해지 시 개인정보 파기
    - 개인정보취급자의 의무
    - 수탁 업무와 관련하여 개인정보 관리 현황 점검 등 감독에 관한 사항
    - 수탁자가 준수하여야 할 의무를 위반한 경우 손해 배상 등에 관한 사항

> **학습 Tip** 개인정보 보호 조치 내부 점검 법률 근거
>
> 1 개인정보처리자는 개인정보를 처리함에 있어서 개인정보가 안전하게 관리될 수 있도록 임직원, 파견 근로자, 시간제 근로자 등 개인정보처리자의 지휘 및 감독을 받아 개인정보를 처리하는 자(이하 '개인정보취급자'라 함)에 대하여 적절한 관리 감독을 이행하여야 함
> 2 개인정보처리자는 개인정보의 적정한 취급을 보장하기 위하여 개인정보취급자에게 정기적으로 필요한 교육을 실시하여야 함
> 개인정보보호법 제28조(개인정보취급자에 대한 감독)

개인정보보호 인식 제고

- 개인정보취급자 대상의 개인정보보호에 대한 인식 수준 향상 등을 위해 연간 교육 계획을 수립하고 이행한다.
- 개인정보보호 교육의 목적은 안전하게 개인정보가 관리될 수 있도록 개인정보취급자의 개인정보보호에 대한 인식을 제고시키고, 개인정보 보호 대책의 필요성을 이해시킨다.
- 개인정보보호 교육의 구체적 사항에는 교육 목적, 교육 대상, 교육 내용, 교육 일정 및 방법 등을 포함한다.
- 교육 내용은 개인정보취급자의 지위/직책, 담당 업무의 내용, 업무 숙련도 등에 따라 다르게 할 필요가 있는데 해당 업무를 수행하기 위한 분야별 전문 기술 교육뿐만 아니라 개인정보보호 관련 법률 및 제도, 내부 관리 계획 등 필수 사항을 포함하여 교육을 실시한다.
- 교육 방법은 집체 교육뿐만 아니라 조직의 환경을 고려하여 인터넷 교육, 그룹웨어 교육 등 다양한 방법을 활용하여 실시하고, 필요한 경우 외부 전문 기관이나 전문 요원에 위탁하여 교육을 실시할 수도 있다.
- 교육 방식은 조직의 환경, 피교육자의 개인정보 관련 지식 수준, 담당 업무의 특성 등 여러 요건에 따라 그 방식을 달리할 수 있다.
- 교육은 법령 또는 기술적 보호 조치에 대한 내용 중 한 분야에 집중될 경우 피교육자의 관심도를 저하 시킬 수 있으므로 조직 및 직무 특성에 부합하는 내용으로 구성한다.
- 교육 내용에는 해당 업무를 수행하기 위한 분야별 전문 기술 교육뿐만 아니라 개인정보보호 관련 법률 및 제도, 사내 규정 등 필히 알고 있어야 하는 기본적인 내용을 포함하여 교육을 실시한다.
  - 개인정보보호의 중요성과 개인정보의 안전성 확보 조치 기준
  - 내부 관리 계획의 준수 및 이행
  - 내부 규정 및 절차상 보호 조치 준수 사항의 주요 내용
  - 위험 및 대책이 포함된 조직 보안 정책, 보안 지침, 지시 사항, 위험 관리 전략
  - 개인정보처리시스템의 안전한 운영 및 사용법
  - 개인정보 보호 위반 보고 필요성과 개인정보 보호 업무의 절차 및 책임
  - 개인정보 보호 관련자들의 금지 항목과 개인정보 보호 준수 사항 이행 관련 절차
  - 개인정보 노출 및 침해 신고 등에 따른 사실 확인 및 보고, 피해 구제 등의 업무 절차
- 체계적인 개인정보보호 교육을 통해 개인정보취급자의 기본 소양 함양과 함께 구성원의 변화 관리로 개인정보의 유출 위협을 방지할 수 있다.
- 조직에서 구성원에 의한 기밀 정보 유출 위험을 최소화하고, 개인정보보호에 대한 책임을 명확히 주지시키기 위해 보호 조치 준수 의무가 명시된 보안 서약서를 수취한다.

6 개인정보 유출 사고 대응

| 개인정보 유출의 개요 |

- 개인정보 유출은 법령 또는 개인정보처리자의 자유로운 의사에 의하지 않고, 정보 주체의 개인정보에 대하여 개인정보처리자가 통제를 상실하거나 권한 없는 자의 접근을 허용한 경우를 말한다.
    - 개인정보가 포함된 서면, 이동식 저장 장치, 휴대용 컴퓨터 등을 분실하거나 도난당한 경우
    - 개인정보가 저장된 데이터베이스 등 개인정보처리시스템에 정상적인 권한이 없는 자가 접근한 경우
    - 개인정보처리자의 고의 또는 과실로 인해 개인정보가 포함된 파일 또는 종이 문서, 기타 저장 매체가 권한이 없는 자에게 잘못 전달된 경우
    - 기타 권한이 없는 자에게 개인정보가 전달된 경우

근거 법률	개인정보보호법		신용정보법
	제34조	제39조의4	제39조의4
법률간 관계	일반법	일반법(특례)	특별법
적용 대상	개인정보처리자	정보통신서비스 제공자 등	신용징보회사 등에서의 상거래 기업 및 법인
적용 범위	개인정보 유출	개인정보 분실/도난/유출	개인신용정보 누설
의무 사항	통지 및 신고		
벌칙 규정	3천만 원 이하의 과태료		
유출신고 규모	1천 명 이상	1명 이상	1만 명 이상
유출신고 시점	5일 이내	24시간 이내	5일 이내
유출신고 기관	개인정보보호위원회 또는 한국인터넷진흥원		
유출통지 규모	1명 이상		
유출통지 시점	5일 이내	24시간 이내	5일 이내
유출통지 방법	홈페이지, 전화, 팩스, 이메일, 우편 등으로 개별 통지		
유출통지 항목	유출된 개인정보 항목, 유출된 시점과 그 경위, 정보 주체 피해 최소화 조치, 개인정보처리자 대응 조치 및 피해 구제 절차, 피해 신고, 상담 부서 및 연락처 등		

| 개인정보 유출 사고 대응 계획 수립 및 시행 |

- 개인정보 유출 사고 발생 시 신속한 대응을 통해 피해 발생을 최소화하기 위하여 긴급 조치, 유출 신고 및 통지, 피해 신고 접수 및 피해 구제 등과 같은 사항을 포함하는 개인정보 유출 사고 대응 계획을 수립 및 시행한다.
    - 개인정보 유출의 정의 및 사례 유형
    - 개인정보 유출 사고 예방을 위한 안전 조치 및 상시 모니터링 수행

- 개인정보 유출 사고 시 단계별 대응 절차에는 사고 인지 및 긴급 조치, 유출 통지 및 신고, 피해 신고 접수 및 피해 구제, 사고 원인 분석 및 안전 조치, 재발 방지 대책 수립 및 운영 등이 있음
• 개인정보 유출 사실을 알게 된 경우 개인정보보호책임자는 즉시 CEO에게 보고하고, 개인정보보호 및 정보보호 부서 등을 중심으로 개인정보 유출 대응팀 등을 구성하여 피해 확산 방지 및 최소화를 위한 조치를 강구한다.
  - **전직원** : 개인정보 유출 사실을 발견하거나 의심스러운 정황을 알게 된 경우는 즉시 개인정보보호담당자에게 전화, 이메일 등으로 신고
  - **개인정보보호담당자** : 신고를 받은 즉시 관계인에게 유출 규모, 경로 등 유출 사실 여부를 확인하고, 개인정보보호책임자에게 유출 사실 및 피해 규모, 대응 상황 등을 신속하게 보고
  - **개인정보보호책임자** : 해당 시점까지 파악된 현황을 CEO에게 보고하고, 새로운 상황이 발생될 때마다 수시로 보고하며, 개인정보 유출이 확인되는 즉시 개인정보 유출 대응팀(T/F)을 운영
  - **CEO** : 개인정보 유출 대응팀을 중심으로 유관부서가 유기적으로 대응하도록 지원하고, 유출 대응에 대한 방향성 제시 등 의사 결정을 진행
• 개인정보 유출 원인을 파악한 후 피해 최소화를 위해 취약점 제거 등 유출 원인을 제거하는 긴급 대응 조치를 실시한다.
• 해킹 등 침해 사고 발생으로 인해 개인정보가 유출된 사실을 알게 된 경우는 개인정보 추가 유출 방지를 위한 대책을 마련하고, 피해를 최소화할 수 있는 조치를 강구한다.
  - 유출된 시스템 분리 및 차단 조치, 관련 로그 등 증거 자료 확보, 유출 원인 분석, 이용자 및 개인정보취급자 비밀번호 변경 등 기술적 보호 조치 강화, 시스템 변경, 기술 지원 의뢰 및 복구 같은 긴급 조치 시행
  - 사고 원인 조사 등이 완료된 이후에는 개인정보 유출의 직/간접적인 원인을 즉시 제거하고, 취약점 개선 조치 등 수행
• 내부자에 의해 개인정보가 유출된 경우 개인정보 유출자가 개인정보처리시스템에 접속한 이력 및 개인정보 열람과 다운로드 등의 내역을 확인한다.
  - 개인정보 유출자의 개인정보처리시스템에 대한 접근/접속 경로 등이 정상적인지 여부를 확인하고, 비정상적인 접속인 경우 우회 경로를 확인하여 접속을 차단
  - 개인정보취급자의 개인정보처리시스템 접속 계정, 접속 권한, 접속 기록 등을 검토하여 추가적인 유출 여부를 확인
  - 개인정보 유출에 활용된 단말기(PC, 스마트폰 등)와 매체(USB, 이메일, 출력물 등)를 회수하고, 필요 시 수사기관과 협조하여 유출된 개인정보를 회수하기 위한 방법을 강구
• 이메일 오발송에 의해 개인정보가 유출된 경우 이메일 회수가 가능하면 즉시 회수 조치하고, 불가능하면 이메일 수신자에게 오발송 메일의 삭제를 요청한다(메일 서버 외 첨부 파일 서버(대용량 메일 등)를 이용하는 경우 첨부 파일 서버 운영자에게 관련 파일 삭제 요청).
• 검색 엔진을 통해 개인정보가 노출된 경우 노출된 사업자의 웹페이지 삭제를 검토하고, 검색 엔진에 노출된 개인정보 삭제를 요청하며, 인증 절차 추가 및 로봇 배제 규칙 적용 등 외부 접근을 차단한다.
• 시스템 오류로 인해 개인정보가 노출된 경우 소스 코드 오류, 서버 설정 오류 등 개인정보가 노출된 원인이 된 시스템 오류를 파악하여 수정한다.

- 개인정보취급자의 부주의로 인한 개인정보 노출의 경우 게시글 및 첨부 파일 내 개인정보 노출 부분을 마스킹 처리하여 게시한다.

🔒 위험도 분석과 개인정보 파기

| 개인정보 처리에 따른 위험도 분석 및 대응 방안 |

개인정보 유출에 영향을 미칠 수 있는 다양한 위험 요소를 사전에 식별 및 평가하고, 해당 위험 요소를 통제할 수 있는 방안을 마련하기 위해 종합적으로 분석하는 등 위험도 분석 및 대응 방안에 관한 사항을 마련한다.

- **자산 식별** : 개인정보, 개인정보처리시스템 등 보호 대상을 명확하게 확인
- **위협 확인** : 자산에 손실 또는 해를 끼칠 수 있는 위협 요소(취약점 등) 확인
- **위험 확인** : 위협으로 인하여 자산에 영향을 끼칠 수 있는 위험 내용과 정도를 확인
- **대책 마련** : 위험에 대한 적절한 통제 방안 마련
- **사후 관리** : 위험 대책을 적용하고, 지속적으로 개선 및 관리를 위한 안전 조치 사항

| 개인정보 파기 방법 |

- 개인정보의 수집 목적 달성, 보존 기간 경과 등 개인정보가 불필요하게 되었을 경우 개인정보의 유출 및 오남용 방지를 위해 복구 및 재생 불가능한 방법으로 파기한다.
  - **완전 파괴** : 물리적 파쇄, 소각 등
  - **전용 소자 장비 이용** : 디가우저 등
  - **데이터가 복원되지 않도록 초기화 또는 덮어쓰기** : 로우 레벨 포맷(3회 이상), 와이핑 등
- 보유 중인 개인정보 중 보유 기간이 경과한 개인정보가 일부에 해당할 경우 해당하는 개인정보에 대해서만 한정적으로 파기를 수행한다.
  - 운영 중인 개인정보가 포함된 여러 파일 중 특정 파일을 파기하는 경우
  - 개인정보가 저장된 백업용 디스크나 테이프에서 보유 기간이 만료된 특정 파일이나 특정 정보 주체의 개인정보만 파기하는 경우
  - 운영 중인 데이터베이스에서 탈퇴한 특정 회원의 개인정보를 파기하는 경우
  - 회원 가입 신청서 종이 문서에 기록된 정보 중 특정 필드의 정보를 파기하는 경우

일부 파기 대상	파기 방법
전자 파일	• 개인정보 삭제 후 덮어쓰기 • 개인정보 삭제 파일 백업, 기존 파일 복구 불능 방법으로 삭제
종이 문서	마스킹, 천공

Section 3 개인정보 기술적 보호 조치

🔓 권한 관리

| 접근 권한 관리 |

- 개인정보의 분실, 도난, 유출, 변조, 훼손을 방지하기 위하여 개인정보처리시스템에 대한 접근 권한을 업무 수행 목적에 따라 최소한의 범위로 업무 담당자에게 차등 부여한다.

차등 부여 방법	시스템 관리자	업무 담당자
접근 항목 제한	전체 메뉴 접근 허가	담당 업무 관련 메뉴 대상 한정적 접근 허가
이용 권한 제한	전체 권한 - 읽기/쓰기/변경/삭제	일부 권한 제한 - 읽기

- 접근 권한 관리의 목적은 개인정보처리시스템에 대하여 업무 목적 외 불필요한 접근을 최소화하고, 인사 이동 등 권한 변경 사항 발생에 따른 인가되지 않는 접근을 차단하는데 있다.
- 접근 권한은 업무 수행에 필요한 최소한의 범위로 업무 담당자에게 차등 부여되어야 하며, 인사 이동이나 권한 변경 발생 시 지체 없이 해당 권한을 변경 또는 말소하고, 개인정보 유출 예방 및 대응 등을 위해 개인정보취급자별로 사용자 계정을 발급하여 관리한다.
  - 개인정보취급자 개개인의 직무 특성을 분석하여 최소한의 권한 부여
  - 현재 사용하지 않으나 미래 예측이 가능한 업무라 하더라도 필요 이상의 권한 부여는 금지
- 개인정보처리시스템 대상 접근 권한 부여 시 개인정보취급자별 직무 특성을 파악하여 권한을 구분할 수 있도록 한다(개인정보처리시스템 설계 시 접근 권한 세분화 반영).
- 조직 내의 임직원 전보 또는 퇴직 등 인사 이동 등으로 사용자 계정의 변경 및 말소가 필요한 경우 공식적인 사용자 계정 관리 절차에 따라 통제될 수 있도록 한다.
  - 내부 인력 퇴직 시 해당 인력의 계정을 지체 없이 변경하는 기준 수립 및 이행 필요
  - 조직 내 시스템 구조 및 환경에 따라 계정 삭제, 권한 삭제, 계정 비활성화 등의 계정 말소 방법 중 선택
  - 계정 변경 로그 또는 최종 로그인 로그 등을 통해 지체 없는 계정 말소 조치 적용 여부 확인
  - 임직원 퇴직 시 계정 말소를 효과적으로 이행하기 위해서는 퇴직 점검표에 사용 계정의 말소 항목을 반영하여 계정의 말소 여부 확인
- 개인정보처리시스템에 대한 개인정보취급자의 권한 부여, 변경, 말소에 대한 내역을 기록하고, 해당 기록을 정해진 기간동안 보관한다.

근거 법률	적용 대상	보관 기간
개인정보보호법	정보통신서비스 제공자	5년
	개인정보처리자	3년

- 개인정보처리시스템에 접속할 수 있는 사용자 계정은 개인정보취급자별로 발급하고, 1인 1계정으로 다른 개인정보취급자와 공유되지 않도록 한다.
  - 다수의 개인정보취급자가 동일한 업무를 수행한다 하더라도 하나의 사용자 계정을 공유하지 않도록 개인정보취급자별로 아이디(ID)를 발급하여 사용
  - 각 개인정보취급자별 개인정보 처리 내역에 대한 책임 추적성(Accountability)을 확보하여 문제 발생 시 사용자 계정을 기반으로 원인 분석이 가능하도록 함
- 개인정보처리시스템에서 데이터베이스(DB)의 직접 접속은 데이터베이스 운영 및 관리자에 한정하는 등의 보호 조치를 적용한다.
- 개인정보처리자 또는 정보통신서비스 제공자가 가명정보를 처리하는 경우 가명정보에 접근 권한이 있는 담당자가 특정 개인을 알아보기 위한 목적으로 가명정보를 처리하는 것을 방지하기 위해 가명정보에 접근할 수 있는 담당자와 추가 정보에 접근할 수 있는 담당자를 반드시 구분한다.
  - 가명정보에 접근 권한이 있는 담당자가 특정 개인을 식별할 수 있는 정보에 접근할 수 없도록 제한
  - 가명정보와 추가 정보에 대한 접근 권한의 분리가 어려운 정당한 사유가 있는 경우 업무 수행에 필요한 최소한의 접근 권한 부여 및 접근 권한의 보유 현황을 기록으로 보관하는 등 접근 권한을 관리 및 통제

| 비밀번호 보안 정책 |

- 비밀번호의 강도(Strength)는 계정 보유자 외의 타인에 의한 추측 및 비밀번호 무차별 대입 공격(Brute-Force Attack)에 대응할 수 있는 비밀번호의 효과성(Effectiveness)을 고려한다(**구성 요소 : 패스워드 길이**(Length), 복잡도(Complexity), 예측 불가능성(Unpredictability) 등).
- 개인정보취급자 및 정보 주체가 안전한 비밀번호를 설정하여 이행할 수 있도록 비밀번호 작성 규칙을 수립하고, 이를 개인정보처리시스템 및 업무용 PC 등에 적용하여 운영한다.
  - 비밀번호의 최소 길이는 구성하는 문자 종류에 따라 10자리 또는 8자리 이상의 길이로 구성
  - (10자리 이상) 영대문자, 영소문자, 숫자 및 특수 문자 중 1종류 이상으로 구성
  - (8자리 이상) 영대문자, 영소문자, 숫자 및 특수 문자 중 2종류 이상으로 구성
  - 123456789 등과 같은 일련번호, 전화번호 등과 같은 쉬운 문자열 사용 제한
  - love, happy, admin, like, kiss 등과 같이 잘 알려진 단어 또는 키보드에서 나란히 있는 문자열(qwert, asdfg, 1qaz, poiuy 등) 사용 제한
  - 사용자 개인정보와 관련이 있는 비밀번호(생년월일, 이름 등) 사용 제한
  - ID와 동일한 문자열 사용 제한/동일한 비밀번호 사용 제한
    비밀빈호 사용 기간 설정
  - 5회 이상 로그인 시도 실패 시 계정 잠금
- 내부 정책 및 규정을 통한 정의도 중요하지만 시스템 기능을 활용한 설정값 강제 적용 방법을 고려한다(비밀번호 작성 규칙은 안전한 비밀번호 설정 기준을 제시하는 동시에 적용을 통한 안전하지 못한 비밀번호 사용을 강제적으로 제한).

🔒 접근 통제

| 침입 탐지 및 침입 차단 |

- 접근 통제의 목적은 정보통신망을 통해 개인정보처리시스템에 대한 인가되지 않은 불법적인 접근을 차단하는 것이다(정보통신망, 인터넷 홈페이지, 업무용 컴퓨터나 모바일 단말기 등 개인정보를 처리하는 각 요소에서 적절한 접근 통제 정책의 구현을 통해 불법적인 접근이 차단하여야 함).
- 정보통신망에서 IP 주소를 통한 비인가자의 접근 제한, 가상 사설망(VPN) 등을 이용한 안전한 접속, 인터넷 홈페이지의 취약점 점검, 업무용 컴퓨터 또는 모바일 기기의 보호 조치 등 접근 통제 조치가 필요하다.
- 개인정보처리시스템에서 정보통신망을 통한 불법적인 접근 및 침해 사고를 방지하기 위해 IP 주소 등을 기반으로 한 침입 차단 및 침입 탐지 조치를 적용한다.
- 개인정보처리시스템에 대한 접속 권한을 IP 주소 등으로 제한하여 인가받지 않은 접근을 제한하거나 접속 IP 주소 등을 분석하여 불법적인 개인정보 유출 시도를 탐지한다.
  - 침입 차단 시스템 및 침입 탐지 시스템을 설치 및 운영하거나 침입 차단 시스템과 침입 탐지 시스템이 동시에 구현된 침입 방지 시스템(IPS ; Intrusion Prevention System), 웹 방화벽 또는 보안 운영 체제(Secure OS) 등을 도입할 수 있음
  - 스위치 등의 네트워크 장비에서 제공하는 ACL(Access Control List : 접근 제어 목록) 기능을 이용하여 IP 주소 등을 제한함으로써 침입 차단 기능을 구현
  - 인터넷 데이터 센터(IDC), 클라우드 서비스, 보안 업체 등에서 제공하는 보안 서비스(방화벽, 침입 방지, 웹 방화벽 등)를 활용함으로써 초기 투자 비용 등을 줄일 수 있음
  - 공개용(무료) 소프트웨어를 사용하거나 운영 체제(OS)에서 제공하는 기능을 활용하여 해당 기능을 포함한 시스템을 설치 및 운영할 수 있음(공개용 소프트웨어를 사용하는 경우 적절한 보안이 이루어지는지를 사전에 점검)
- 불법적인 접근 및 침해 사고 방지를 위해서는 침입 차단 및 침입 탐지 기능을 갖춘 장비 설치와 더불어 정책 설정, 이상 징후 기준 마련, 로그 분석, 이상 징후 적발, 로그 무결성 유지 등의 운영 및 관리가 필요하다.
- DB 방화벽을 이용하여 DB 서비스 접근 통제 및 이상 징후 분석을 수행할 수 있다.
  - DB 접속 사용자 인증 기능과 DB 접속 이상 징후 차단
  - IP 사용자 시간대 Table Column 별 접근 통제
  - DCL, DDL, DML 통제 기능, Query Tool 통제 기능
  - Query 결과값 저장 및 감사

| 외부 접속 제한 |

- 외부 네트워크에서 개인정보처리시스템에 대한 접속은 원칙적으로 차단하여야 한다. 단, 불가피한 경우 가상 사설망(VPN ; Virtual Private Network) 또는 전용선 등의 안전한 접속 수단을 적용한다.
- 가상 사설망은 개인정보취급자가 사업장 내의 개인정보처리시스템에 대해 원격으로 접속할 때 IPsec이나 SSL 기반의 암호 프로토콜을 사용한 터널링 기술을 통해 안전한 암호 통신을 할 수 있다.

- IPsec(IP Security Protocol)은 인터넷 프로토콜(IP)의 통신 보안을 위해 패킷에 암호화 기술이 적용된 프로토콜 집합임
- SSL(Secure Sockets Layer)은 웹 브라우저와 웹 서버간 데이터를 안전하게 주고받기 위해 암호화 기술이 적용된 보안 프로토콜
- IPsec, SSL 등의 기술이 사용된 가상 사설망을 안전하게 사용하기 위해서는 잘 알려진 취약점(**예** : Open SSL의 취약점)들을 조치하고 사용할 필요가 있음

- 외부에서 VPN 등을 통해 개인정보처리시스템에 접근하는 경우 ID 및 패스워드만을 확인하는 방식에 의존할 때는 계정 정보 탈취 공격에 취약할 수 있으므로 공인 인증서, OTP 등을 활용한 추가 인증 방식 적용을 고려한다.

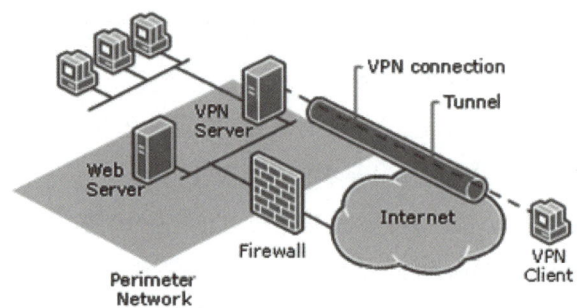

[VPN 구성 예시] (출처 : technet.microsoft.com)

학습 Tip 가상 사설망과 망 분리

【가상 사설망(VPN ; Virtual Private Network)】
- 인터넷과 같은 공중망(Public Network)을 마치 전용선으로 사설망(Private Network)을 구축한 것처럼 사용할 수 있는 방식
- 이용자를 인증하는 한편 인가받지 않은 외부자가 전송되는 정보를 읽어내지 못하도록 데이터를 암호화함으로써 안전한 정보 전송을 담보할 수 있는 장점이 있음
- 통상 VPN 프로토콜은 네트워크로 전송되는 데이터에 안전한 암호화 기법을 적용하고, 캡슐화(Encapsulation)를 통해 동일한 사설망에 위치하지 않는 둘 또는 그 이상의 네트워크로 연결된 장비 사이를 이동하는 데이터를 보호

【망 분리】
전년도 말 기준 직전 3개월간 개인정보가 저장 및 관리되고 있는 이용자 수가 일일 평균 100만 명 이상이거나 정보통신서비스 부문 전년도 매출액이 100억 원 이상인 정보통신서비스 제공자 등은 개인정보처리시스템에서 개인정보를 다운로드 또는 파기할 수 있거나 개인정보처리시스템에 대한 접근 권한을 설정할 수 있는 개인정보취급자의 컴퓨터 등을 물리적 또는 논리적으로 망 분리하여야 함

| 네트워크를 통한 공유 제한 |

- 인터넷 홈페이지를 통해 개인정보가 열람 권한이 없는 자에게 공개되거나 유출되지 않도록 보호 조치를 적용한다.
  - **웹 취약점 점검 및 조치** : OWASP Top 10 기준 적용
  - 인터넷 홈페이지 중 서비스 제공에 사용 및 관리되지 않는 사이트 또는 URL에 대한 삭제/차단 조치
  - 관리자 페이지 노출 차단

- 개인정보처리시스템, 업무용 컴퓨터, 모바일 기기에서 P2P, 공유 설정은 기본적으로 사용하지 않는 것을 원칙으로 한다.
  - 업무상 필요한 경우에는 권한 설정 등의 조치를 통해 권한이 있는 자만 접근할 수 있도록 설정
  - 공유 경로에 개인정보 파일이 포함되지 않도록 정기적으로 점검 및 조치
- 공개된 무선망을 이용하여 개인정보를 처리하는 경우 취급중인 개인정보가 신뢰되지 않은 무선 접속 장치(AP), 무선 전송 구간 및 무선 접속 장치의 취약점 등 열람 권한이 없는 자에게 공개되거나 유출되지 않도록 개인정보처리시스템, 업무용 컴퓨터 및 모바일 기기 등에 조치를 한다.
  - 개인정보 송수신 시 SSL, VPN 등의 보안 기술이 적용된 전용 프로그램을 사용하거나 암호화 송수신
  - 개인정보가 포함된 파일 송수신 시 파일 암호화 저장 후 송수신

| 개인정보취급자 업무용 디바이스 관리 |

- 개인정보처리시스템을 이용하지 않고 단순히 업무용 컴퓨터 또는 모바일 기기를 이용하여 개인정보를 저장하는 등의 처리를 하는 경우 운영 체제나 보안 프로그램에서 제공하는 접근 통제 기능을 이용할 수 있다.
- 업무용 모바일 기기는 개인정보를 저장 및 전송할 수 있으나 휴대와 이동이 편리하여 기기 분실/도난 시 해당 기기에 저장된 또는 해당 기기의 개인정보처리시스템 접속 등을 통한 개인정보 유출의 위험성이 높다.
- 스마트폰, 태블릿 PC와 같이 업무에 사용되는 모바일 기기는 분실/도난으로 개인정보가 유출되지 않도록 개인정보처리자의 기기 운영 환경 및 처리되는 개인정보의 중요도 등을 고려한다.
  - 비밀번호, 패턴, PIN 등을 사용하여 화면 잠금 설정
  - 디바이스 암호화로 애플리케이션, 데이터 등 암호화
  - USIM 카드에 저장된 개인정보 보호를 위한 USIM 카드 잠금 설정
  - 모바일 기기 제조사 및 이동 통신사가 제공하는 기능을 이용한 원격 잠금, 원격 데이터 삭제 등의 조치
  - 중요한 개인정보를 처리하는 모바일 기기는 MDM(Mobile Device Management) 등 모바일 단말 관리 프로그램을 설치하여 원격 잠금, 원격 데이터 삭제, 접속 통제 등의 조치

> **학습 Tip** MDM(Mobile Device Management)
> 무선망을 이용해 원격으로 스마트폰, 태블릿 PC 등의 모바일 기기를 제어하는 솔루션으로 분실된 모바일 기기의 위치를 추적, 원격 잠금 설정, 원격 정보 삭제, 특정 사이트 접속 제한, 카메라 기능 제어, 앱 설치 통제 등의 기능을 제공

🔒 개인정보의 암호화

| 암호화 |

- 비밀번호, 바이오 정보, 주민등록번호, 민감 정보 등과 같은 중요 개인정보가 암호화되지 않고, 개인정보처리시스템에 저장되거나 네트워크를 통해 전송될 경우 노출 및 위변조 등의 위험이 있으므로 암호화 등의 안전한 보호 조치가 제공되어야 한다.

- 암호화는 개인정보취급자의 실수 또는 해커의 공격 등으로 인해 개인정보가 비인가자에게 노출되더라도 그 내용 확인을 어렵게 하는 보안 기술이다.
- 정보통신망을 통하여 내외부로 송수신할 고유 식별 정보, 비밀번호, 바이오 정보, 민감 정보에 대해서는 암호화 한다(전용선을 이용하여 개인정보를 송수신하는 경우 암호화가 필수는 아니지만 내부자에 의한 개인정보 유출 등에 대비해서 가급적 암호화 전송을 권장).
- 정보통신망을 통한 개인정보 암호화 전송을 위해 SSL 등의 통신 암호 프로토콜이 탑재된 기술을 활용하거나 개인정보를 암호화하여 저장한 후 이를 전송하는 방법 등을 사용할 수 있다.
- 보조 저장 매체를 통해 고유 식별 정보, 비밀번호, 바이오 정보를 전달하는 경우에도 암호화 한다.
    - 암호화 기능을 제공하는 보안 USB 등의 보조 저장 매체에 저장하여 전달
    - 해당 개인정보를 암호화하여 저장한 후 보조 저장 매체에 저장하여 전달

[SSL 적용 예시]

- 개인정보처리자는 비밀번호, 바이오 정보(지문, 홍채 등), 고유 식별 정보, 민감 정보가 노출 또는 위변조 되지 않도록 암호화하여 저장하며, 특히 비밀번호 경우에는 복호화 되지 않도록 일방향(해쉬 함수) 암호화한다.
- 일방향 암호화는 저장된 값으로 원본값을 유추하거나 복호화할 수 없도록 하는 암호화 방법으로 인증 검사 시에는 사용자가 입력한 비밀번호를 일방향 함수에 적용하여 얻은 결과값과 시스템에 저장된 값을 비교하여 인증된 사용자임을 확인한다.
- 바이오 정보의 경우 복호화가 가능한 양방향 암호화 저장이 필요하나 이는 식별 및 인증 등의 고유 기능에 사용되는 경우로 한정되며, 콜센터 등 일반 민원 상담 시 저장되는 음성 기록이나 일반 사진 정보는 암호화 대상에서 제외된다.
- 개인정보처리자는 업무용 컴퓨터 또는 모바일 기기에 암호화 대상 개인정보를 저장하여 관리하는 경우 상용 암호화 소프트웨어 또는 안전한 암호화 알고리즘을 사용하여 암호화한 후 저장한다.
- 보안 강도에 따른 일방향 암호화 알고리즘 분류는 다음과 같다.

보안 강도	해쉬 알고리즘	안전성 유지 기간
80비트 이상	SHA-1, HAS-160, SHA-224/256/384/512, whirlpool	2010년까지
112비트 이상	SHA-224/256/384/512, whirlpool	2011년부터 2030년까지

128비트 이상	SHA-256/384/512, whirlpool	2030년 이후 (최대 30년까지)
192비트 이상	SHA-384/512, whirlpool	
256비트 이상	SHA-512	

- 보안 강도에 따른 양방향 암호화 알고리즘 분류는 다음과 같다.

보안 강도	대칭키 알고리즘	안전성 유지 기간
80비트 이상	SEED, ARIA-128/192/256	2010년까지
112비트 이상	SEED, ARIA-128/192/256	2011년부터 2030년까지
128비트 이상	SEED, ARIA-128/192/256	2030년 이후 (최대 30년까지)
192비트 이상	ARIA-192/256	
256비트 이상	ARIA-256	

> **학습 Tip** 필수 암호화 대상
>
> - 정보통신망법 제28조, 시행령 제15조
> - 개인정보보호법 제29조, 시행령 제21조
> - 고유 식별 정보는 개인을 고유하게 구별하기 위하여 부여된 식별 정보로 주민등록번호, 여권번호, 운전면허번호, 외국인등록번호가 해당

🔓 접속 기록 관리

| 접속 기록 보관 |

- 접속 기록은 개인정보처리시스템에 누가, 언제, 어떤 경로를 통해 접속하여 무엇을 했는지에 대한 정보를 자동화된 시스템으로 저장한 것이다.

필수 기록 항목	설명
ID	개인정보취급자 식별 정보
날짜 및 시간	접속 일시
접속자 IP 주소	접속자 정보
수행 업무	열람, 수정, 삭제, 인쇄, 입력 등

- 개인정보처리시스템에 대한 접속 기록 유지 및 관리를 위하여 관리 방법과 절차를 수립한다.
  - 기록 유지 및 관리가 필요한 주요 접속 기록 식별과 접속 기록 파일 생성 및 보관 정책
  - 개인정보처리시스템에서 생성되는 접속 기록 파일 내용
  - 접속 기록 파일의 생성량 및 생성 주기와 요구되는 보안성에 따른 분석 주기

- 개인정보취급자가 개인정보처리시스템에 접속한 기록은 최소 1년 이상 보관하며, 월 1회 이상 정기적으로 접속 기록에 대한 확인 및 검토를 수행한다(해당 기록이 위변조 및 도난/분실되지 않도록 안전하게 관리).
  - 정기적으로 접속 기록 백업을 수행하여 개인정보처리시스템 이외의 별도 저장 장치에 보관하는 조치가 필요
  - 접속 기록에 대한 위변조를 방지하기 위해서는 CD-ROM 등과 같은 덮어쓰기 방지 매체를 사용하는 것이 바람직
  - 접속 기록을 수정 가능한 매체(하드 디스크, 자기 테이프 등)에 백업하는 경우 무결성 보장을 위해 위변조 여부를 확인할 수 있는 정보를 별도의 장비에 보관 및 관리할 수 있음
  - 도난/분실의 예방을 위해서 원본 및 복사본의 저장소에 대한 물리적 출입 통제 시스템을 구현

| 접속 기록 검토 |

- 개인정보의 유출/변조/훼손 등에 대응하기 위하여 개인정보처리시스템의 접속 기록을 월 1회 이상 정기적으로 점검한다(비인가된 개인정보 처리, 대량의 개인정보 조회, 정정, 다운로드, 삭제 등의 비정상 행위 탐지).
- 개인정보처리시스템의 접속 기록 모니터링을 통한 이상 징후 조기 적발을 위해 이상 징후 식별 기준을 수립하고, 모니터링 운영 절차에 반영할 수 있다(**예시** : 로그인 실패 횟수, 업무 시간 외 접속, 대량 다운로드, 일일 조회 횟수 등).
- 접속 기록에 대한 주기적인 검토 결과는 문서화를 통해 책임 추적성을 확보할 수 있는 이력을 유지한다.

🔒 보안 프로그램 설치 및 운영

| 악성 프로그램 방지 |

- 악성 프로그램(Malware, Malicious Software)은 악의적인 목적으로 만들어진 프로그래밍 코드를 의미하는 것으로 사생활을 침해할 수 있는 정보 수집 또는 시스템 자원에 대해 허가받지 않은 접근 등 침해 행위를 수행한다(**종류** : 바이러스(Virus), 웜(Worm), 트로이목마(Trojan), 스파이웨어(Spyware), 키로거(Key-Logger), 백도어(Backdoor), 루트킷(Rootkits) 등).
- 악성 프로그램은 자료를 유출하거나 프로그램을 파괴하여 정상적인 작업을 방해하므로 백신 소프트웨어 등의 보안 프로그램을 이용하여 예방한다.
- 개인정보처리자는 악성 프로그램 등을 통해 개인정보가 위변조, 유출되지 않도록 이를 방지하고 치료할 수 있는 백신 소프트웨어 등 보안 프로그램을 설치 및 운영한다.
- 백신 소프트웨어 등의 보안 프로그램은 실시간 감시 등을 위해 항상 실행된 상태를 유지한다.
- 백신 소프트웨어 등 보안 프로그램은 자동 업데이트 기능을 사용하거나 일 1회 이상 주기적으로 업데이트를 실시하여 최신의 상태로 유지한다.
- 응용 프로그램, 운영 체제 제작 업체에서 보안 업데이트 공지가 있는 경우 감염을 예방하고, 감염된 경우 피해를 최소화하기 위해 즉시 업데이트를 실시한다(운영 체제나 응용 프로그램 보안 업데이트 시 현재 운영 중인 응용 프로그램의 업무 연속성이 이루어질 수 있도록 보안 업데이트를 적용하는 것이 필요).

🔒 개인정보 표시 제한

| 출력 및 복사 시 보호 조치 |

- 개인정보에 접근 권한을 보유한 개인정보취급자의 유출을 방지할 수 있는 보호 조치를 마련한다.
- 개인정보처리시스템에서 개인정보 출력 시 허가된 기준에 의해서만 개인정보를 출력할 수 있도록 절차를 마련한다.
- 용도에 따라 개인정보 출력 항목을 최소화하며, 개인정보취급자의 업무 특성 및 보유 권한 등을 고려한다.
- 출력 및 복사물의 생성, 이용, 보관, 전달, 파기 과정에서의 책임 관계를 명확히 하고, 문서 유출 위험 최소화 및 유출 시 출처 확인이 가능하도록 조치한다.
- 개인정보 출력물 또는 복사물의 안전한 관리를 위해 해당 조치에 대한 이력을 유지하는 등 보호 조치를 적용한다.

| 개인정보 마스킹 |

업무 수행을 목적으로 개인정보 조회 및 출력 시 개인정보의 안전한 관리를 위해 일부 항목에 대한 마스킹 조치를 적용할 수 있다.

- 성명 중 이름의 첫 번째 글자 이상 그리고 생년월일
- 전화번호 또는 휴대 전화번호의 국번 그리고 주소의 읍, 면, 동
- IPv4 17 ~ 24비트 영역(3rd Range), IPv6 113 ~ 128비트 영역

> **학습 Tip** 정보통신서비스 제공자와 개인정보처리자의 기술적 보호 조치
>
> - 개인정보처리자, 개인정보의 안전성 확보 조치 기준(개보위 고시 제2020-2호)
> - 정보통신서비스 제공자, 개인정보의 기술적/관리적 보호 조치 기준(개보위 고시 제2020-5호)

주요 보호 조치	정보통신서비스 제공자	개인정보처리자
접근 권한	권한 관리 이력 유지 5년	권한 관리 이력 유지 3년
접근 통제	1인 1계정, 침입 방지 조치 등	
암호화	고유 식별 정보, 바이오 정보, 비밀번호, 민감 정보, 계좌번호, 신용카드번호	고유 식별 정보, 바이오 정보, 비밀번호, 민감 정보
접속 기록 관리	보존 기간 1년 및 월 1회 주기적 검토	
보안 프로그램	백신 소프트웨어 설치 및 주기적(적시) 업데이트	
표시 제한	권장	없음

개인정보 관리 체계 이론

Chapter 01　국내외 개인정보보호 관리 체계

Chapter 02　GDPR

Chapter 01 국내외 개인정보보호 관리 체계

- 개인정보의 안전성 확보를 위한 체계적인 관리 절차 수립의 필요성을 이해하고, 개인정보 관리 체계 프레임워크 및 수립과 운영에 필요한 세부 사항에 대해 학습한다.
- 국제 정보보호 관리 체계와 국제 개인정보보호 관리 체계를 소개하고, 각 제도에 대해 살펴본다.
- 개인정보 영향 평가의 대상 및 절차에 대해 단계별 세부 사항을 이해하고, 개인정보 영향 평가 기준을 살펴본다.

Section 1 정보보호 및 개인정보보호 관리 체계(ISMS-P)

🔒 정보보호 및 개인정보보호 관리 체계 인증 기준

| 인증 기준 법적 근거 |

- 정보보호 및 개인정보보호 관리 체계 인증이란 인증 신청인의 정보보호 및 개인정보보호를 위한 일련의 조치와 활동이 인증 기준에 적합함을 한국인터넷진흥원 또는 인증기관이 증명하는 것을 말한다.
- 개인정보보호법 제32조의2에 따른 개인정보보호 관리 체계 인증 제도(PIMS)는 2018년 11월부터 과학기술정보통신부에서 별도로 운영하던 정보통신망법 제47조에 따른 정보보호 관리 체계 인증 제도(ISMS)와 통합되어 정보보호 및 개인정보보호 관리 체계 인증 제도(ISMS-P)로 개정되어 운영되고 있다.

구분	개인정보보호법	개인정보보호법 시행령
개인정보 인증 법적 근거	제32조의2(개인정보보호 인증) ① 보호위원회는 개인정보처리자의 개인정보 처리 및 보호와 관련한 일련의 조치가 이 법에 부합하는지 등에 관하여 인증할 수 있다. ② 제1항에 따른 인증의 유효기간은 3년으로 한다.	제34조의2(개인정보보호 인증의 기준/방법/절차 등) ① 보호위원회는 제30조 제1항 각 호의 사항 및 제48조의2 제1항 각 호의 사항을 고려하여 개인정보보호의 관리적/기술적/물리적 보호 대책 수립 등을 포함한 법 제32조의2 제1항에 따른 인증 기준을 정하여 고시한다.

- 정보보호 및 개인정보보호 관리 체계 의무대상은 정보통신망법 제47조의제2항으로 ISMS, ISMS-P 인증을 선택하여 적용한다.
- 인증을 취득하고자 하는 신청기관은 다음의 인증 유형을 선택하여 신청할 수 있다(정보보호 및 개인정보보호 관리 체계 인증 등에 관한 고시 제18조 제1항).

- 정보보호 및 개인정보보호 관리 체계 인증
- 정보보호 관리 체계 인증

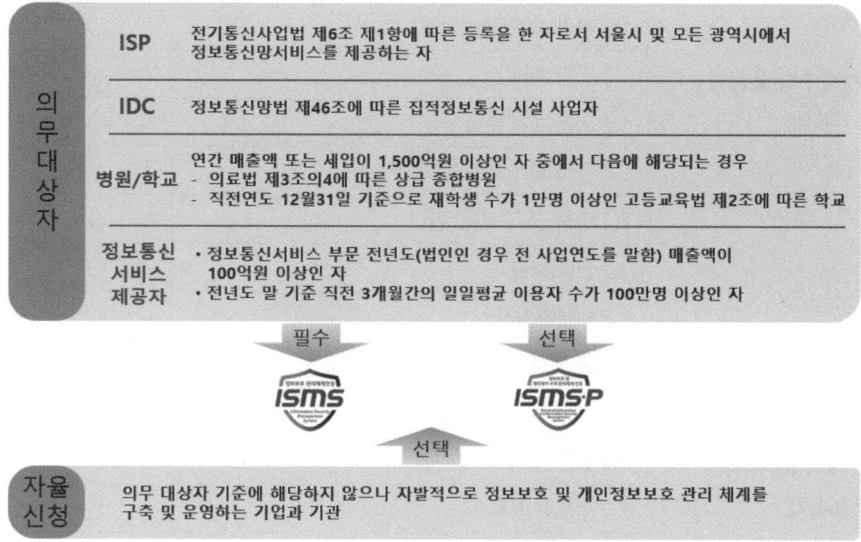

| 인증 심사 |

- 최초 심사는 인증을 처음으로 취득할 때 진행하는 심사로 인증 범위에 중요한 변경이 있어 다시 인증을 신청할 때도 실시한다(최초 심사를 통해 인증을 취득하면 3년의 유효 기간이 부여).
- 사후 심사는 인증을 취득한 이후 정보보호 관리 체계가 지속적으로 유지되고 있는지를 확인하는 것으로 인증 유효 기간 중 매년 1회 이상 시행한다.
- 갱신 심사는 인증 유효 기간 연장을 목적으로 하는 심사이다.

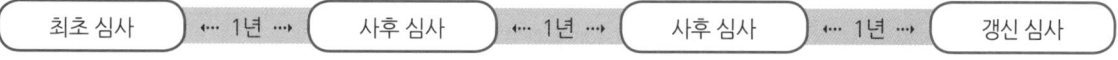

| 인증 기준 주요 내용 |

정보보호 및 개인정보보호 관리 체계 인증 기준은 3개의 영역에서 총 102개의 인증 기준으로 구성되어 있다.

영역	분야	적용 여부	
		ISMS	ISMS-P
1. 관리 체계 수립 및 운영 (16개)	1.1 관리 체계 기반 마련	○	○
	1.2 위험 관리	○	○
	1.3 관리 체계 운영	○	○
	1.4 관리 체계 점검 및 개선	○	○
2. 보호 대책 요구사항 (64개)	2.1 정책, 조직, 자산 관리	○	○
	2.2 인적 보안	○	○
	2.3 외부자 보안	○	○
	2.4 물리 보안	○	○
	2.5 인증 및 권한 관리	○	○
	2.6 접근 통제	○	○
	2.7 암호화 적용	○	○
	2.8 정보시스템 도입 및 개발 보안	○	○
	2.9 시스템 및 서비스 운영 관리	○	○
	2.10 시스템 및 서비스 보안 관리	○	○
	2.11 사고 예방 및 대응	○	○
	2.12 재해 복구	○	○
3. 개인정보 처리 단계별 요구사항 (22개)	3.1 개인정보 수집 시 보호 조치	-	○
	3.2 개인정보 보유 및 이용 시 보호 조치	-	○
	3.3 개인정보 제공 시 보호 조치	-	○
	3.4 개인정보 파기 시 보호 조치	-	○
	3.5 정보 주체 권리 보호	-	○

| 관리 체계 수립 및 운영 |

- 관리 체계 기반 마련, 위험 관리, 관리 체계 운영, 관리 체계 점검 및 개선의 4개 분야 16개 인증 기준으로 구성되어 있다.
- 정보보호 및 개인정보보호 관리 체계를 운영하는 동안 Plan, Do, Check, Act의 사이클에 따라 지속적이고, 반복적으로 실행되어야 한다.

분야		항목		상세 내용
1.1	관리 체계 기반 마련	1.1.1	경영진의 참여	최고경영자는 정보보호 및 개인정보보호 관리 체계의 수립과 운영 활동 전반에 경영진의 참여가 이루어질 수 있도록 보고 및 의사결정 체계를 수립하여 운영한다.
		1.1.2	최고책임자의 지정	최고경영자는 정보보호 업무를 총괄하는 정보보호 최고책임자와 개인정보보호 업무를 총괄하는 개인정보보호 책임자를 예산/인력 등 자원을 할당할 수 있는 임원급으로 지정한다.
		1.1.3	조직 구성	최고경영자는 정보보호와 개인정보보호의 효과적 구현을 위한 실무 조직, 조직 전반의 정보보호와 개인정보보호 관련 주요 사항을 검토 및 의결할 수 있는 위원회, 전사적 보호 활동을 위한 부서별 정보보호와 개인정보보호 담당자로 구성된 협의체를 구성하여 운영한다.
		1.1.4	범위 설정	조직의 핵심 서비스와 개인정보 처리 현황 등을 고려하여 관리 체계 범위를 설정하고, 관련된 서비스를 비롯한 개인정보 처리 업무와 조직, 자산, 물리적 위치 등을 문서화한다.
		1.1.5	정책 수립	정보보호와 개인정보보호 정책 및 시행문서를 수립/작성하며, 조직의 정보보호와 개인정보보호 방침 및 방향을 명확하게 제시하되 정책과 시행문서는 경영진 승인을 받고, 임직원 및 관련자에게 이해하기 쉬운 형태로 전달한다.
		1.1.6	자원 할당	최고경영자는 정보보호와 개인정보보호 분야별 전문성을 갖춘 인력을 확보하고, 관리 체계의 효과적 구현과 지속적 운영을 위한 예산 및 자원을 할당한다.
1.2	위험 관리	1.2.1	정보자산 식별	조직의 업무 특성에 따라 정보자산 분류 기준을 수립하여 관리 체계 범위 내 모든 정보자산을 식별 및 분류하고, 중요도를 산정한 후 그 목록을 최신으로 관리한다.
		1.2.2	현황 및 흐름 분석	관리 체계 전 영역에 대한 정보 서비스 및 개인정보 처리 현황을 분석하고 업무 절차와 흐름을 파악하여 문서화하며, 이를 주기적으로 검토하여 최신성을 유지한다.
		1.2.3	위험 평가	조직의 대내외 환경 분석을 통해 유형별 위협 정보를 수집하고, 조직에 적합한 위험 평가 방법을 선정하여 관리 체계 전 영역에 대해 연 1회 이상 위험을 평가하며, 수용할 수 있는 위험은 경영진의 승인을 받아 관리한다.
		1.2.4	보호 대책 선정	위험 평가 결과에 따라 식별된 위험을 처리하기 위하여 조직에 적합한 보호 대책을 선정하고, 보호 대책의 우선순위와 일정, 담당자, 예산 등을 포함한 이행 계획을 수립하여 경영진의 승인을 받는다.

1.3	관리 체계 운영	1.3.1	보호 대책 구현	선정한 보호 대책은 이행 계획에 따라 효과적으로 구현하고, 경영진은 이행 결과의 정확성과 효과성 여부를 확인한다.
		1.3.2	보호 대책 공유	보호 대책의 실제 운영 또는 시행할 부서 및 담당자를 파악하여 관련 내용을 공유하면서 교육하여 지속적으로 운영되도록 한다.
		1.3.3	운영 현황 관리	조직이 수립한 관리 체계에 따라 상시적/주기적으로 수행하는 운영 활동 및 수행 내역은 식별이나 추적이 가능하도록 기록하여 관리하고, 경영진은 주기적으로 운영 활동의 효과성을 확인하여 관리한다.
1.4	관리 체계 점검 및 개선	1.4.1	법적 요구사항 준수 검토	조직이 준수해야 할 정보보호 및 개인정보보호 관련 법적 요구사항을 주기적으로 파악하여 규정에 반영하고, 준수 여부를 지속적으로 검토한다.
		1.4.2	관리 체계 점검	관리 체계가 내부 정책 및 법적 요구사항에 따라 효과적으로 운영되고 있는지 독립성과 전문성이 확보된 인력을 구성하여 연 1회 이상 점검하고, 발견된 문제점을 경영진에게 보고한다.
		1.4.3	관리 체계 개선	법적 요구사항 준수검토 및 관리 체계 점검을 통해 식별된 관리 체계상의 문제점에 대한 원인을 분석하고 재발방지 대책을 수립/이행하여야 하며, 경영진은 개선 결과의 정확성과 효과성 여부를 확인하여야 한다.

| 보호 대책 요구사항 |

- 총 12개 분야 64개 인증 기준으로 구성된 보호 대책 요구사항에 따라 신청기관은 관리 체계 수립 및 운영 과정에서 수행한 위험 평가 결과와 조직의 서비스 및 정보시스템 특성 등을 반영하여 체계적으로 보호 대책을 수립 및 이행하여야 한다.

영역	분야	항목
1. 보호 대책 요구사항 (64개)	2.1 정책, 조직, 자산 관리	2.1.1 정책의 유지 관리
		2.1.2 조직의 유지 관리
		2.1.3 정보자산 관리
	2.2 인적 보안	2.2.1 주요 직무자 지정 및 관리
		2.2.2 직무 분리
		2.2.3 보안 서약
		2.2.4 인식 제고 및 교육 훈련
		2.2.5 퇴직 및 직무 변경 관리
		2.2.6 보안 위반 시 조치

1. 보호 대책 요구사항 (64개)	2.3 외부자 보안	2.3.1 외부자 현황 관리
		2.3.2 외부자 계약 시 보안
		2.3.3 외부자 보안 이행 관리
		2.3.4 외부자 계약 변경 및 만료 시 보안
	2.4 물리 보안	2.4.1 보호구역 지정
		2.4.2 출입통제
		2.4.3 정보시스템 보호
		2.4.4 보호 설비 운영
		2.4.5 보호구역 내 작업
		2.4.6 반출입 기기 통제
		2.4.7 업무 환경 보안
	2.5 인증 및 권한 관리	2.5.1 사용자 계정 관리
		2.5.2 사용자 식별
		2.5.3 사용자 인증
		2.5.4 비밀번호 관리
		2.5.5 특수 계정 및 권한 관리
		2.5.6 접근 권한 검토
	2.6 접근 통제	2.6.1 네트워크 접근
		2.6.2 정보시스템 접근
		2.6.3 응용 프로그램 접근
		2.6.4 데이터베이스 접근
		2.6.5 무선 네트워크 접근
		2.6.6 원격 접근 통제
		2.6.7 인터넷 접속 통제
	2.7 암호화 적용	2.7.1 암호 정책 적용
		2.7.2 암호키 관리
	2.8 정보시스템 도입 및 개발 보안	2.8.1 보안 요구사항 정의
		2.8.2 보안 요구사항 검토 및 시험
		2.8.3 시험과 운영 환경 분리
		2.8.4 시험 데이터 보안
		2.8.5 소스 프로그램 관리
		2.8.6 운영 환경 이관

분야	항목	상세 내용
1. 보호 대책 요구사항 (64개)	2.9 시스템 및 서비스 운영 관리	2.9.1 변경 관리
		2.9.2 성능 및 장애 관리
		2.9.3 백업 및 복구 관리
		2.9.4 로그 및 접속 기록 관리
		2.9.5 로그 및 접속 기록 점검
		2.9.6 시간 동기화
		2.9.7 정보자산의 재사용 및 폐기
	2.10 시스템 및 서비스 보안 관리	2.10.1 보안 시스템 운영
		2.10.2 클라우드 보안
		2.10.3 공개 서버 보안
		2.10.4 전자거래 및 핀테크 보안
		2.10.5 정보전송 보안
		2.10.6 업무용 단말기기 보안
		2.10.7 보조 저장 매체 관리
		2.10.8 패치 관리
		2.10.9 악성 코드 통제
	2.11 사고 예방 및 대응	2.11.1 사고 예방 및 대응 체계 구축
		2.11.2 취약점 점검 및 조치
		2.11.3 이상 행위 분석 및 모니터링
		2.11.4 사고 대응 훈련 및 개선
		2.11.5 사고 대응 및 복구
	2.12 재해 복구	2.12.1 재해/재난 대비 안전 조치
		2.12.2 재해 복구 시험 및 개선

- 총 12개 분야 64개 인증 기준으로 구성된 보호 대책 요구사항은 정책, 조직, 자산 관리, 인적 보안, 외부자 보안, 물리 보안, 인증 및 권한 관리, 접근 통제, 암호화 적용, 정보시스템 도입 및 개발 보안, 시스템 및 서비스 운영 관리, 시스템 및 서비스 보안 관리, 사고 예방 및 대응, 재해 복구 인증 기준으로 구성되어 있다.

분야		항목		상세 내용
2.1	정책, 조직, 자산 관리	2.1.1	정책의 유지 관리	정보보호 및 개인정보보호 관련 정책과 시행문서는 법령 및 규제, 상위 조직 및 관련 기관 정책의 연계성, 조직의 대내외 환경 변화 등에 따라 주기적으로 검토하여 필요한 경우 제/개정하고 그 내역을 이력 관리한다.

		2.1.2	조직의 유지 관리	조직의 각 구성원에게 정보보호와 개인정보보호 관련 역할 및 책임을 할당하고, 그 활동을 평가할 수 있는 체계와 조직 및 구성원간 상호 의사소통을 할 수 있는 체계를 수립하여 운영한다.
		2.1.3	정보자산 관리	정보자산의 용도와 중요도에 따른 취급 절차 및 보호 대책을 수립/이행하고, 자산별 책임 소재를 명확히 정의하여 관리한다.
2.2	인적 보안	2.2.1	주요 직무자 지정 및 관리	개인정보 및 중요 정보의 취급이나 주요 시스템 접근 등 주요 직무의 기준과 관리 방안을 수립하고, 주요 직무자를 최소한으로 지정하여 그 목록을 최신으로 관리한다.
		2.2.2	직무 분리	권한 오남용 등으로 인한 잠재적인 피해 예방을 위하여 직무 분리 기준을 수립하고 적용한다. 다만, 불가피하게 직무 분리가 어려운 경우 별도의 보완 대책을 마련하여 이행한다.
		2.2.3	보안 서약	정보자산을 취급하거나 접근 권한이 부여된 임직원, 임시직원, 외부자 등이 내부 정책 및 관련 법규, 비밀 유지 의무 등 준수 사항을 명확히 인지할 수 있도록 업무 특성에 따른 정보보호 서약을 받는다.
		2.2.4	인식 제고 및 교육 훈련	임직원 및 관련 외부자가 조직의 관리 체계와 정책을 이해하고, 직무별 전문성을 확보할 수 있도록 연간 인식 제고 활동 및 교육 훈련 계획을 수립/운영하고, 그 결과에 따른 효과성을 평가하여 다음 계획에 반영한다.
		2.2.5	퇴직 및 직무 변경 관리	퇴직 및 직무 변경 시 인사, 정보보호, 개인정보보호, IT 등 관련 부서별 이행할 자산 반납, 계정 및 접근 권한 회수와 조정, 결과 확인 등의 절차를 수립/관리한다.
		2.2.6	보안 위반 시 조치	임직원 및 관련 외부자가 법령, 규제 및 내부 정책을 위반한 경우 이에 따른 조치 절차를 수립/이행한다.
2.3	외부자 보안	2.3.1	외부자 현황 관리	업무의 일부(개인정보 취급, 정보보호, 정보시스템 운영, 개발 등)를 외부에 위탁하거나 외부 시설 또는 서비스(집적 정보통신 시설, 클라우드 및 애플리케이션 서비스 등)를 이용하는 경우 그 현황을 식별하고 법적 요구사항 및 외부 조직의 서비스로부터 발생되는 위험을 파악하여 적절한 보호 대책을 마련한다.
		2.3.2	외부자 계약 시 보안	외부 서비스를 이용하거나 외부자에게 업무를 위탁하는 경우 이에 따른 정보보호 및 개인정보보호 요구사항을 식별하고, 관련 내용을 계약서 또는 협정서 등에 명시한다.
		2.3.3	외부자 보안 이행 관리	계약서, 협정서, 내부 정책에 명시된 정보보호 및 개인정보보호 요구사항에 따라 외부자의 보호 대책 이행 여부를 주기적인 점검과 감사 등으로 관리/감독한다.

		2.3.4	외부자 계약 변경 및 만료 시 보안	외부자 계약 만료, 업무 종료, 담당자 변경 시에는 제공한 정보자산 반납, 정보시스템 접근 계정 삭제, 중요 정보 파기, 업무 수행 중 취득 정보의 비밀 유지 확약서 등 보호 대책을 이행한다.
2.4	물리 보안	2.4.1	보호 구역 지정	물리적/환경적 위협으로부터 개인정보 및 중요 정보, 문서, 저장 매체, 주요 설비 및 시스템 등을 보호하기 위하여 통제구역/제한구역/접견구역 등 물리적 보호 구역을 지정하고, 각 구역별 보호 대책을 수립/이행한다.
		2.4.2	출입 통제	보호 구역은 인가된 사람만이 출입하도록 통제하고 책임 추적성을 확보할 수 있게 출입 및 접근 이력을 주기적으로 검토한다.
		2.4.3	정보시스템 보호	정보시스템은 환경적 위협과 유해 요소, 비인가 접근 가능성을 감소시킬 수 있도록 중요도와 특성을 고려하여 배치하고, 통신 및 전력 케이블이 손상을 입지 않도록 보호한다.
		2.4.4	보호 설비 운영	보호 구역에 위치한 정보시스템의 중요도 및 특성에 따라 온도/습도 조절, 화재감지, 소화설비, 누수감지, UPS, 비상 발전기, 이중 전원선 등의 보호 설비를 갖추고 절차를 수립/운영한다.
		2.4.5	보호 구역 내 작업	보호 구역 내에서의 비인가 행위 및 권한 오남용 등을 방지하기 위한 작업 절차를 수립/이행하고, 작업 기록을 주기적으로 검토한다.
		2.4.6	반출입 기기 통제	보호 구역 내 정보시스템, 모바일 기기, 저장 매체 등에 대한 반출입 통제 절차를 수립/이행하고 주기적으로 검토한다.
		2.4.7	업무 환경 보안	공용으로 사용하는 사무용 기기(문서고, 공용 PC, 복합기, 파일 서버 등) 및 개인 업무 환경(업무용 PC, 책상 등)을 통해 개인정보 및 중요 정보가 비인가자에게 노출/유출되지 않도록 클린 데스크, 정기점검 등 업무 환경 보호 대책을 수립/이행한다.
2.5	인증 및 권한 관리	2.5.1	사용자 계정 관리	정보시스템과 개인정보 및 중요 정보에 대한 비인가 접근을 통제하고 업무 목적에 따른 접근 권한을 최소한으로 부여할 수 있도록 사용자 등록/해지 및 접근 권한 부여/변경/말소 절차를 수립/이행하고, 사용자 등록 및 권한 부여 시 사용자에게 보안 책임이 있음을 규정화하고 인식시킨다.
		2.5.2	사용자 식별	사용자 계정은 사용자별로 유일하게 구분할 수 있도록 식별자를 할당하고 추측 가능한 식별자 사용을 제한하며, 동일한 식별자를 공유하여 사용하는 경우 그 사유와 타당성을 검토하여 책임자의 승인 및 책임 추적성 확보 등 보완 대책을 수립/이행한다.

2.5	인증 및 권한 관리	2.5.3	사용자 인증	정보시스템과 개인정보 및 중요 정보에 대한 사용자 접근은 안전한 인증 절차와 강화된 인증 방식을 적용한다. 또한, 로그인 횟수 제한, 불법 로그인 시도 경고 등 비인가자 접근 통제 방안을 수립/이행한다.
		2.5.4	비밀번호 관리	법적 요구사항, 외부 위협 요인 등을 고려하여 정보시스템 사용자 및 고객, 회원 등 정보 주체(이용자)가 사용하는 비밀번호 관리 절차를 수립/이행한다.
		2.5.5	특수 계정 및 권한 관리	정보시스템 관리, 개인정보 및 중요 정보 관리 등 특수 목적을 위하여 사용하는 계정 및 권한은 최소한으로 부여하고, 별도로 식별하여 통제한다.
		2.5.6	접근 권한 검토	정보시스템과 개인정보 및 중요 정보에 접근하는 사용자 계정의 등록/이용/삭제 및 접근 권한의 부여/변경/삭제 이력을 남기고 주기적으로 검토하여 적정성 여부를 점검한다.
2.6	접근 통제	2.6.1	네트워크 접근	네트워크에 대한 비인가 접근을 통제하기 위하여 IP 관리, 단말 인증 등 관리 절차를 수립/이행하고, 업무 목적 및 중요도에 따라 네트워크 분리(DMZ, 서버팜, DB존, 개발존 등)와 접근 통제를 적용한다.
		2.6.2	정보시스템 접근	서버, 네트워크 시스템 등 정보시스템에 접근을 허용하는 사용자, 접근 제한 방식, 안전한 접근 수단 등을 정의하여 통제한다.
		2.6.3	응용 프로그램 접근	사용자별 업무 및 접근 정보의 중요도에 따라 응용 프로그램 접근 권한을 제한하고, 불필요한 정보 또는 중요 정보 노출을 최소화할 수 있도록 기준을 수립하여 적용한다.
		2.6.4	데이터베이스 접근	테이블 목록 등 데이터베이스 내에서 저장/관리되고 있는 정보를 식별하고, 정보의 중요도와 응용 프로그램 및 사용자 유형 등에 따른 접근 통제 정책을 수립/이행한다.
		2.6.5	무선 네트워크 접근	무선 네트워크를 사용하는 경우 사용자 인증, 송수신 데이터 암호화, AP 통제 등 무선 네트워크 보호 대책을 적용한다. 또한, AD Hoc 접속, 비인가 AP 사용 등 비인가 무선 네트워크 접속으로부터 보호 대책을 수립/이행한다.
		2.6.6	원격 접근 통제	보호 구역 이외 장소에서 정보시스템 관리 및 개인정보 처리는 원칙적으로 금지하고 재택근무, 장애대응, 원격협업 등 불가피한 사유로 원격 접근을 허용하는 경우 책임자 승인, 접근 단말 지정, 접근 허용 범위 및 기간 설정, 강화된 인증, 구간 암호화, 접속 단말 보안(백신, 패치) 등 보호 대책을 수립/이행한다.

		2.6.7	인터넷 접속 통제	인터넷을 통한 정보 유출, 악성 코드 감염, 내부망 침투 등을 예방하기 위하여 주요 정보시스템, 주요 직무 수행 및 개인정보 취급 단말기에 대한 인터넷 접속 또는 서비스(P2P, 웹하드, 메신저 등)를 제한하는 등 인터넷 접속 통제 정책을 수립/이행한다.
2.7	암호화 적용	2.7.1	암호 정책 적용	개인정보 및 주요 정보보호를 위하여 법적 요구사항을 반영한 암호화 대상, 암호 강도, 암호 사용 정책을 수립하고, 개인정보 및 주요 정보의 저장/전송/전달 시 암호화를 적용한다.
		2.7.2	암호키 관리	암호키의 안전한 생성/이용/보관/배포/파기를 위해 관리 절차를 수립 및 이행하고, 필요 시 복구 방안을 마련한다.
2.8	정보시스템 도입 및 개발 보안	2.8.1	보안 요구사항 정의	정보시스템의 도입/개발/변경 시 정보보호 및 개인정보보호 관련 법적 요구사항, 최신 보안 취약점, 안전한 코딩 방법 등 보안 요구사항을 정의하고 적용한다.
		2.8.2	보안 요구사항 검토 및 시험	정의된 보안 요구사항에 따라 정보시스템이 도입/구현되었는지를 검토하기 위하여 법적 요구사항 준수, 최신 보안 취약점 점검, 안전한 코딩 구현, 개인정보 영향 평가 등 검토 기준과 절차를 수립/이행하고, 발견된 문제점의 개선 조치를 수행한다.
		2.8.3	시험과 운영 환경 분리	개발 및 시험 시스템은 운영 시스템에 대한 비인가 접근 및 변경의 위험을 감소시키기 위하여 원칙적으로 분리한다.
		2.8.4	시험 데이터 보안	시스템 시험 과정에서 운영 데이터의 유출을 예방하기 위해 시험 데이터의 생성과 이용 및 관리, 파기, 기술적 보호 조치에 관한 절차를 수립/이행한다.
		2.8.5	소스 프로그램 관리	소스 프로그램은 인가된 사용자만이 접근할 수 있도록 관리하고, 운영 환경에 보관하지 않는 것을 원칙으로 한다.
		2.8.6	운영 환경 이관	신규 도입 및 개발 또는 변경된 시스템을 운영 환경으로 이관할 때는 통제된 절차를 따르고, 실행 코드는 시험 및 사용자 인수 절차에 따라 실행한다.
2.9	시스템 및 서비스 운영 관리	2.9.1	변경 관리	정보시스템 관련 자산의 모든 변경 내역을 관리할 수 있도록 절차를 수립/이행하고, 변경 전 시스템 성능 및 보안에 미치는 영향을 분석한다.
		2.9.2	성능 및 장애 관리	정보시스템의 가용성 보장을 위하여 성능 및 용량 요구사항을 정의하고 현황을 지속적으로 모니터링하며, 장애 발생 시 효과적으로 대응하기 위한 탐지/기록/분석/복구/보고 등의 절차를 수립/관리한다.
		2.9.3	백업 및 복구 관리	정보시스템의 가용성과 데이터 무결성을 유지하기 위하여 백업 대상, 주기, 방법, 보관 장소, 보관 기간, 소산 등의 절차를 수립/이행한다. 또한, 사고 발생 시 적시에 복구할 수 있도록 관리한다.

2.9	시스템 및 서비스 운영 관리	2.9.4	로그 및 접속 기록 관리	서버, 응용 프로그램, 보안 시스템, 네트워크 시스템 등 정보시스템에 대한 사용자 접속 기록, 시스템 로그, 권한 부여 내역의 로그 유형, 보존 기간, 보존 방법 등을 정하고 위변조, 도난, 분실되지 않도록 안전하게 보존 및 관리한다.
		2.9.5	로그 및 접속 기록 점검	정보시스템의 정상적인 사용을 보장하고 사용자 오남용(비인가접속, 과다 조회 등)을 방지하기 위하여 접근 및 사용에 대한 로그 검토 기준을 수립하여 주기적으로 점검하며, 문제 발생 시 사후조치를 적시에 수행한다.
		2.9.6	시간 동기화	로그 및 접속 기록의 정확성을 보장하고 신뢰성 있는 로그 분석을 위하여 관련 정보시스템의 시각을 표준 시각으로 동기화하여 주기적으로 관리한다.
		2.9.7	정보자산의 재사용 및 폐기	정보자산의 재사용과 폐기 과정에서 개인정보 및 중요 정보가 복구 또는 재생되지 않도록 안전한 재사용 및 폐기 절차를 수립/이행한다.
2.10	시스템 및 서비스 보안 관리	2.10.1	보안 시스템 운영	보안 시스템 유형별로 관리자 지정, 최신 정책 업데이트, 룰셋 변경, 이벤트 모니터링 등의 운영 절차를 수립/이행하고 보안 시스템별 정책 적용 현황을 관리한다.
		2.10.2	클라우드 보안	클라우드 서비스 이용 시 서비스 유형(SaaS, PaaS, IaaS 등)에 따른 비인가 접근, 설정 오류 등 중요 정보와 개인정보가 유출되지 않도록 관리자 접근 및 보안 설정에 대한 보호 대책을 수립/이행한다.
		2.10.3	공개 서버 보안	외부 네트워크에 공개되는 서버의 경우 내부 네트워크와 분리하고 취약점 점검, 접근 통제, 인증, 정보 수집/저장/공개 절차 등 강화된 보호 대책을 수립/이행한다.
		2.10.4	전자거래 및 핀테크 보안	전자거래 및 핀테크 서비스 제공 시 정보 유출이나 데이터 조작/사기 등의 침해 사고 예방을 위해 인증/암호화의 보호 대책을 수립하고, 결제 시스템 등 외부 시스템과 연계할 경우 안전성을 점검한다.
		2.10.5	정보 전송 보안	타 조직에 개인정보 및 중요 정보를 전송할 경우 안전한 전송 정책을 수립하고, 조직간 합의를 통해 관리 책임, 전송 방법, 개인정보 및 중요 정보 보호를 위한 기술적 보호 조치 등을 협약하고 이행한다.
		2.10.6	업무용 단말기기 보안	PC, 모바일 기기 등 단말기기를 업무 목적으로 네트워크에 연결할 경우 기기 인증 및 승인, 접근 범위, 기기 보안 설정 등의 접근 통제 대책을 수립하고 주기적으로 점검한다.
		2.10.7	보조 저장 매체 관리	보조 저장 매체를 통해 개인정보 또는 중요 정보의 유출이 발생하거나 악성 코드가 감염되지 않도록 관리 절차를 수립/이행하고, 개인정보 또는 중요정보가 포함된 보조 저장 매체는 안전한 장소에 보관한다.

		2.10.8	패치 관리	소프트웨어, 운영 체제, 보안 시스템 등의 취약점으로 인한 침해 사고를 예방하기 위하여 최신 패치를 적용하되 서비스 영향을 검토하여 최신 패치 적용이 어려울 경우 별도의 보완 대책을 마련한다.
		2.10.9	악성 코드 통제	바이러스, 웜, 트로이목마, 랜섬웨어 등의 악성 코드로부터 개인정보 및 중요 정보, 정보시스템 및 업무용 단말기 등을 보호하기 위하여 악성 코드 예방/탐지/대응 등 보호 대책을 수립/이행한다.
2.11	사고 예방 및 대응	2.11.1	사고 예방 및 대응 체계 구축	침해 사고 및 개인정보 유출 등을 예방하고 사고 발생 시 신속하고 효과적으로 대응할 수 있도록 내외부 침해 시도의 탐지/대응/분석 및 공유를 위한 체계와 절차를 수립하고, 관련 외부기관 및 전문가들과 협조 체계를 구축한다.
		2.11.2	취약점 점검 및 조치	정보시스템의 취약점이 노출되어 있는지를 확인하기 위하여 정기적으로 취약점 점검을 수행하고, 발견된 취약점은 신속하게 조치한다. 또한, 최신 보안 취약점의 발생 여부를 지속적으로 파악하고 정보시스템에 미치는 영향을 분석하여 조치한다.
		2.11.3	이상 행위 분석 및 모니터링	내외부에 의한 침해 시도, 개인정보 유출 시도, 부정 행위 등을 신속하게 탐지/대응할 수 있도록 네트워크 및 데이터 흐름 등을 수집하여 분석하고, 모니터링 및 점검 결과에 따른 사후조치는 적시에 실시한다.
		2.11.4	사고 대응 훈련 및 개선	침해 사고 및 개인정보 유출 사고 대응 절차를 임직원과 이해 관계자가 숙지하도록 시나리오에 따른 모의훈련을 연 1회 이상 실시하고 훈련 결과를 반영하여 대응 체계를 개선한다.
		2.11.5	사고 대응 및 복구	침해 사고 및 개인정보 유출 징후나 발생을 인지한 때는 법적 통지 및 신고 의무를 준수하며, 절차에 따라 신속하게 대응 및 복구하고 사고 분석 후 재발 방지 대책을 수립하여 대응 체계에 반영한다.
2.12	재해 복구	2.12.1	재해 및 재난 대비 안전 조치	자연재해, 통신/전력 장애, 해킹 등 조직의 핵심 서비스 및 시스템의 운영 연속성을 위협할 수 있는 재해 유형을 식별하고, 유형별 예상 피해 규모 및 영향을 분석한다. 또한, 복구 목표 시간, 복구 목표 시점을 정의하고 복구 전략 및 대책, 비상시 복구 조직, 비상 연락 체계, 복구 절차 등 재해 복구 체계를 구축한다.
		2.12.2	재해 복구 시험 및 개선	재해 복구 전략 및 대책의 적정성을 정기적으로 시험하여 시험 결과, 정보시스템 환경 변화, 법규 등에 따른 변화를 반영하여 복구 전략 및 대책을 보완한다.

| 개인정보 처리 단계별 요구사항 |

- 개인정보 생명주기에 따른 개인정보 수집 시 보호 조치, 개인정보 보유 및 이용 시 보호 조치, 개인정보 제공 시 보호 조치, 개인정보 파기 시 보호 조치, 정보 주체 권리 보호를 포함하여 5개 분야 22개의 인증 기준으로 구성되어 있다.
- 개인정보보호법의 법적 요구사항과 직접 관련되어 있는 내용으로 개인정보 흐름 분석을 바탕으로 조직이 적용받는 법규 및 세부 조항을 명확히 파악한다.
- 해당 영역은 개인정보보호법 법적 요구사항으로 개인정보보호법령, 개인정보보호 고시에 대한 학습은 필수적이다.

영역	분야	항목
3. 개인정보 처리 단계별 요구사항 (22개)	3.1 개인정보 수집 시 보호 조치	3.1.1 개인정보의 수집 제한
		3.1.2 개인정보의 수집 동의
		3.1.3 주민등록번호 처리 제한
		3.1.4 민감 정보 및 고유 식별 정보의 처리 제한
		3.1.5 간접 수집 보호 조치
		3.1.6 영상 정보 처리 기기 설치/운영
		3.1.7 홍보 및 마케팅 목적 활용 시 조치
	3.2 개인정보 보유 및 이용 시 보호 조치	3.2.1 개인정보 현황 관리
		3.2.2 개인정보 품질 보장
		3.2.3 개인정보 표시 제한 및 이용 시 보호 조치
		3.2.4 이용자 단말기 접근 보호
		3.2.5 개인정보 목적 외 이용 및 제공
	3.3 개인정보 제공 시 보호 조치	3.3.1 개인정보 제3자 제공
		3.3.2 업무 위탁에 따른 정보 주체 고지
		3.3.3 영업의 양수 등에 따른 개인정보의 이전
		3.3.4 개인정보의 국외 이전
	3.4 개인정보 파기 시 보호 조치	3.4.1 개인정보의 파기
		3.4.2 처리 목적 달성 후 보유 시 조치
		3.4.3 휴면 이용자 관리
	3.5 정보 주체 권리 보호	3.5.1 개인정보처리 방침 공개
		3.5.2 정보 주체 권리 보장
		3.5.3 이용 내역 통지

- 정보통신망법과 개인정보보호법의 통합으로 정보통신서비스 제공자 등의 개인정보 처리 특례 조항을 이해하는 것이 필요하며, 특례 조항은 개인정보의 수집/이용 동의, 개인정보 유출 통지 신고, 개인정보 보호 조치, 개인정보의 파기, 이용자의 권리, 개인정보 이용 내역 통지, 국외 이전 개인정보의 보호 등이 특례에 해당된다.
- 2차 개정에는 정보통신서비스 특례 규정을 폐지하고, 일반 규정으로 일원화하여 모든 개인정보처리자에게 동일한 규범을 적용한다.

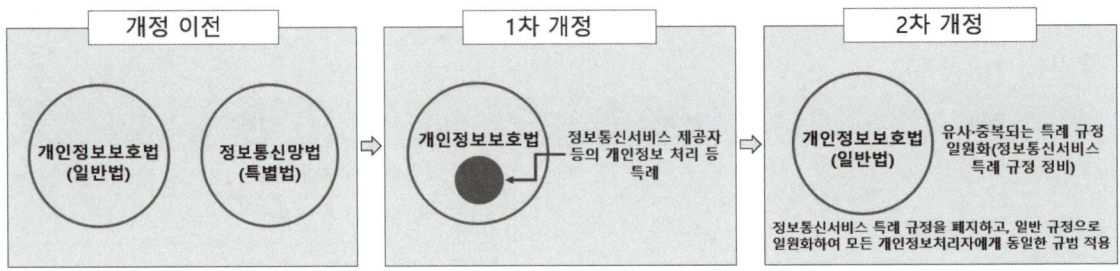

🔒 ISMS-P 인증 기준 보호 조치

| 개인정보 수집 시 보호 조치 |

3.1.1 개인정보 수집 제한
개인정보는 서비스 제공을 위하여 필요한 최소한의 정보를 적법하고 정당하게 수집하여야 하며, 필수 정보 이외의 개인정보를 수집하는 경우에는 선택 항목으로 구분하여 해당 정보를 제공하지 않는다는 이유로 서비스 제공을 거부하지 않아야 한다.

1	• 개인정보를 수집하는 경우 서비스 제공 또는 법령에 근거한 처리 등을 위해 필요한 범위 내에서 최소한의 정보만을 수집하고 있는가? → (증적 자료) 개인정보 수집 내역
2	• 수집 목적에 필요한 최소한의 정보 외에 개인정보를 수집하는 경우 정보 주체(이용자)가 해당 개인정보의 제공 여부를 선택할 수 있도록 하고 있는가? → (증적 자료) 선택 정보 수집 내역
3	• 정보 주체(이용자)가 수집 목적에 필요한 최소한의 정보 이외 개인정보 수집에 동의하지 않는다는 이유로 서비스 또는 재화의 제공을 거부하지 않도록 하고 있는가? → (증적 자료) 서비스 운영 내역
관련 법규	
• 개인정보보호법 제16조(개인정보의 수집 제한) • 개인정보보호법 제39조의3(개인정보의 수집 및 이용 동의 등에 대한 특례)	

- 개인정보를 수집하는 경우 서비스 제공 또는 법령에 근거한 처리 등을 위해 필요한 범위 내에서 최소한의 정보만을 수집하여야 한다.

- 정보 주체의 동의를 받거나 법령에 따른 개인정보 수집 또는 계약의 체결/이행 등을 위해 불가피하게 개인정보를 수집하는 경우도 필요한 최소한의 개인정보만을 수집해야 함
- 최소한의 개인정보에 대한 입증 책임은 개인정보처리자(정보통신서비스 제공자)가 부담하므로 필수로 수집하는 정보에 대하여 서비스 제공 등 필요한 최소한의 개인정보임을 입증할 수 있어야 함(최소한의 개인정보란 해당 서비스의 본질적 기능을 위하여 반드시 필요한 정보를 의미)
- 수집 목적에 필요한 최소한의 정보 외에 개인정보를 수집하는 경우 정보 주체가 해당 개인정보의 제공 여부를 선택할 수 있도록 하여야 한다(정보 주체가 직접 동의 여부를 선택할 수 있도록 수집하는 개인정보 항목을 필수 동의 항목과 선택 동의 항목으로 구분하여 각각 동의를 받을 수 있도록 함).
- 정보 주체가 수집 목적에 필요한 최소한의 정보 이외 개인정보를 제공하지 않는다는 이유로 서비스 또는 재화의 제공을 거부하지 않도록 하여야 한다.
  - 정보 주체가 선택 항목에 대한 동의를 거부하더라도 서비스 이용이 가능하다는 사실을 명확하게 표시하여 알 수 있도록 고지
  - 회원가입 과정에서 선택 정보에 대해 동의를 하지 않거나 입력을 하지 않더라도 회원가입 등 필수적인 서비스는 이용이 가능하도록 구현

3.1.2 개인정보 수집 동의

개인정보는 정보 주체(이용자)의 동의를 받거나 관계 법령에 따라 적법하게 수집하여야 하며, 만 14세 미만 아동의 개인정보를 수집하는 경우에는 법정 대리인의 동의를 받아야 한다.

1	• 개인정보 수집 시 법령에 특별한 규정이 있는 경우를 제외하고는 정보 주체(이용자)에게 관련 내용을 명확하게 고지하고 동의를 받고 있는가? → (증적 자료) 동의 고지 내역
2	• 정보 주체(이용자)에게 동의를 받는 방법 및 시점은 적절하게 되어 있는가? → (증적 자료) 동의 획득 내역
3	• 정보 주체(이용자)에게 동의를 서면(전자문서 포함)으로 받는 경우 법령에서 정한 중요 내용에 대해 명확히 표시하여 알아보기 쉽게 하고 있는가? → (증적 자료) 동의서 양식
4	• 만 14세 미만 아동의 개인정보에 대해 수집/이용/제공 등의 동의를 받는 경우 법정 대리인에게 필요한 사항에 대하여 고지하고 동의를 받고 있는가? → (증적 자료) 법정 대리인 고지/동의 내역
5	• 법정 대리인의 동의를 받기 위하여 필요한 최소한의 개인정보만을 수집하고 있으며, 법정 대리인이 자격 요건을 갖추고 있는지 확인하는 절차와 방법을 마련하고 있는가? → (증적 자료) 법정 대리인 자격 확인 절차
6	• 정보 주체(이용자) 및 법정 대리인에게 동의를 받은 기록을 보관하고 있는가? → (증적 자료) 동의 기록

관련 법규

- 개인정보보호법 제15조(개인정보의 수집 및 이용), 제22조(동의를 받는 방법)
- 개인정보보호법 제39조의3(개인정보의 수집 및 이용 동의 등에 대한 특례)

- 개인정보를 수집할 때는 관련 법령에 특별한 규정이 있는 경우를 제외하고는 정보 주체(이용자)에게 관련 내용을 명확하게 고지하고 동의를 받아야 한다.
- 개인정보 수집 및 이용 동의 시 고지사항은 다음과 같다.
  - **개인정보보호법** : 개인정보의 수집/이용 목적, 수집하려는 개인정보 항목, 개인정보의 보유 및 이용 기간, 동의를 거부할 권리가 있다는 사실 및 동의 거부에 따른 불이익이 있는 경우 그 불이익의 내용
  - **정보통신망법** : 개인정보의 수집/이용 목적, 수집하려는 개인정보 항목, 개인정보의 보유 및 이용 기간

개인정보보호법
• 정보 주체의 동의를 받은 경우
• 법률에 특별한 규정이 있거나 법령상 의무를 준수하기 위해 불가피한 경우
• 공공기관이 법령 등에서 정하는 소관 업무의 수행을 위하여 불가피한 경우
• 정보 주체와의 계약 체결 및 이행을 위하여 불가피한 경우
• 정보 주체 또는 그 법정 대리인이 의사표시를 할 수 없는 상태에 있거나 사전 동의를 받을 수 없는 경우로서 명백히 정보 주체 또는 제3자의 급박한 생명, 신체, 재산의 이익을 위해 필요하다고 인정되는 경우
• 중요 정보의 암호화 및 보안 서버 적합성 검토
• 개인정보처리자의 정당한 이익을 달성하기 위하여 필요한 경우로서 명백하게 정보 주체의 권리보다 우선하는 경우

- 개인정보 수집 매체의 특성을 반영하여 적절한 방법으로 정보 주체(이용자)의 동의를 받아야 하며, 해당 정보가 필요한 시점에 수집하여야 한다.
- 회원가입 또는 계약 체결 단계에서 개인정보를 미리 포괄적으로 수집하지 말아야 한다.
  - 서비스 개시를 위해 필요한 개인정보에 한하여 수집/이용 동의를 받아야 하며, 이후 제공되는 서비스의 경우 해당 서비스 제공 시점에 동의를 받아야 함
  - 웹사이트 회원가입 시 웹사이트 내 특정 서비스 이용에만 필요한 개인정보는 해당 서비스 이용 시점에 수집
  - 반복적인 서비스 경우로 최초 서비스 이용 시점에 선택 동의 항목으로 분류하여 동의를 받는 경우는 수집/이용 가능

개인정보보호법
• 동의 내용이 적힌 서면을 정보 주체에게 직접 발급하거나 우편/팩스 등의 방법으로 전달하고, 정보 주체가 서명하거나 날인한 동의서를 받는 방법
• 전화를 통하여 동의 내용을 정보 주체에게 알리고, 동의 의사표시를 확인하는 방법
• 전화를 통하여 동의 내용을 정보 주체에게 알리고, 정보 주체에게 인터넷 주소 등을 통하여 동의 사항을 확인한 후 다시 전화를 통하여 그 동의 사항에 대한 동의 의사표시를 확인하는 방법
• 인터넷 홈페이지에 동의 내용을 게재하고, 정보 주체가 동의 여부를 표시하도록 하는 방법
• 동의 내용이 적힌 전자우편을 발송하여 정보 주체로부터 동의 의사표시가 적힌 전자우편을 받는 방법
• 그 밖에 제1호부터 제5호까지의 규정에 따른 방법으로 동의 내용을 알리고 동의 의사표시를 확인하는 방법

- 정보 주체(이용자)에게 동의를 서면(전자문서 포함)으로 받는 경우 법령에서 정한 중요한 내용에 대해 명확히 표시하여 알아보기 쉽게 하여야 한다.
- 개인정보보호법 제22조(동의를 받는 방법) 제2항에 따라 개인정보 처리에 대한 동의를 서면(전자문서 및 전자거래기본법 제2조 제1호에 따른 전자문서를 포함)으로 받을 때는 다음의 중요 내용을 명확히 표시하여

알아보기 쉽게 하여야 한다(명확히 표시하여야 하는 중요 내용 - 개인정보보호법 시행령 제17조 제2항).
  - 개인정보의 수집/이용 목적 중 재화나 서비스의 홍보 또는 판매 권유 등을 위하여 해당 개인정보를 이용하여 정보 주체에게 연락할 수 있다는 사실
  - 처리하는 개인정보 항목 중 민감 정보, 여권번호, 운전면허번호, 외국인등록번호
  - 개인정보의 보유 및 이용 기간(제공 시 제공받는 자의 보유 및 이용 기간)
  - 개인정보를 제공받는 자 및 개인정보를 제공받는 자의 개인정보 이용 목적
- 중요한 내용의 표시 방법은 다음과 같다(개인정보보호법 시행 규칙 제4조).
  - 글자 크기는 최소한 9포인트 이상으로 다른 내용보다 20퍼센트 이상 크게하여 알아보기 쉽게 할 것
  - 글자 색상, 굵기 또는 밑줄 등을 통하여 그 내용이 명확히 표시되도록 할 것
  - 동의 사항이 많아 중요한 내용이 명확히 구분되기 어려운 경우에는 중요 내용을 쉽게 확인될 수 있도록 그 밖의 내용과 별도로 구분하여 표시할 것
- 만 14세 미만 아동에 대해 개인정보를 수집/이용/제공 등 동의를 받는 경우 법정 대리인에게 필요한 사항에 대하여 고지하고 동의를 받아야 한다.
- 만 14세 미만 아동의 개인정보를 처리할 필요가 없는 경우에는 수집하지 않도록 조치한다.
- 만 14세 미만 아동의 개인정보를 처리할 필요가 있는 경우에는 별도의 수집 동의 양식과 법정 대리인의 확인 절차를 마련하여 동의를 받을 수 있도록 조치한다.
- 법정 대리인의 동의를 얻기 위한 방법은 다음과 같다.
  - 법정 대리인의 전자서명을 이용하는 방법
  - 법정 대리인의 휴대폰 인증, 아이핀 등을 통해 본인 확인 후 명시적으로 동의하는 방법
  - 우편, 팩스, 전자우편 등으로 법정 대리인이 서명 날인한 서류를 제출하는 방법
  - 법정 대리인과 직접 통화하여 확인하는 방법
- 법정 대리인의 동의를 받기 위하여 최소한의 정보(성명, 연락처)만을 수집하여야 하며, 법정 대리인이 자격 요건을 갖추고 있는지 확인하는 절차와 방법을 마련하여야 한다.
- 법정 대리인의 동의를 받기 위하여 필요한 최소 정보(이름, 연락처)는 법정 대리인의 동의 없이 아동으로부터 직접 수집이 가능하다.
  - 법정 대리인의 성명/연락처를 수집할 때는 해당 아동에게 자신의 신분과 연락처, 법정 대리인의 성명과 연락처를 수집하고자 하는 이유를 알려야 함(표준 개인정보보호 지침 제13조)
  - 아동으로부터 수집한 법정 대리인의 개인정보는 동의를 얻기 위한 용도로 활용해야 함
- 법정 대리인의 동의를 얻기 위해서는 아동이 제공한 정보가 진정한 법정 대리인의 정보인지와 법정 대리인의 진위 여부를 확인해야 한다.
  - 법정 대리인의 미성년자 여부와 아동과의 나이 차이 확인
  - 민법상 법정 대리인이란 본인 의사에 의하지 않고, 법률 규정에 의해 대리인이 된 자로 미성년자의 친권자(제909조, 제911조, 제916조, 제920조), 후견인(제931조 ~ 제936조), 법원이 선임한 부재자의 재산관리인(제22조, 제23조), 상속재산관리인(제1023조 제2항, 제1053조), 유언집행자(제1096조) 등이 해당

- 법정 대리인이 동의를 거부하거나 동의 의사가 확인되지 않은 경우 수집일로부터 5일 이내에 파기하여야 한다(표준 개인정보보호 지침 제13조 제2항).
- 정보 주체(이용자) 및 법정 대리인에게 동의를 받은 기록을 남기고 보존해야 한다.
  - **보존 항목** : 동의 일시, 동의 항목, 동의자, 동의 방법 등
  - **보존 기간** : 회원탈퇴 등으로 해당 개인정보 파기 시까지

3.1.3 주민등록번호 처리 제한

주민등록번호는 법적 근거가 있는 경우를 제외하고는 수집/이용 등 처리할 수 없으며, 주민등록번호의 처리가 허용된 경우라 하더라도 인터넷 홈페이지 등에서 대체 수단을 제공하여야 한다.

1	• 주민등록번호는 명확한 법적 근거가 있는 경우에만 처리하고 있는가? → (증적 자료) 개인정보 처리 내역
2	• 주민등록번호의 수집 근거가 되는 법 조항을 구체적으로 식별하고 있는가? → (증적 자료) 개인정보 처리 방침
3	• 법적 근거에 따라 정보 주체의 주민등록번호 수집이 가능한 경우에도 아이핀, 휴대폰 인증 등 주민등록번호를 대체하는 수단을 제공하고 있는가? → (증적 자료) 회원가입 절차

관련 법규

개인정보보호법 제24조의2(주민등록번호 처리 제한)

- 주민등록번호는 다음과 같이 법적 근거가 있는 경우를 제외하고는 수집 등 처리가 불가능하며, 동의에 근거한 수집을 허용하지 않는다.

개인정보보호법

- 법률/대통령령/국회 규칙/대법원 규칙/헌법재판소 규칙/중앙선거관리위원회 규칙 및 감사원 규칙에서 구체적으로 주민등록번호의 처리를 요구하거나 허용한 경우
- 정보 주체 또는 제3자의 급박한 생명, 신체, 재산의 이익을 위하여 명백히 필요하다고 인정되는 경우
- 주민등록번호 처리가 불가피한 경우로서 보호위원회령으로 정하는 경우
  ☞ 시행 규칙, 조례, 훈령 등에 근거한 주민등록번호 처리는 불가

- 주민등록번호를 처리하는 경우에는 해당 근거가 되는 법 조항을 구체적으로 식별하여 입증할 수 있어야 한다.
- 법령에서 주민등록번호의 처리를 요구하거나 허용한 경우라 함은 법률 또는 대통령령, 총리령, 부령에 개인정보처리자로 하여금 주민등록번호 처리를 요구/허용하도록 구체적인 근거 규정이 마련되어 있는 것을 의미한다.
- 법적 근거에 따라 주민등록번호 수집/이용이 가능한 경우에도 홈페이지 회원가입 단계 또는 본인 확인 절차에 아이핀, 휴대폰 인증 등 주민등록번호를 대체하는 수단을 제공하여야 한다.

3.1.4 민감 정보 및 고유 식별 정보의 처리 제한

민감 정보와 고유 식별 정보(주민등록번호 제외)를 처리하기 위해서는 법령에서 구체적으로 처리를 요구하거나 허용하는 경우를 제외하고 정보 주체의 별도 동의를 받아야 한다.

1	• 민감 정보는 정보 주체로부터 별도의 동의를 받거나 관련 법령에 근거가 있는 경우에만 처리하고 있는가? → (증적 자료) 민감 정보 처리/동의 획득 내역
2	• 고유 식별 정보는 정보 주체로부터 별도의 동의를 받거나 관련 법령에 구체적인 근거가 있는 경우에만 처리하고 있는가? → (증적 자료) 고유 식별 정보 처리/동의 획득 내역

관련 법규
개인정보보호법 제23조(민감 정보의 처리 제한), 제24조(고유 식별 정보의 처리 제한)

- 민감 정보는 원칙적으로 처리해서는 안 되지만 정보 주체(이용자)로부터 별도의 동의를 받거나 관련 법령에 근거가 있는 경우에 한하여 처리할 수 있다. 이때, 민감 정보의 범위는 다음과 같다.
  - **사상/신념** : 각종 이데올로기 또는 사상적 경향, 종교적 신념
  - **정치적 견해** : 정치적 사안에 대한 입장이나 특정 정당의 지지 여부에 관한 정보
  - **노동조합 및 정당의 가입/탈퇴** : 노동조합 또는 정당에의 가입/탈퇴에 관한 정보
  - **건강 및 성생활에 관한 정보** : 개인의 과거 및 현재의 병력, 신체적/정신적 장애(장애등급 유무), 성적 취향 등에 관한 정보, 혈액형은 해당하지 않음
  - **사생활을 현저하게 침해할 우려가 있는 개인정보** : 유전자 검사 결과인 유전 정보, 범죄 경력에 관한 정보, 벌금 이상의 형 선고/면제 및 선고유예, 보호감호, 치료감호, 보호관찰, 선고유예의 실효, 집행유예의 취소, 벌금 이상의 형과 함께 부과된 몰수, 추징, 사회봉사명령, 수강명령 등의 선고 또는 처분 등 범죄 경력에 관한 정보
- 민감 정보의 처리가 가능한 경우는 다음과 같다.
  - 정보 주체(이용자)로부터 다른 개인정보의 처리에 대한 동의와 별도로 동의를 받은 경우
  - 법령에서 민감 정보의 처리를 요구하거나 허용한 경우
- 고유 식별 정보는 정보 주체(이용자)로부터 별도의 동의를 받거나 관련 법령에 구체적인 근거가 있는 경우에만 처리하여야 한다(**고유 식별 정보의 범위** : 주민등록번호, 여권번호, 운전면허번호, 외국인등록번호).

3.1.5 간접 수집 보호 조치

정보 주체 이외로부터 개인정보를 수집하거나 제공받는 경우 업무에 필요한 최소한의 개인정보만 수집/이용하여야 하고, 법령에 근거하거나 정보 주체의 요구가 있으면 개인정보의 수집 출처, 처리 목적, 처리 정지의 요구 권리를 알려야 한다.

1	• 정보 주체 이외로부터 개인정보를 제공받는 경우 개인정보 수집에 대한 동의 획득 책임이 개인정보를 제공하는 자에게 있음을 계약을 통해 명시하고 있는가? → (증적 자료) 개인정보 제공 계약서
2	• 공개된 매체 및 장소에서 개인정보를 수집하는 경우 정보 주체의 공개 목적/범위 및 사회 통념상 동의 의사가 있다고 인정되는 범위 내에서만 수집/이용하는가? → (증적 자료) 공개된 정보 수집 내역

3	• 서비스 계약 이행을 위해 필요한 경우로 사업자가 서비스 제공 과정에서 자동 수집 장치 등에 의해 수집/생성하는 개인정보(이용 내역 등)의 경우에도 최소 수집 원칙을 적용하고 있는가? → (증적 자료) 자동 수집 정보 내역
4	• 정보 주체 이외로부터 수집하는 개인정보에 대해 정보 주체의 요구가 있는 경우 즉시 필요한 사항을 정보 주체에게 알리고 있는가? → (증적 자료) 정보 주체 요구/통지 내역
5	• 정보 주체 이외로부터 수집한 개인정보를 처리하는 경우 개인정보의 종류/규모 등이 법적 요건에 해당하는 경우 필요한 사항을 정보 주체에게 알리고 있는가? → (증적 자료) 정보 주체 통지 내역
6	• 정보 주체에게 수집 출처에 대해 알린 기록을 해당 개인정보의 파기 시까지 보관/관리하고 있는가? → (증적 자료) 통지 기록

관련 법규

개인정보보호법 제16조(개인정보의 수집 제한), 제19조(개인정보를 제공받은 자의 이용 및 제공 제한), 제20조(정보 주체 이외로부터 수집한 개인정보의 수집 출처 등 고지)

- 정보 주체(이용자) 이외로부터 개인정보를 제공받는 경우 적법한 절차에 따라 수집/제공되는 정보인지를 확인하고, 개인정보 수집에 대한 동의 획득 책임이 개인정보를 제공하는 자에게 있음을 계약을 통해 구체적으로 명시하여야 한다.
- SNS, 인터넷 홈페이지 등 공개된 매체 또는 장소에서 개인정보를 수집하는 경우 정보 주체의 동의 의사가 명확히 표시되거나 인터넷 홈페이지의 표시 내용에 비추어 사회 통념상 동의 의사가 있다고 인정되는 범위 내에서만 이용할 수 있다(표준 개인정보보호 지침 제6조 제4항).
- 서비스 계약 이행을 위해 필요한 경우 사업자가 서비스 제공 과정에서 자동 수집 장치 등에 의해 수집/생성되는 개인정보(통화 기록, 접속 로그, 결제 기록, 이용 내역 등)에 대해서도 해당 서비스의 계약 이행 및 제공을 위해 필요한 최소한의 개인정보만을 수집하여야 한다.
- 서비스 제공 계약 이행과는 무관한 목적으로 이용하기 위해 수집하는 경우는 선택 동의 항목으로 분류하여 별도의 사전 동의를 받아야 한다(쿠키를 통해 수집하는 행태 정보를 분석하여 개인별 맞춤형 광고에 활용하는 경우 등).
- 정보 주체(이용자) 이외로부터 수집하는 개인정보에 대해 정보 주체의 요구가 있으면 즉시 필요한 사항을 정보 주체에게 알려야 한다.
  - 수집 출처, 처리 목적, 처리 정지 요구 권리
  - 정당한 사유가 없는 한 정보 주체의 요구가 있는 날로부터 3일 이내에 알려야 함(표준 개인정보보호 지침 제9조 제1항)
- 정보 주체(이용자) 이외로부터 수집한 개인정보를 처리한 때는 개인정보의 종류/규모 등 법적 요건에 해당하는 경우 필요한 사항을 정보 주체에게 통지하여야 한다.
  - **통지 의무가 부과되는 개인정보처리자 요건** : 5만 명 이상 정보 주체에 관한 민감 정보 또는 고유 식별 정보를 처리하는 자 또는 100만 명 이상의 정보 주체에 관한 개인정보를 처리하는 자

- **통지 시기** : 개인정보를 제공받은 날로부터 3개월 이내이지만 동의받은 범위에서 연 2회 이상 주기적으로 개인정보를 제공받아 처리하는 경우에는 제공받은 날로부터 3개월 이내에 통지하거나 그 동의를 받은 날로부터 기산하여 연 1회 이상 통지
- 개인정보처리자가 수집한 정보에 연락처 등 정보 주체에게 알릴 수 있는 개인정보가 포함되지 아니한 경우에는 알리지 않아도 됨
- 정보 주체(이용자)에게 수집 출처에 대해 알린 기록은 해당 개인정보의 파기 시까지 보관/관리해야 한다(정보 주체에게 알린 사실, 알린 시기, 알린 방법).

3.1.6 영상 정보 처리 기기 설치/운영

영상 정보 처리 기기를 공개된 장소에 설치/운영하는 경우 설치 목적 및 위치에 따라 법적 요구사항(안내판 설치 등)을 준수하고, 적절한 보호 대책을 수립 및 이행하여야 한다.

1	• 공개된 장소에 영상 정보 처리 기기를 설치/운영할 경우 법적으로 허용한 장소 및 목적인지 검토하고 있는가? → (증적 자료) 영상 정보 처리 기기 설치 검토 내역
2	• 공공기관이 공개된 장소에 영상 정보 처리 기기를 설치/운영하는 경우 공청회/설명회 개최 등의 법령에 따른 절차를 거쳐 관계 전문가 및 이해 관계인의 의견을 수렴하고 있는가? → (증적 자료) 공청회/설명회 개최 내역
3	• 영상 정보 처리 기기 설치/운영 시 정보 주체가 쉽게 인식할 수 있도록 안내판 설치 등 필요한 조치를 하고 있는가? → (증적 자료) 안내판 설치 현황
4	• 영상 정보 처리 기기 및 영상 정보의 안전한 관리를 위한 영상 정보 처리 기기 운영 및 관리 방침을 마련하여 시행하고 있는가? → (증적 자료) 영상 정보 처리 기기 운영/관리 방침
5	• 영상 정보의 보관 기간을 정하고 있으며, 보관 기간 만료 시 지체 없이 삭제하고 있는가? → (증적 자료) 보존 기간 지정 내역 및 삭제 이력
6	• 영상 정보 처리 기기 설치/운영에 관한 사무를 위탁하는 경우 관련 절차 및 요건에 따라 계약서에 반영하고 있는가? → (증적 자료) 위탁 계약서

관련 법규

개인정보보호법 제25조(영상 정보 처리 기기의 설치/운영 제한)

- 공개된 장소에 영상 정보 처리 기기를 설치/운영할 경우 법적으로 허용한 장소 및 목적인지 검토하여야 한다.
  - 법령에서 구체적으로 허용하고 있는 경우
  - 범죄의 예방 및 수사를 위하여 필요한 경우
  - 시설 안전 및 화재 예방을 위하여 필요한 경우
  - 교통 단속을 위하여 필요한 경우
  - 교통 정보의 수집/분석 및 제공을 위하여 필요한 경우
- 공공기관이 공개된 장소에 영상 정보 처리 기기를 설치/운영하려는 경우 공청회/설명회 등의 법적 절차를 거쳐 관계 전문가 및 이해 관계인의 의견을 수렴하여야 한다.

- 행정절차법에 따른 행정 예고의 실시 또는 의견 청취
- 영상 정보 처리 기기의 설치로 직접 영향을 받는 지역 주민 등을 대상으로 설명회/설문 조사 또는 여론 조사
• 영상 정보 처리 기기 설치/운영 시 정보 주체가 쉽게 인식할 수 있도록 안내판을 설치하여야 한다.
  - 설치 목적 및 장소, 촬영 범위 및 시간, 관리책임자 성명 및 연락처, 위탁받은 자의 명칭 및 연락처
  - 군사 시설 및 국가 중요 시설, 국가 보안 시설은 안내판 설치 예외
• 영상 정보 처리 기기 운영자는 영상 정보 처리 기기 및 영상 정보의 안전한 관리를 위해 운영/관리 방침을 마련하여 시행하여야 한다. 이때, 영상 정보 처리 기기 운영/관리 방침에 포함할 사항은 다음과 같다.
  - 영상 정보 처리 기기의 설치 근거 및 설치 목적
  - 영상 정보 처리 기기의 설치 대수, 설치 위치 및 촬영 범위
  - 관리책임자, 담당 부서 및 영상 정보에 대한 접근 권한이 있는 사람
  - 영상 정보의 촬영 시간, 보관 기간, 보관 장소 및 처리 방법
  - 영상 정보 처리 기기 운영자의 영상 정보 확인 방법 및 장소
  - 정보 주체의 영상 정보 열람 등 요구에 대한 조치
  - 영상 정보 보호를 위한 기술적/관리적 및 물리적 조치
  - 그 밖에 영상 정보 처리 기기의 설치/운영 및 관리에 필요한 사항
• 영상 정보 처리 기기가 설치된 목적과 다른 목적으로 임의 조작하거나 다른 곳을 비추지 않도록 규정에 포함할 필요가 있다(영상 정보 처리 기기의 녹음 기능을 사용할 수 없도록 조치).
• 영상 정보의 보관 기간을 정하여 보관 기간 만료 시 지체 없이 삭제하여야 한다(보관 기관은 설정 또는 수집 후 30일 이내로 함 - 표준 개인정보보호 지침 제41조 제2항).
• 영상 정보 처리 기기 설치/운영에 관한 사무를 위탁하는 경우 다음 각 호의 내용이 포함된 문서에 의한다.
  - 위탁하는 사무의 목적 및 범위
  - 재위탁 제한에 관한 사항
  - 영상 정보에 대한 접근 제한 등 안전성 확보 조치에 관한 사항
  - 영상 정보의 관리 현황 점검에 관한 사항
  - 위탁받는 자가 준수하여야 할 의무를 위반한 경우 손해배상 등 책임에 관한 사항

3.1.7 홍보 및 마케팅 목적 활용 시 조치

재화나 서비스의 홍보, 판매 권유, 광고성 정보 전송 등 마케팅 목적으로 개인정보를 수집/이용하는 경우에는 그 목적을 정보 주체가 명확하게 인지할 수 있도록 고지하고 동의를 받아야 한다.

1	• 정보 주체에게 재화나 서비스를 홍보하거나 판매를 권유하기 위하여 개인정보 처리에 대한 동의를 받는 경우 정보 주체가 이를 명확하게 인지할 수 있도록 알리고 별도 동의를 받고 있는가? → (증적 자료) 침해 사고 대응 절차
2	• 전자적 전송 매체를 이용하여 영리 목적의 광고성 정보를 전송하는 경우 수신자의 명시적인 사전 동의를 받고 있으며, 2년마다 정기적으로 수신자의 수신 동의 여부를 확인하고 있는가? → (증적 자료) 침해 사고 신고 내역

3	• 전자적 전송 매체를 이용한 영리 목적의 광고성 정보 전송에 대해 수신자가 수신 거부 의사를 표시하거나 사전 동의를 철회할 경우 영리 목적의 광고성 정보 전송을 중단하도록 하고 있는가? → (증적 자료) 침해 사고 대응 결과서
4	• 영리 목적의 광고성 정보를 전송하는 경우 전송자의 명칭, 수신 거부 방법 등을 구체적으로 밝히고 있으며, 야간 시간에는 전송하지 않도록 하고 있는가? → (증적 자료) 침해 사고 대응 방안 수립 내역

관련 법규

개인정보보호법 제22조(동의를 받는 방법)

- 정보 주체(이용자)에게 재화나 서비스를 홍보하거나 판매를 권유하기 위하여 개인정보를 처리하는 경우 정보 주체가 명확하게 인지할 수 있도록 알리고 별도 동의를 받아야 한다.
  - 홍보 및 마케팅 목적으로 개인정보를 수집하면서 부가 서비스 제공, 제휴 서비스 제공 등으로 목적을 기재하는 행위 금지
  - 상품 홍보, 마케팅 목적으로 수집하는 개인정보는 다른 목적으로 수집하는 정보와 명확하게 구분하여 동의를 받고 수집
  - 재화나 서비스의 홍보 또는 판매 권유 등을 위하여 해당 개인정보를 이용하여 정보 주체에게 연락할 수 있다는 사실을 명확하게 표시하여 알아보기 쉽도록 동의서 양식 구현
- 전자적 전송 매체를 이용하여 영리 목적의 광고성 정보를 전송하는 경우 수신자의 명시적인 사전 동의를 받아야 하며, 2년마다 정기적으로 수신 동의 여부를 확인하여야 한다.
  - 전자적 전송 매체란 휴대전화, 유선전화, 팩스, 메신저, 이메일, 게시판 등을 말함
  - 영리 목적의 광고성 정보를 전송하려면 문서(전자문서 포함) 또는 구술의 방법으로 수신자의 명시적인 수신 동의를 받아야 함
- 개인정보보호법 제22조 제4항에 따른 홍보/판매 권유 목적의 동의는 전송자가 광고성 정보를 전송하기 위해 수신자의 개인정보를 수집/이용하는 것에 대한 동의에 해당하고, 정보통신망법 제50조 제1항의 동의는 전송자가 광고성 정보를 수신하겠다는 것에 대한 동의에 해당하여 두 개의 동의는 구분 후 별개로 받아야 한다.
- 스마트폰 앱을 다운받아 단순히 설치만 한 상태에서는 광고성 정보(앱 푸시 광고)를 전송해서는 안 되며, 앱을 최초로 실행하는 경우 광고성 정보의 수신 동의 여부를 확인하여 동의를 받은 후 전송하여야 한다(거래 관례에 의한 예외에 해당하는 경우는 수신 동의를 받지 않고 광고성 정보 전송이 가능함).
- 수신자의 수신 동의를 받아 광고성 정보를 전송하는 자는 수신 동의 여부를 수신 동의받은 날로부터 매 2년마다 확인해야 한다.
  - 수신 동의자에게 수신 동의했다는 사실에 대한 안내 의무를 부과한 것이므로 재동의를 받을 필요는 없음
  - 수신자가 아무런 의사표시를 하지 않는 경우에는 수신 동의 의사가 그대로 유지되는 것으로 봄
  - **수신 여부 확인 시 수신자에게 알려야 할 사항** : 전송자의 명칭, 수신 동의 날짜 및 수신에 동의한 사실, 수신 동의에 대한 유지 또는 철회 의사를 표시하는 방법
- 전자적 전송 매체를 이용한 영리 목적의 광고성 정보 전송에 대해 수신자가 수신 거부 의사를 표시하거나

사전 동의를 철회한 경우 광고성 정보 전송을 중단하여야 한다.
- 거래 관계가 있더라도 수신자가 수신 거부 의사를 표시한 경우 광고성 정보 전송이 금지됨
- 회원탈퇴를 하는 것도 수신 거부 의사를 표시한 것으로 볼 수 있으므로 회원탈퇴 한 수신자에게 광고성 정보를 전송하면 안 됨
- 수신자가 특별히 범위를 정하여 수신 동의 철회 및 수신 거부 의사를 표시한 것이 아니라면 그 효력은 당해 광고만이 아니라 전송자가 보내는 모든 광고에 적용됨
- 영리 목적의 광고성 정보를 전송하는 경우 전송의 명칭, 수신 거부 방법 등을 구체적으로 밝혀야 한다.
- 전송자의 명칭 및 연락처, 수신의 거부 또는 수신 동의 철회 의사표시를 쉽게 할 수 있는 조치 및 방법에 관한 사항
- 야간 시간(오후 9시~익일 오전 8시)에는 전자적 전송 매체를 이용하여 영리 목적의 광고성 정보 전송은 금지

| 개인정보 보유 및 이용 시 보호 조치 |

	3.2.1 홍보 및 마케팅 목적 활용 시 조치
	수집/보유하는 개인정보의 항목, 보유량, 처리 목적 및 방법, 보유 기간 등 현황을 정기적으로 관리하며, 공공기관의 경우 이를 법률에서 정한 관계기관의 장에게 등록하여야 한다.
1	• 수집/보유하고 있는 개인정보의 항목, 보유량, 처리 목적 및 방법, 보유 기간 등 현황을 정기적으로 관리하고 있는가? → (증적 자료) 보유 현황 관리 내역
2	• 공공기관이 개인정보 파일을 운용하거나 변경하는 경우 관련된 사항을 법률에서 정한 관계기관의 장에게 등록하고 있는가? → (증적 자료) 등록 내역
3	• 공공기관은 개인정보 파일의 보유 현황을 개인정보 처리 방침에 공개하고 있는가? → (증적 자료) 개인정보 처리 방침
	관련 법규
	개인정보보호법 제32조(개인정보 파일의 등록 및 공개)

- 개인정보처리자(정보통신서비스 제공자)는 수집/보유하고 있는 개인정보의 항목, 보유량, 처리 근거(동의, 법령 등), 처리 목적 및 방법, 보유 기간 등을 파악하여 개인정보 현황표, 개인정보 흐름표, 개인정보 흐름도 등을 통해 기록/관리해야 한다(정기적으로 개인정보 현황을 점검하고 관련 문서를 최신화함).
- 공공기관이 개인정보 파일을 운용하거나 변경하는 경우 관련 사항을 법률에서 정한 관계기관의 장에게 등록하며, 등록된 사항에 변경이 있는 경우 그 내용을 따로 등록하여야 한다.
  - 개인정보 파일 등록 또는 변경 신청을 받은 개인정보보호책임자는 등록/변경 사항을 검토하고, 그 적정성을 판단한 후 보호위원회에 60일 이내에 등록
  - 중앙행정기관 및 지방자치단체의 소속기관, 기타 공공기관은 상위 관리기관에 해당 사항의 검토 및 적정성 판단을 요청한 후 상위 관리기관의 확인을 받아 보호위원회에 60일 이내에 등록

- 국회, 법원, 헌법재판소, 중앙선거관리위원회(그 소속기관 포함)의 개인정보 파일 등록 및 공개에 관하여는 국회 규칙, 대법원 규칙, 헌법재판소 규칙, 중앙선거관리위원회 규칙을 따름
- 개인정보보호법 제32조 제2항에 해당하는 개인정보 파일은 보호위원회에 등록하지 않아도 됨
• 공공기관은 개인정보 파일의 보유 현황을 개인정보 처리 방침에 공개하여야 한다.
- 개인정보보호책임자는 개인정보 파일의 보유 및 파기 현황을 주기적으로 조사하여 그 결과를 해당 공공기관의 개인정보 처리 방침에 공개(표준 개인정보보호 지침 제61조)
- 보호위원회는 개인정보 파일 등록 현황을 누구든지 쉽게 열람할 수 있도록 인터넷에 공개

3.2.2 개인정보 품질 보장

수집된 개인정보는 처리 목적에 필요한 범위에서 개인정보의 정확성/완전성/최신성이 보장되도록 정보 주체에게 관리 절차를 제공하여야 한다.

1	• 수집된 개인정보는 내부 절차에 따라 안전하게 처리하도록 관리하면서 최신의 상태로 정확하게 유지하고 있는가? → (증적 자료) 개인정보 정확성 적용 방안
2	• 정보 주체가 개인정보의 정확성, 완전성 및 최신성을 유지할 수 있는 방법을 제공하고 있는가? → (증적 자료) 개인정보 최신성 적용 방안

관련 법규
개인정보보호법 제3조(개인정보 보호 원칙)

• 수집된 개인정보는 내부 절차에 따라 안전하게 처리하도록 관리하며, 최신의 상태로 정확하게 유지하여야 한다.
- 접근 통제, 암호화, 악성 프로그램 방지 등 개인정보의 안전한 처리 및 관리를 위한 조치 적용
- 외부자 해킹, 내부자 권한, 오남용, 재난/재해 등에 의해 불법적인 개인정보 변경 및 손상 등이 발생하더라도 개인정보의 정확성, 완전성을 확보할 수 있도록 백업/복구 등의 체계 구축 및 이행
• 정보 주체(이용자)에게 개인정보의 정확성, 완전성, 최신성을 유지할 수 있도록 방법을 제공해야 한다.
- 홈페이지를 통한 개인정보 수정이 주기적으로 이루어질 수 있도록 공지
- 개인정보 등록 현황을 쉽게 조회하고, 변경할 수 있도록 다양한 방법 제공(온라인, 오프라인 등)
- 개인정보 변경 시 안전한 본인 확인 절차 마련 및 시행
- 장기 미접속에 따른 휴면 회원인 경우 해제 시 회원정보 업데이트 절차 마련
- 정보 주체가 수집 및 처리되는 개인정보의 현황을 쉽게 알 수 있도록 개인정보 처리 방침의 변경과 이력 관련 내용을 인지할 수 있도록 게시

3.2.3 개인정보 표시 제한 및 이용 시 보호 조치

개인정보의 조회 및 출력(인쇄, 화면 표시, 파일 생성 등) 시 용도를 특정하고 용도에 따라 출력 항목 최소화, 개인정보 표시 제한, 출력물 보호 조치 등을 수행한다. 또한, 빅데이터 분석, 테스트 등 데이터 처리 과정에서 개인정보가 과도하게 이용되지 않도록 업무상 필요하지 않은 개인정보는 삭제하거나 식별할 수 없도록 조치하여야 한다.

1	• 개인정보의 조회 및 출력(인쇄, 화면 표시, 파일 생성 등) 시 용도를 특정하고 용도에 따라 출력 항목을 최소화하고 있는가? → (증적 자료) 마스킹 적용 내역	
2	• 개인정보 표시 제한 보호 조치의 일관성을 확보할 수 있도록 관련 기준을 수립하여 적용하고 있는가? → (증적 자료) 마스킹 적용 기준	
3	• 개인정보가 포함된 종이 인쇄물 등 개인정보의 출력/복사물을 안전하게 관리하기 위해 필요한 보호 조치를 하고 있는가? → (증적 자료) 마스킹 적용 내역	
4	• 개인정보 검색 시 불필요하거나 과도한 정보가 조회되지 않도록 일치 검색 또는 두 가지 항목 이상의 검색 조건을 요구하고 있는가? → (증적 자료) 검색 조건 제한 내역	
5	• 개인정보를 비식별화하여 이용 및 제공 시 재식별화의 위험을 최소화할 수 있도록 적절한 방법으로 비식별 조치를 수행하고 이에 대한 적정성을 평가하고 있는가? → (증적 자료) 비식별화 내역	
6	• 개인정보를 비식별화하여 이용 및 제공 시 안전 조치를 적용한 후 재식별 가능성을 모니터링하고 있는가? → (증적 자료) 재식별 가능성 모니터링 내역	

관련 법규

개인정보보호법 제39조의5(개인정보의 보호 조치에 대한 특례)

- 개인정보의 조회 및 출력 시 용도를 특정하고, 용도에 따라 출력 항목을 최소화하여야 한다.
    - 업무 수행 형태 및 목적, 유형, 장소 등 여건과 환경에 따라 개인정보처리시스템에 대한 접근 권한 범위 내에서 최소한의 개인정보를 출력
    - MS-Office(엑셀 등)에서 개인정보가 숨겨진 필드 형태로 저장되지 않도록 조치
    - 웹페이지 소스 보기 등을 통하여 불필요한 개인정보가 출력되지 않도록 조치
- 개인정보 업무 처리를 목적으로 개인정보의 조회/출력 업무를 수행하는 과정에서 불필요한 개인정보를 마스킹하여 표시 제한 조치를 취할 수 있으며, 이 경우 개인정보 표시 제한 조치의 일관성 확보를 위하여 관련 기준을 수립 및 적용하여야 한다.
    - 성명 중 이름의 첫 번째 글자 이상
    - 생년월일과 전화번호, 휴대폰 전화의 국번
    - 주소에서 읍, 면, 동
    - 인터넷 주소에서 17~24비트(ver.4), 113~128비트(ver.6)
- 개인정보가 포함된 종이 인쇄물 등 개인정보의 출력/복사물을 통한 개인정보의 분실/도난/유출 등을 방지하고, 출력/복사물을 안전하게 관리하기 위해 필요한 보호 조치를 하여야 한다.
- 개인정보 검색 시 불필요하거나 과도한 정보가 조회되지 않도록 일치 검색 또는 두 가지 항목 이상의 검색 조건을 요구하여야 한다(업무상 반드시 필요한 경우가 아니라면 개인정보 검색 시 like 검색 제한).

- 개인정보를 비식별화하여 이용/제공 시 재식별화의 위험을 최소화할 수 있도록 적절한 방법으로 비식별 조치를 수행하고 이에 대한 적정성을 평가하여야 한다.
- 빅데이터 분석에 활용하기 위하여 개인정보를 비식별 조치하려는 경우 식별자 삭제, 범주화, 총계 처리, 마스킹 등 여러 가지 기법을 단독 또는 복합적으로 적용하여야 한다(k-익명성 등 프라이버시 보호 모델에 비식별 조치 수준 평가).
- 개인정보를 비식별화하여 이용/제공 시 안전 조치를 적용하고, 재식별 가능성을 모니터링하여야 한다.
  - (관리적 보호 조치) 비식별 정보 파일에 대한 관리 담당자 지정, 비식별 조치 관련 정보 공유 금지, 이용 목적 달성 시 파기 등의 조치
  - (기술적 보호 조치) 비식별 정보 파일에 대한 접근 통제, 접속 기록 관리, 보안 프로그램 설치/운영 등의 조치
  - (재식별 가능성 모니터링) 비식별 정보의 재식별 가능성을 정기적으로 모니터링하여 재식별 가능성이 있는 경우 추가적인 비식별 조치 강구

3.2.4 이용자 단말기 접근 보호

정보 주체의 이동통신 단말 장치 내에 저장되어 있는 정보 및 단말 장치에 설치된 기능에 접근이 필요한 경우 이를 명확하게 인지할 수 있도록 알리고, 정보 주체의 동의를 받아야 한다.

1	• 정보 주체의 이동통신 단말 장치 내에 저장되어 있는 정보 및 이동통신 단말 장치에 설치된 기능에 대하여 접근 권한이 필요한 경우 명확하게 인지할 수 있도록 알리고 정보 주체의 동의를 받고 있는가? → (증적 자료) 고지 및 동의 내역
2	• 이동통신 단말 장치 내에서 해당 서비스를 제공하기 위하여 반드시 필요한 접근 권한이 아닌 경우 정보 주체가 동의하지 않아도 서비스 제공을 거부하지 않도록 하고 있는가? → (증적 자료) 선택적 접근 권한 적용 내역
3	• 이동통신 단말 장치 내에서 해당 접근 권한에 대한 정보 주체의 동의 및 철회 방법을 마련하고 있는가? → (증적 자료) 동의 철회 방법 적용 내역

관련 법규

개인정보보호법 제22조의2(접근 권한에 대한 동의)

- 앱은 스마트폰 내에 저장되어 있는 정보와 설치된 기능에 접근할 수 있는 권한을 서비스에 필요한 범위 내로 최소화해야 한다.
- 접근 권한에 대한 동의를 받기 전에 해당 서비스 제공을 위해 필수적인 접근 권한과 선택적인 접근 권한을 구분하여 접근 권한이 필요한 항목 및 그 이유 등을 정보 주체(이용자)에게 알기 쉽게 고지한 후 정보 주체로부터 필수적/선택적 접근 권한에 대한 동의를 받아야 한다.
  - (필수적 접근 권한) 접근 권한이 필요한 정보 및 기능의 항목, 해당 정보/기능에 접근이 필요한 이유 고지
  - (선택적 접근 권한) 필수적 접근 권한 고지 내용과 접근 권한 허용에 동의하지 않을 수 있다는 사실 고지
- 이동통신 단말 장치 내에서 해당 서비스를 제공하기 위하여 반드시 필요한 접근 권한이 아닌 경우 정보 주체(이용자)가 동의하지 않아도 서비스 제공을 거부하지 않아야 한다.
- 이동통신 단말 장치 내에서 해당 접근 권한에 대한 정보 주체(이용자)의 동의 및 철회 방법을 마련하여야 한다.

3.2.5 개인정보 목적 외 이용 및 제공

개인정보는 수집 시 정보 주체에게 고지 및 동의를 받은 목적 또는 법령에 근거한 범위 내에서만 이용 또는 제공하여야 하며, 이를 초과하여 이용 및 제공하려는 때에는 정보 주체의 추가 동의를 받거나 관계 법령에 따른 적법한 경우인지 확인하고 적절한 보호 대책을 수립 및 이행하여야 한다.

1	• 개인정보는 최초 수집 시 정보 주체로부터 동의받은 목적 또는 법령에 근거한 범위 내에서만 이용 및 제공하고 있는가? → (증적 자료) 개인정보 이용 및 제공 내역
2	• 개인정보를 수집 목적 또는 범위를 초과하여 이용하거나 제공하는 경우 정보 주체로부터 별도의 동의를 받거나 법적 근거가 있는 경우로 제한하고 있는가? → (증적 자료) 목적 외 이용/제공 동의 내역
3	• 개인정보를 목적 외의 용도로 제3자에게 제공하는 경우 제공받는 자에게 이용 목적과 방법 등을 제한하거나 안전성 확보를 위해 필요한 조치를 마련하도록 요청하고 있는가? → (증적 자료) 제3자 제공 건에 대한 보호 조치 내역
4	• 공공기관이 개인정보를 목적 외의 용도로 이용하거나 제3자에게 제공하는 경우 그 이용 또는 제공의 법적 근거, 목적 및 범위 등에 관하여 필요한 사항을 관보나 인터넷 홈페이지 등에 게재하고 있는가? → (증적 자료) 홈페이지 게재 내역
5	• 공공기관이 개인정보를 목적 외의 용도로 이용하거나 제3자에게 제공하는 경우 목적 외 이용 및 제3자 제공 대장에 기록/관리하고 있는가? → (증적 자료) 제3자 제공 대장

관련 법규

개인정보보호법 제18조(개인정보 목적 외 이용/제공 제한)

- 개인정보를 목적 외의 용도로 제3자에게 제공하는 경우 제공받는 자에게 이용 목적과 방법 등을 제한하거나 안전성 확보를 위해 필요한 조치를 마련하도록 요청하여야 한다.
    - 개인정보를 제공받는 자에게 이용 목적, 이용 방법, 이용 기간, 이용 형태 등을 제한
    - 개인정보의 안전성 확보를 위하여 필요한 구체적인 조치를 마련하도록 문서(전자문서 포함)로 요청
    - 해당 개인정보를 받는 자와 개인정보의 안전성 확보 조치에 관한 책임 관계의 명확화
- 공공기관이 개인정보를 목적 외의 용도로 이용하거나 이를 제3자에게 제공하는 경우 그 이용 또는 제공의 법적 근거, 목적 및 범위 등에 관하여 필요한 사항을 관보 또는 인터넷 홈페이지 등에 게재하여야 한다.
    - **목적 외 이용/제공 시 관보 또는 인터넷 홈페이지에 게재하지 않아도 되는 경우** : 정보 주체(이용자)의 동의를 근거로 목적 외 이용/제공 시, 범죄의 수사와 공소의 제기 및 유지를 위하여 목적 외 이용/제공 시
    - **관보 또는 인터넷 홈페이지의 게재 사항** : 목적 외 이용 등을 한 날짜, 법적 근거, 목적, 개인정보 항목
    - **관보 또는 인터넷 홈페이지의 게재 시점 및 기간** : 목적 외 이용/제공한 날로부터 30일 이내, 인터넷 홈페이지에 게재하는 경우 10일 이상
- 공공기관이 개인정보를 목적 외의 용도로 이용하거나 제3자에게 제공하는 경우 개인정보 목적 외 이용 및 제3자 제공 대장에 기록 및 관리하여야 한다(이용하거나 제공하는 개인정보 또는 개인정보 파일의 명칭,

이용 기관 또는 제공받는 기관의 명칭, 이용 목적 또는 제공받는 목적, 이용 또는 제공의 법적 근거, 개인정보 항목, 날짜/주기/기간, 이용/제공 형태, 개인정보보호를 위해 제한을 하거나 필요한 조치를 마련할 것을 요청한 경우 그 내용).

| 개인정보 제공 시 보호 조치 |

	3.3.1 개인정보 제3자 제공
	개인정보를 제3자에게 제공하는 경우 법적 근거에 의하거나 정보 주체의 동의를 받아야 하며, 제3자에게 개인정보의 접근을 허용하는 등 제공 과정에서 개인정보를 안전하게 보호하기 위한 보호 대책을 수립 및 이행하여야 한다.
1	• 개인정보를 제3자에게 제공하는 경우 법령에 규정이 있는 경우를 제외하고는 정보 주체에게 관련 내용을 명확하게 고지하고 동의를 받고 있는가? → (증적 자료) 제3자 제공 고지 및 동의 내역
2	• 개인정보의 제3자 제공 동의는 수집 및 이용에 대한 동의와 구분하여 받고 이에 동의하지 않는다는 이유로 해당 서비스의 제공을 거부하지 않도록 하고 있는가? → (증적 자료) 서비스 운영 내역
3	• 개인정보를 제3자에게 제공하는 경우 제공 목적에 맞는 최소한의 개인정보 항목으로 제한하고 있는가? → (증적 자료) 제3자 제공 개인정보 항목 내역
4	• 개인정보를 제3자에게 제공하는 경우 안전한 절차와 방법을 통해 제공하고, 제공 내역을 기록하여 보관하고 있는가? → (증적 자료) 제3자 제공 관리 대장
5	• 제3자에게 개인정보의 접근을 허용하는 경우 개인정보를 안전하게 보호하기 위한 보호 절차에 따라 통제하고 있는가? → (증적 자료) 제3자 접근 통제 내역
	관련 법규
	개인정보보호법 제17조(개인정보의 제공), 제22조(동의를 받는 방법), 제39조의3(개인정보의 수집 및 이용 동의 등에 대한 특례)

- 개인정보를 제3자에게 제공하는 경우 법령에 규정이 있는 경우를 제외하고는 정보 주체(이용자)에게 관련 내용을 명확하게 고지하고 동의를 받아야 한다.
  - **제3자** : 개인정보처리자를 제외한 모든 자
  - 개인정보의 제3자 제공과 관련하여 기존에 정보 주체에게 고지한 사항 중 변경이 발생한 경우 정보 주체에게 관련 변경 내용을 알리고 추가적으로 동의를 받아야 함
- 개인정보의 제3자 제공 동의는 수집/이용에 대한 동의와 구분하고, 제3자 제공이 서비스의 본질적 기능을 수행하기 위해 반드시 필요한 것이 아니라면 이에 동의하지 않는다는 이유로 서비스 제공을 거부하지 않아야 한다.
- 개인정보를 제3자에게 제공하는 경우 제공 목적에 맞는 최소한의 개인정보 항목으로 제한하여야 한다.
  - 동의 시 고지한 제공 목적을 달성하기 위해 최소한의 개인정보 항목만 제공해야 함

- 법률에서 구체적으로 명시하거나 해당 법령상 의무를 준수하기 위해 필요한 범위 내에서 최소한의 개인정보 항목만 제공해야 함
• 제3자에게 개인정보를 제공하는 과정에서 개인정보가 유/노출되지 않도록 안전한 절차와 방법을 통해 제공하고, 관련된 제공 내역은 기록하여 보관하여야 한다.
• 제3자에게 개인정보의 접근을 허용하는 경우 안전하게 보호하기 위한 보호 절차에 따라 통제하여야 한다.
  - 권한이 있는 자만 접근할 수 있도록 안전한 인증 및 접근 통제 조치
  - 전송 구간에서의 도청을 방지하기 위한 암호화 조치
  - 책임 추적성을 확보할 수 있도록 접속 기록 보존

3.3.2 업무 위탁에 따른 정보 주체 고지

개인정보 처리 업무를 제3자에게 위탁하는 경우 위탁하는 업무 내용과 수탁자 등 관련 사항을 정보 주체에게 알려야 하며, 필요한 경우 동의를 받아야 한다.

1	• 개인정보 처리 업무를 제3자에게 위탁하는 경우 인터넷 홈페이지 등에 위탁하는 업무 내용과 수탁자를 현행화하여 공개하고 있는가? → (증적 자료) 개인정보 처리 방침
2	• 개인정보 처리 위탁에 대한 동의가 필요한 경우 처리 위탁을 받은 자와 위탁하는 업무 내용을 알리고 동의를 받고 있는가? → (증적 자료) 개인정보 처리 위탁 동의 내역
3	• 재화 또는 서비스를 홍보하거나 판매를 권유하는 업무를 위탁하는 경우 서면, 전자우편, 문자 전송 등의 방법으로 위탁하는 업무의 내용과 수탁자를 정보 주체에게 알리고 있는가? → (증적 자료) 개인정보 처리 방침
4	• 수탁자 또는 위탁하는 업무 내용이 변경된 경우 해당 내용을 알리거나 필요한 경우 동의를 받고 있는가? → (증적 자료) 개인정보 처리 위탁 변경 및 동의 내역
5	• 수탁자가 위탁받은 업무를 제3자에게 재위탁하는 경우 위탁자의 사전 동의를 받도록 하고 있는가? → (증적 자료) 재위탁 내역, 사전 동의 내역

관련 법규

개인정보보호법 제17조(개인정보의 제공), 제22조(동의를 받는 방법)

• 개인정보 처리 업무를 제3자에게 위탁하는 경우 위탁하는 업무 내용과 개인정보 처리 업무를 위탁받아 처리하는 자를 정보 주체(이용자)가 언제든지 확인할 수 있도록 자신의 인터넷 홈페이지(개인정보 처리 방침)에 지속적으로 게시하는 방법으로 공개하여야 한다.
• 개인정보 처리 위탁에 대한 동의가 필요한 경우 처리 위탁을 받은 자와 처리 위탁을 하는 업무 내용을 알리고 동의를 받아야 한다(**개인정보보호법** : 위탁 시 정보 주체의 동의 불필요).
  - 위탁 시 개인정보 처리 위탁을 받은 자와 위탁 업무 내용을 알리고 동의를 받아야 함
  - 정보통신서비스 제공에 관한 계약을 이행하고, 이용자 편의 증진 등을 위하여 필요한 경우로 개인정보 처리 방침 등을 통해 위탁 사실을 공개한 경우에는 고지 절차와 동의 절차를 거치지 아니할 수 있음

- 재화 또는 서비스를 홍보하거나 판매를 권유하는 업무를 위탁하는 경우에는 서면, 전자우편, 문자 전송 등의 방법으로 위탁하는 업무 내용과 수탁자를 정보 주체에게 알려야 한다.
  - **통지 방법** : 서면, 전자우편, 모사전송, 전화, 문자 전송 또는 이에 상응하는 방법
  - **통지 사항** : 위탁하는 업무의 내용, 수탁자
- 수탁자 또는 위탁하는 업무 내용이 변경된 경우 변경된 내용을 알리거나 필요한 경우 동의를 받아야 한다.
  - 개인정보처리자, 정보통신서비스 제공자 모두 변경된 내용을 인터넷 홈페이지(개인정보 처리 방침) 등을 통해 최신 사항을 공개해야 함
  - 정보통신서비스 제공자의 경우 정보통신서비스 제공에 관한 계약을 이행하고, 이용자 편의 증진을 위하여 필요한 위탁에 해당되지 않는다면 변경된 내용을 고지하고 이용자의 재동의를 받아야 함
- 수탁자가 위탁받은 업무를 제3자에게 재위탁하려는 경우 위탁자의 사전 동의를 받도록 하여야 한다(수탁자는 개인정보 처리 위탁을 한 정보통신서비스 제공자의 동의를 받은 경우에 한하여 위탁받은 업무를 제3자에게 재위탁할 수 있음 – 정보통신망법 제25조 제7항).

3.3.3 영업의 양수 등에 따른 개인정보의 이전

영업의 양도 및 합병 등으로 개인정보를 이전하거나 이전받는 경우 정보 주체 통지 등 적절한 보호 조치를 수립 및 이행하여야 한다.

1	• 영업의 전부 또는 일부의 양도 및 합병 등으로 개인정보를 다른 사람에게 이전하는 경우 필요한 사항을 사전에 정보 주체에게 알리고 있는가? → (증적 자료) 개인정보 이전 관련 고지 내역
2	• 영업 양수자 등은 법적 통지 요건에 해당될 경우 개인정보를 이전받은 사실을 정보 주체에게 지체 없이 알리고 있는가? → (증적 자료) 통지 내역
3	• 개인정보를 이전받는 자는 이전 당시의 본래 목적으로만 개인정보를 이용하거나 제3자에게 제공하고 있는가? → (증적 자료) 이전받은 개인정보의 제3자 제공 내역
관련 법규	
개인정보보호법 제27조(영업 양도 등에 따른 개인정보의 이전 제한)	

- 영업의 전부 또는 일부의 양도 및 합병 등으로 개인정보를 다른 사람에게 이전하려는 경우 다음의 사항을 정보 주체(이용자)에게 알려야 한다.
  - 개인정보를 이전하려는 사실과 개인정보를 이전받는 자의 성명, 주소, 전화번호 및 그 밖의 연락처
  - 정보 주체가 개인정보의 이전을 원하지 아니하는 경우 조치할 수 있는 방법 및 절차
- 영업 양수 등에 따라 개인정보를 이전받았으나 개인정보를 이전하는 자가 이전한 사실을 알리지 않은 경우 또는 정보통신서비스 제공자 등으로부터 개인정보를 이전받는 자는 이전 사실을 정보 주체에게 알려야 한다.
- 개인정보를 이전받은 자가 당초의 목적 범위 외로 개인정보를 이용하거나 제공하는 경우에는 별도로 정보 주체(이용자)의 동의를 받아야 한다.

3.3.4 개인정보의 국외 이전

개인정보를 국외로 이전하는 경우 국외 이전에 대한 동의, 관련 사항에 대한 공개 등 적절한 보호 조치를 수립 및 이행하여야 한다.

1	• 개인정보를 국외의 제3자에게 제공하는 경우 정보 주체에게 필요한 사항을 모두 알리고 동의를 받고 있는가? → (증적 자료) 개인정보 국외 이전 및 동의 내역
2	• 정보통신서비스의 제공에 관한 계약을 이행하고, 이용자 편의 증진 등을 위하여 필요한 경우로서 이용자의 개인정보를 국외에 처리 위탁 또는 보관하는 경우에는 동의에 갈음하여 관련 사항을 이용자에게 알리고 있는가? → (증적 자료) 통지 내역
3	• 개인정보보호 관련 법령 준수 및 개인정보보호 등에 관한 사항을 포함하여 국외 이전에 관한 계약을 체결하고 있는가? → (증적 자료) 계약 체결 내역
4	• 개인정보를 국외로 이전하는 경우 개인정보보호를 위해 필요한 조치를 취하고 있는가? → (증적 자료) 개인정보 보호 조치 내역

관련 법규
개인정보보호법 제17조(개인정보의 제공), 제39조의12(국외 이전 개인정보의 보호)

- 개인정보를 국외의 제3자에게 제공하는 경우 정보 주체(이용자)에게 필요한 사항을 모두 알리고 동의를 받아야 한다.
  - 개인정보를 제공받는 자
  - 개인정보를 제공받는 자의 개인정보 이용 목적
  - 제공하는 개인정보의 항목
  - 개인정보를 제공받는 자의 개인정보 보유 및 이용 기간
  - 동의를 거부할 권리가 있다는 사실 및 동의 거부에 따른 불이익이 있는 경우 그 불이익의 내용
- 정보통신서비스의 제공에 관한 계약을 이행하고, 이용자 편의 증진 등을 위하여 필요한 경우로서 이용자의 개인정보를 국회에 처리 위탁 또는 보관하는 경우 관련 사항을 이용자에게 알리는 것으로 개인정보 처리 위탁/보관에 따른 동의 절차를 거치지 아니할 수 있다.
  - 개인정보 처리 방침 공개
  - 전자우편/서면/모사전송/전화 또는 이와 유사한 방법 중 하나
- 개인정보보호 관련 법령 준수 및 개인정보보호 등에 관한 사항을 포함하여 국외 이전에 관한 계약을 체결하여야 한다(개인정보보호법을 위반하는 내용으로 개인정보의 국외 이전에 관한 계약을 체결하여서는 아니 됨).
- 정보통신서비스 제공자 등은 다음의 사항을 통해 개인정보를 국외에서 이전받는 자와 미리 협의하고, 이를 계약 내용 등에 반영하여야 한다.
  - 개인정보보호를 위한 기술적/관리적 조치
  - 개인정보 침해에 대한 고충 처리 및 분쟁 해결에 관한 사항
  - 그 밖에 이용자의 개인정보보호를 위하여 필요한 조치

개인정보 파기 시 보호 조치

3.4.1 개인정보의 파기

개인정보의 보유 기간 및 파기 관련 내부 정책을 수립하고, 개인정보의 보유 기간 경과, 처리 목적 달성 등 파기 시점이 도달한 때에는 파기의 안전성 및 완전성이 보장될 수 있는 방법으로 지체 없이 파기하여야 한다.

1	• 개인정보의 보유 기간 및 파기와 관련된 내부 정책을 수립하고 있는가? → (증적 자료) 업무 규정(정책, 지침)
2	• 개인정보의 처리 목적이 달성되거나 보유 기간이 경과한 경우 지체 없이 해당 개인정보를 파기하고 있는가? → (증적 자료) 개인정보 파기 내역
3	• 개인정보를 파기할 때에는 복구 및 재생되지 않도록 안전한 방법으로 파기하고 있는가? → (증적 자료) 개인정보 파기 수행 내역
4	• 개인정보 파기에 대한 기록을 남기고 관리하고 있는가? → (증적 자료) 개인정보 파기 관리 대장

관련 법규
- 개인정보보호법 제21조(개인정보의 파기), 제39조의6(개인정보 파기에 대한 특례)
- 개인정보의 안전성 확보 조치 기준 제13조(개인정보의 파기)

- 개인정보의 보유 기간 및 파기와 관련된 내부 정책은 수집 항목별, 수집 목적별, 수집 경로별 보관 장소, 파기 방법, 파기 시점 법령 근거 등을 포함하여 수립하여야 한다.
- 개인정보의 처리 목적이 달성되거나 보유 기간이 경과한 경우 지체 없이 해당 개인정보를 파기하여야 한다 (처리 목적 달성, 해당 서비스 폐지, 사업 종료, 법령에 따른 보존 기간 경과 등 개인정보가 불필요하게 되었을 때에는 정당한 사유가 없는 한 그로부터 5일 이내에 파기해야 함).
- 개인정보를 파기할 때는 복구 및 재생되지 않도록 안전한 방법으로 파기하여야 한다. 이때, 복원이 불가능한 방법이란 현재의 기술 수준에서 사회 통념상 적정한 비용으로 파기한 개인정보가 복원이 불가능하도록 조치하는 방법을 말한다(완전 파괴, 디가우징, 로우 레벨 포맷 등).
- 개인정보 파기의 시행 및 파기 결과 확인은 개인정보보호책임자의 책임하에 수행되고, 파기에 관한 사항을 기록 및 관리하여야 한다(파기 관리 대장에 기록하거나 파기 내용을 담은 사진 등을 기록물로 보관).

3.4.2 처리 목적 달성 후 보유 시 조치

개인정보의 보유 기간 경과 또는 처리 목적 달성 후에도 관련 법령 등에 따라 파기하지 아니하고 보존하는 경우는 해당 목적에 필요한 최소한의 항목으로 제한하고 다른 개인정보와 분리하여 저장 및 관리하여야 한다.

1	• 개인정보의 보유 기간 경과 또는 처리 목적 달성 후에도 관련 법령 등에 따라 파기하지 아니하고 보존하는 경우 관련 법령에 따른 최소한의 기간으로 한정하여 최소 정보만을 보존하도록 관리하고 있는가? → (증적 자료) 개인정보 보유 기간 및 파기 관련 규정
2	• 개인정보의 보유 기간 경과 또는 처리 목적 달성 후에도 관련 법령 등에 따라 파기하지 아니하고 보존하는 경우 해당 개인정보 또는 개인정보 파일을 다른 개인정보와 분리하여 저장 및 관리하고 있는가? → (증적 자료) 분리 DB 현황

3	• 분리 및 보관하고 있는 개인정보에 대하여 법령에서 정한 목적 범위 내에서만 처리 가능하도록 관리하고 있는가? → (증적 자료) 분리 보관 개인정보 관리 내역
4	• 분리 및 보관하고 있는 개인정보에 대하여 접근 권한을 최소한의 인원으로 제한하고 있는가? → (증적 자료) 분리 DB 접근 권한 내역

관련 법규

- 개인정보보호법 제21조(개인정보의 파기), 제39조의6(개인정보 파기에 대한 특례)
- 개인정보의 안전성 확보 조치 기준 제13조(개인정보의 파기)

- 개인정보의 보유 기간 경과 또는 처리 목적 달성 후에도 관련 법령 등에 따라 파기하지 아니하고 보존하는 경우 해당 개인정보 또는 개인정보 파일을 다른 개인정보와 분리하여 저장/관리하여야 한다(분리 DB는 물리적 또는 논리적으로 분리하여 구성).
- 분리 및 보관하고 있는 개인정보에 대하여 법령에서 정한 목적 범위 내에서만 처리 가능하도록 관리하여야 한다(분리 보관된 개인정보는 마케팅 등 다른 목적으로 활용 금지).
- 분리 보관하고 있는 개인정보에 대하여 접근 권한을 최소한의 인원으로 제한하여야 한다.
    - 분리 DB의 접근 권한 최소화
    - 분리 DB에 대한 접속 기록 주기적 검토

3.4.3 휴면 이용자 관리

서비스를 일정 기간 동안 이용하지 않는 휴면 이용자의 개인정보를 보호하기 위하여 관련 사항의 통지, 개인정보의 파기 또는 분리 보관 등 적절한 보호 조치를 이행하여야 한다.

1	• 정보통신서비스 제공자 등은 법령에서 정한 기간 동안 이용하지 않는 휴면 이용자의 개인정보를 파기 또는 분리 보관하고 있는가? → (증적 자료) 휴면 이용자 기준
2	• 휴면 이용자의 개인정보를 파기하거나 분리하여 저장/관리하려는 경우 이용자에게 알리고 있는가? → (증적 자료) 이용자 통지 내역
3	• 분리되어 저장/관리하는 휴면 이용자의 개인정보는 법령에 따른 보관 목적 또는 이용자의 요청에 대해서만 이용 및 제공하고 있는가? → (증적 자료) 분리 개인정보 이용/제공 내역
4	• 분리되어 저장/관리하는 휴면 이용자의 개인정보에 대하여 접근 권한을 최소한의 인원으로 제한하고 있는가? → (증적 자료) 분리 DB 접근 권한 내역

관련 법규

개인정보보호법 제39조의6(개인정보의 파기에 대한 특례)

- 정보통신서비스 제공자 등은 법령에서 정한 기간 동안 이용하지 않는 휴면 이용자의 개인정보를 파기 또는 분리 보관하여야 한다.

- 정보통신서비스 제공자 등은 정보통신서비스를 1년간 이용하지 않는 이용자의 개인정보를 보호하기 위하여 지체 없이 파기하거나 분리 보관해야 함(개인정보 유효 기간제)
- 이용자의 요청이 있는 경우 예외적으로 1년 이외의 서비스 미이용 기간을 정할 수 있음
- 개인정보 유효 기간제에 따른 파기/분리 보관 대상이 되는 개인정보는 최초 회원가입 또는 회원정보 수정 단계에서 수집/관리되는 개인정보뿐만 아니라 접속 로그, 결제 기록 등 서비스를 이용하는 과정에서 생성되는 정보도 포함됨
- 이용자의 재이용 요청이 있는 경우를 대비하여 온라인 이용자의 편의성을 높이기 위한 목적으로 아이디 등 최소한의 연결 값을 서비스 중인 DB에 남겨두는 것은 가능함

• 휴면 이용자의 개인정보를 파기하거나 분리하여 저장/관리하는 경우 이용자에게 관련 사항을 사전에 알려야 한다.
 - **통지 시기** : 서비스 미이용 기간 만료 30일 전까지
 - **통지 방법** : 전자우편, 서면, 모사전송(팩스), 전화 등의 방법 중 하나를 선택
 - **파기 통지 항목** : 개인정보 파기 사실, 기간 만료일, 파기 개인정보 항목
 - **분리 보관 통지 항목** : 개인정보가 분리되어 저장/관리되는 사실, 기간 만료일 및 분리/저장되어 관리되는 개인정보 항목

• 분리되어 저장/관리하는 휴면 이용자의 개인정보는 법령에 따른 보관 목적 또는 이용자의 요청에 대해서만 이용 및 제공하여야 한다(개인정보에 대한 접근 권한을 최소한의 인원으로 제한).

| 정보 주체 권리 보호 |

3.5.1 개인정보 처리 방침 공개

개인정보의 처리 목적 등 필요한 사항을 모두 포함하여 개인정보 처리 방침을 수립하고, 이를 정보 주체가 언제든지 쉽게 확인할 수 있도록 적절한 방법에 따라 공개하고 지속적으로 현행화하여야 한다.

1	• 개인정보 처리 방침을 정보 주체가 쉽게 확인할 수 있도록 인터넷 홈페이지 등에 지속적으로 현행화하여 공개하고 있는가? → (증적 자료) 개인정보 처리 방침 공개 내역
2	• 개인정보 처리 방침에는 법령에서 요구하는 내용을 모두 포함하고 있는가? → (증적 자료) 개인정보 처리 방침 내용
3	• 개인정보 처리 방침이 변경되는 경우 사유 및 변경 내용을 지체 없이 공지하고 정보 주체가 언제든지 변경된 사항을 쉽게 알아볼 수 있도록 조치하고 있는가? → (증적 자료) 개인정보 처리 방침 변경 이력 및 개정 공지 내역
관련 법규	
개인정보보호법 제30조(개인정보 처리 방침의 수립 및 공개)	

• 개인정보 처리 방침을 정보 주체(이용자)가 쉽게 확인할 수 있도록 인터넷 홈페이지 등에 지속적으로 현행화하여 공개하여야 한다.
 - 개인정보 처리 방침이라는 표준화된 명칭을 사용해야 함

- 인터넷 홈페이지 첫 화면에 공개하는 경우 글자 크기, 색상 등을 활용하여 다른 고지사항과 구분함으로써 정보 주체가 쉽게 확인할 수 있도록 표시
- 인터넷 홈페이지를 운영하지 않는 경우는 법령에서 정한 다른 방법을 통해 개인정보 처리 방침을 공개
• 개인정보 처리 방침은 법령에서 요구하는 내용을 모두 포함하여 알기 쉬운 용어로 구체적이고 명확하게 작성하되 개인정보 처리 방침에 포함할 기재사항은 다음과 같다(표준 개인정보 보호 지침 제19조).
  - 개인정보의 열람, 정정/삭제, 처리 정지 요구권 등 정보 주체의 권리/의무 및 그 행사 방법에 관한 사항
  - 개인정보 처리 방침의 변경에 관한 사항
  - 개인정보의 열람 청구를 접수 및 처리하는 부서
  - 정보 주체의 권익 침해에 대한 구제 방법
• 정보 주체의 동의 없이 개인정보를 수집하거나 제공한 경우 그 근거가 된 법령 및 조항 등 예외 사유를 개인정보 처리 방침에 공개하여야 한다.

3.5.2 정보 주체 권리 보장

정보 주체가 개인정보의 열람, 정정/삭제, 처리 정지, 이의 제기, 동의 철회 요구를 수집 방법/절차보다 쉽게 할 수 있도록 권리 행사 방법 및 절차를 수립/이행하고, 정보 주체의 요구를 받은 경우 지체 없이 처리하고 관련 기록을 남겨야 한다. 또한, 정보 주체의 사생활 침해, 명예 훼손 등 타인의 권리를 침해하는 정보가 유통되지 않도록 삭제 요청, 임시 조치 등의 기준을 수립/이행하여야 한다.

1	• 정보 주체 또는 그 대리인이 개인정보에 대한 열람, 정정/삭제, 처리 정지, 이의 제기, 동의 철회(이하 '열람 등'이라 함) 요구를 개인정보 수집 방법/절차보다 쉽게 할 수 있도록 권리 행사 방법 및 절차를 마련하고 있는가? → (증적 자료) 권리 행사 절차
2	• 정보 주체 또는 그 대리인이 개인정보 열람 요구를 하는 경우 규정된 기간 내에 열람이 가능하도록 필요한 조치를 하고 있는가? → (증적 자료) 열람 요청 및 처리 내역
3	• 정보 주체 또는 그 대리인이 개인정보 정정/삭제 요구를 하는 경우 규정된 기간 내에 정정/삭제 등 필요한 조치를 하고 있는가? → (증적 자료) 정정/삭제 요청 및 처리 내역
4	• 정보 주체 또는 그 대리인이 개인정보 처리 정지 요구를 하는 경우 규정된 기간 내에 처리 정지 등 필요한 조치를 하고 있는가? → (증적 자료) 처리 정지 요청 및 처리 내역
5	• 정보 주체의 요구에 대한 조치에 불복이 있는 경우 이의를 제기할 수 있도록 필요한 절차를 안내하고 있는가? → (증적 자료) 이의 제기 절차
6	• 정보 주체 또는 그 대리인이 개인정보 수집/이용/제공 등의 동의를 철회하는 경우 지체 없이 수집된 개인정보를 파기하는 등 필요한 조치를 취하고 있는가? → (증적 자료) 동의 철회 시 개인정보 파기 절차 및 내역
7	• 개인정보 열람 등의 요구 및 처리 결과에 대하여 기록을 남기고 있는가? → (증적 자료) 개인정보 열람 등 처리 이력

8	• 정보통신망에서 사생활 침해 또는 명예 훼손 등 타인의 권리를 침해한 경우 침해를 받은 자가 정보통신서비스 제공자에게 정보의 삭제 요청 등을 할 수 있는 절차를 마련하여 시행하고 있는가? → (증적 자료) 권리 구제 절차

관련 법규

- 개인정보보호법 제35조(개인정보의 열람), 제36조(개인정보의 정정/삭제), 제37조(개인정보의 처리 정지 등), 제38조(권리 행사의 방법 및 절차)
- 개인정보보호법 제39조의7(이용자의 권리 등에 대한 특례)

- 정보 주체(이용자)가 열람 등을 요구할 수 있는 구체적인 방법과 절차를 마련하고, 이를 정보 주체가 쉽게 알 수 있도록 공개해야 한다.
- 정보 주체(이용자)의 권리 행사 방법 및 절차는 최소한 개인정보 수집 절차 또는 회원가입 절차에 준해서 알기 쉽고 편리해야 하며, 개인정보 수집 시 요구하지 않던 증빙 서류를 추가로 요구하지 않아야 한다.
- 정보 주체(이용자)가 편리하게 선택할 수 있도록 다양한 권리 행사 방법을 마련하여 제공할 필요가 있다(방문, 서면, 전화, 전자우편, 인터넷 웹사이트 등).
- 열람 등을 요구한 자가 본인이거나 정당한 대리인인지 확인해야 하며, 확인 방법은 합리적인 수단이라고 객관적으로 인정되는 방식이어야 한다(전자서명, 아이핀, 운전면허증 확인 등).
- 개인정보처리자가 공공기관인 경우 전자정부법에 따른 행정 정보의 공동 이용을 통하여 신분 확인이 가능하면 행정 정보의 공동 이용을 통해 확인해야 한다.
- 열람 등을 요구하는 자에게 관련 업무 수행에 필요한 실비의 범위에서 수수료와 우송료를 청구할 수 있으나 개인정보를 열람/정정/삭제/처리 정지 등을 요구하게 된 사유가 해당 개인정보처리자에게 있는 경우에는 수수료와 우송료를 청구할 수 없다.
- 정보 주체(이용자) 또는 그 대리인으로부터 개인정보 열람을 요구받은 경우 10일 이내(또는 지체 없이)에 정보 주체가 해당 개인정보를 열람할 수 있도록 조치하여야 한다.
- 개인정보보호법에 따라 정보 주체(이용자)가 열람이나 제공을 요구할 수 있는 정보는 다음과 같다.
  - 개인정보 항목 및 내용, 개인정보 보유 및 이용 기간
  - 개인정보의 수집/이용의 목적
  - 개인정보의 제3자 제공 현황
  - 개인정보 처리에 동의한 사실 및 내용
- 10일 이내에 열람할 수 있는 정당한 사유가 있는 경우 정보 주체(이용자)에게 그 사유를 알리고 열람을 연기할 수 있다.
- 개인정보 열람 제한 및 거절의 사유가 있는 경우 정보 주체(이용자)에게 그 사유를 알리고 열람을 제한 또는 거절할 수 있다.
- 열람 요구사항 중 일부가 열람 제한 및 거절의 사유가 있는 경우에는 그 일부에 대하여 열람을 제한할 수 있으며, 열람이 제한되는 사항을 제외한 부분에 대해서는 열람할 수 있도록 해야 한다.

- 정보 주체(이용자) 또는 그 대리인으로부터 개인정보의 정정/삭제를 요구받은 경우 정보 주체의 요구가 정당하다고 판단되면 지체 없이 그 개인정보를 조사하여 정보 주체의 요구에 따라 해당 개인정보의 정정/삭제를 한 후 그 결과를 정보 주체에게 알려야 한다.
  - 개인정보 정정/삭제 요구를 받은 날로부터 10일 이내에 조치 결과 회신
  - 외부 위탁 또는 제3자에게 제공한 개인정보에 대해 정정 요청 및 동의 철회 시는 수탁사 또는 제3자에게 연락하여 조치
  - 다른 법령에서 그 개인정보가 수집 대상으로 명시되어 있는 경우에는 삭제 요구를 거절할 수 있으며, 이 경우 요구에 따르지 않기로 한 사실, 근거 법령의 내용 및 이유와 이의 제기 방법을 개인정보 정정/삭제 통지서로 해당 정보 주체에게 정정/삭제 요구를 받은 날로부터 10일 이내에 알려야 함(전자상거래법에 따른 계약/청약 철회 기록 등)
- 정보 주체(이용자) 또는 그 대리인으로부터 개인정보의 처리 정지 요구를 받은 경우 특별한 사유가 없는 한 지체 없이 처리의 전부 또는 일부를 정지하고 그 결과를 정보 주체에게 알려야 한다.
  - 개인정보 처리 정지 요구를 받은 날로부터 10일 이내에 조치 결과 회신
  - 개인정보의 처리 정지를 거절할 수 있는 사유가 있는 경우 관련 사실을 처리 정지 요구자에게 요구를 받은 날로부터 10일 이내에 알려야 함
- 정보 주체(이용자)의 요구에 대한 조치에 불복이 있는 경우 이의를 제기할 수 있도록 필요한 절차를 마련하여야 한다(이의 제기 절차는 공정하게 운영될 수 있도록 외부 전문가를 참여시키거나 내부의 견제 장치 마련).
- 개인정보 열람, 정정/삭제, 처리 정지, 이의 제기, 동의 철회 등 요구 및 처리 결과에 대하여 기록을 남겨야 한다(정보 주체의 열람, 정정, 삭제, 처리 정지, 이의 제기, 동의 철회 등을 접수하고, 처리한 결과를 정기적으로 검토하여 권리 보장이 적절히 이루어지고 있는지 확인하고 필요 시 보완 조치).
- 정보통신망에서 사생활 침해 또는 명예 훼손 등 타인의 권리를 침해한 경우 침해를 받은 자가 정보통신서비스 제공자에게 정보의 삭제 요청 등을 할 수 있는 절차를 마련하고 시행하여야 한다.
  - 정보통신망을 통하여 일반인에게 공개를 목적으로 제공된 정보에서 사생활 침해나 명예훼손 등 타인의 권리가 침해된 경우 침해를 받은 자는 해당 정보를 처리한 정보통신서비스 제공자에게 침해 사실을 소명하여 그 정보의 삭제 또는 반박 내용의 게재를 요청할 수 있어야 함
  - 타인의 권리가 침해된 경우 정보통신서비스 제공자가 해당 정보의 삭제 등을 요청받으면 지체 없이 삭제와 임시 조치 등의 필요한 조치를 취하고, 즉시 신청인 및 정보 게재자에게 알려야 함
  - 타인의 권리가 침해된 경우 구제 절차 등 필요한 조치에 관한 내용과 절차를 미리 약관에 밝혀야 함

3.5.3 이용 내역 통지

개인정보의 이용 내역 등 정보 주체에게 통지할 사항을 파악하여 그 내용을 주기적으로 통지하여야 한다.

1	• 법적 의무 대상자에 해당하는 경우 개인정보 이용 내역을 주기적으로 정보 주체에게 통지하고 그 기록을 남기고 있는가? → (증적 자료) 개인정보 처리 방침 공개 내역
2	• 개인정보 이용 내역 통지 항목은 법적 요구 항목을 모두 포함하고 있는가? → (증적 자료) 개인정보 처리 방침 내용

관련 법규
개인정보보호법 제39조의8(개인정보 이용 내역의 통지)

- 법적 의무 대상자에 해당하는 경우 개인정보 이용 내역을 주기적으로 정보 주체에게 통지하고, 그 기록을 유지하여야 한다.
  - **대상** : 전년도 말 기준 직전 3개월간 이용자 수가 일일 평균 100만 명 이상이거나 정보통신서비스 부문 전년도 매출액이 100억 원 이상인 정보통신서비스 제공자 등
  - **통지 주기** : 연 1회 이상
  - **통지 방법** : 전자우편/서면/모사전송/전화 또는 이와 유사한 방법 중 어느 하나의 방법
  - **통지 예외** : 연락처 등 이용자에게 통지할 수 있는 개인정보를 수집하지 아니한 경우
- 개인정보 이용 내역의 통지 항목은 법적 요구 항목을 모두 포함하되 통지 항목은 다음과 같다.
  - 개인정보의 수집/이용 목적 및 수집한 개인정보의 항목
  - 개인정보를 제공받은 자와 그 제공 목적 및 제공한 개인정보의 항목(단, 통신비밀보호법 제13조, 제13조의2, 제13조의4 및 전기통신사업법 제83조 제3항에 따라 제공한 정보는 제외)
  - 개인정보 처리 위탁을 받은 자 및 그 처리 위탁을 하는 업무의 내용

> **학습 Tip** 개인정보보호법 및 정보통신서비스 제공자에게 적용되는 특례 규정의 관계
>
> 종전 정보통신망법의 개인정보 관련 규정 중 개인정보보호법과 상이하거나 정보통신망법에만 있는 규정은 개인정보보호법의 특례 규정에 반영되었으며, 개인정보보호법과 유사 및 중복되는 규정은 일반 규정으로 통합됨에 따라 제1장(총칙), 제2장(개인정보보호 정책의 수립 등), 제7장(개인정보분쟁조정위원회), 제8장(개인정보 단체 소송), 제9장(보칙), 제10장(벌칙/부칙)과 같은 일반 규정은 정보통신서비스 제공자 등에 해당하는 사항이 있는 경우 일반적으로 적용되고, 제3장(개인정보의 처리), 제4장(개인정보의 안전한 관리), 제5장(정보 주체의 권리 보장), 제6장(정보통신서비스 제공자 등의 개인정보 처리 등 특례)까지의 규정은 일반 규정과 특례 규정 간의 법 적용 일반 원칙에 따라 구체적 적용 여부를 판단해야 한다.

Section 2 국제 정보보호 관리 체계(ISO 27001)

🔒 국제 정보보호 관리 체계 인증

| 국제 정보보호 관리 체계의 개요 |

- ISO 27001 정보보호 관리 체계는 비즈니스 목표를 달성하기 위해 조직의 정보보안을 수립하고, 구현하고, 운영하고, 모니터링하고, 검토하고, 유지하고, 지속적인 개선을 위한 체계적인 Process Approach(Plan → Do → Check → Act) 접근 방법이다.
- 정보보호 관리 과정은 HLS(High Level Structure) 상위 레벨 구조 7개의 필수 요구사항으로 구성되어 있다.

- 추가적인 통제 항목 선택 및 구현 시 개인정보보호와 클라우드 보안 통제 항목을 추가적으로 구현할 수 있다.
- ISO 27001은 조직의 상황, 리더십, 계획, 지원, 운영, 성과 평가, 개선의 7개 관리 과정 요구사항으로 구성되어 있으며, 정보보호 통제 요구사항은 부속서 A 통제 목적 및 통제로 14개 영역과 114개 통제 항목으로 구성되어 있다.
- Risk-Based Approach는 ISO 31000 위험 기반 원칙, Risk 기반으로 정보보호 통제를 효과적으로 구현하여야 한다.

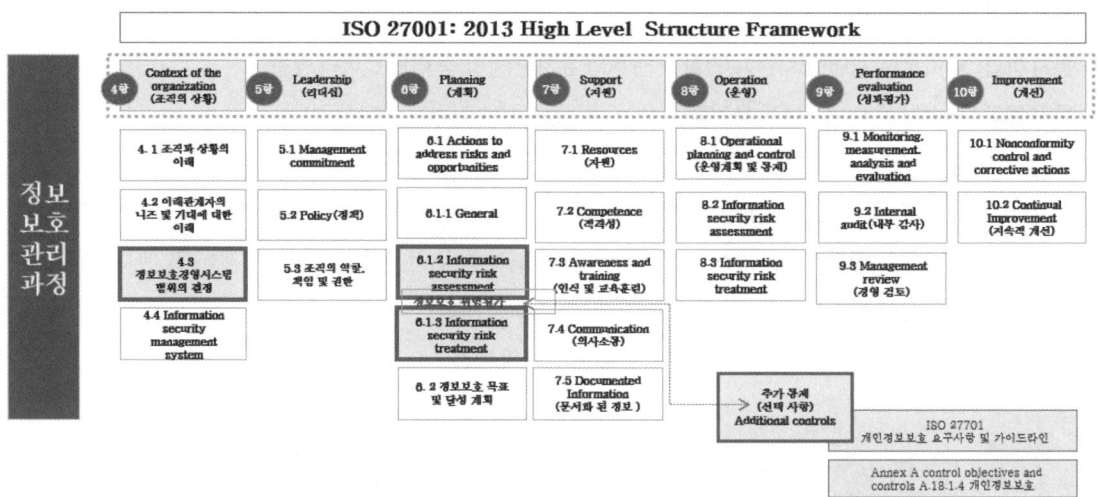

- 정보보호 통제 항목은 14개 영역(관리적/기술적/물리적/법적), 35개 통제 목적, 114개 통제 항목으로 구성되어 있다.

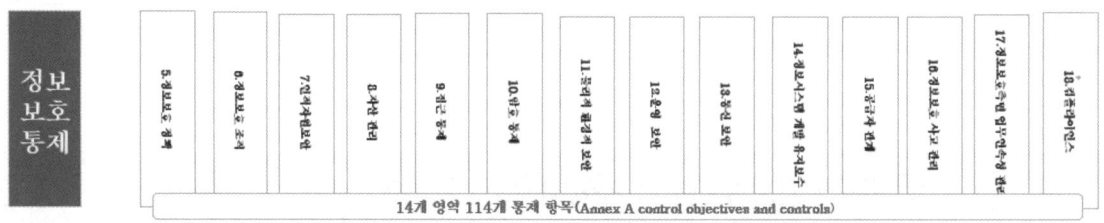

국제 정보보호 관리 체계 인증 기준

- ISMS 관리 과정의 요구사항은 총 4항에서 10항으로 정리되고 조직의 상황, 리더십, 계획, 지원, 운영, 성과 평가, 개선의 7개 관리 과정 요구사항으로 구성되며, 정보보호 통제 요구사항은 부속서 A 통제 목적 및 통제로 14개 영역과 114개 통제 항목으로 구성되어 있다.
- ISO 31000 위험 기반 원칙(Risk-Based Approach), Risk 기반으로 정보보호 통제를 효과적으로 구현하여야 한다.

	HLS 구조(Clause)	PDCA	ISO 27001:2013 요구사항

4	Context of the organization (조직의 상황)	Plan (계획)	4. Context of the organization(조직의 상황)
			  4.1 Understanding of the organization and its context(조직과 상황의 이해)
			  4.2 Understanding the needs and expectations of interested parties(이해 관계자의 니즈 및 기대에 대한 이해)
			  4.3 Determining the scope of the information security management system(정보보호 경영시스템 범위의 결정)
			  4.4 Information security management system

5	Leadership (리더십)		5. Leadership(리더십)
			  5.1 Management commitment(경영진의 의지)
			  5.2 Policy(정책)
			  5.3 Organizational roles, responsibilities and authorities(조직의 역할, 책임 및 권한)

6	Planning (계획)		6. Planning(계획)
			  6.1 Actions to address risks and opportunities(위험과 기회에 대한 대처 활동)
			    6.1.1 General
			    6.1.2 Information security risk assessment(정보보호 위험 평가)
			    6.1.3 Information security risk treatment(정보보호 위험 처리) → Annex A control objectives and controls (부속서 A 통제 목표 및 통제)
			  6.2 Information security objectives and planning to achieve them(정보보안 목표 및 목표 달성 계획)

7	Support (지원)	Do (실행)	7. Support(지원)
			  7.1 Resources(자원)
			  7.2 Competence(적격성)
			  7.3 Awareness and training(인식 및 교육 훈련)
			  7.4 Communication(의사소통)
			  7.5 Documented Information(문서화된 정보)
			    7.5.1 일반
			    7.5.2 생성 및 갱신
			    7.5.3 문서화된 정보의 통제

8	Operation (운영)		8. Operation(운영)
			  8.1 Operational planning and control(운영 계획 및 통제)
			  8.2 Information security risk assessment(정보보호 위험 평가)
			  8.3 Information security risk treatment(정보보호 위험 처리)

9	Performance Evaluation (성과 평가)	Check (점검)	9. Performance Evaluation(성과 평가) 9.1 Monitoring, measurement, analysis and evaluation(모니터링, 측정, 분석 및 평가) 9.2 Internal audit(내부 감사) 9.3 Management review(경영진의 검토)
10	Improvement (개선)	Action (조치)	10. Improvement(개선) 10.1 Nonconformity control and corrective actions(부적합 사항에 대한 통제 및 시정 조치) 10.2 Continual Improvement(지속적 개선)

🔓 국제 정보보호 관리 체계 인증의 통제 항목

| ISMS 통제 항목 |

- 국제 표준은 14개 영역(관리적 보안, 기술적 보안, 물리적 보안, 법률 요구사항 개인정보보호), 35개 통제 목적, 114개 통제 항목으로 구성되어 있다.
- 정보보호 통제를 구현하려는 조직에 대한 정보보호 위험 환경을 고려하며, 이러한 통제는 조직의 특정 보안 및 업무 목적의 충족을 보장하기 위하여 필요에 따라 수립, 구현, 모니터링, 검토, 개선하여야 한다.
- 위험 평가의 결과는 정보보호 위험의 관리 및 위험에 대한 보호 대책으로 선택한 통제를 구현하기 위하여 적절한 관리 조치와 우선순위를 결정하는 데 도움을 준다.
- ISO/IEC 27005는 정보보호 위험 관리 지침을 제공하며 위험 평가, 위험 처리, 위험 수용, 위험 통지, 위험 모니터링, 위험 검토에 대한 지침을 포함한다.
- 통제 목적은 선택된 통제들에 함축적으로 포함되어 있고, 조직 환경 정보보호 목적에 따라 추가적인 통제 목표와 통제가 필요할 수 있다.
- 통제의 선택과 구현 방법에서 통제는 수용 가능한 수준으로 위험을 줄인다는 것을 보장하여야 한다.
- 조직은 정보보호 목적 및 목표를 달성하기 위하여 정보보호 통제를 효과적으로 선택하고 적용하여야 한다.

구분	ISO 27001:2013 정보보호 통제		통제 항목
통제 목적 및 통제	A.5 Information security policies	정보보호 정책	2
	A.6 Organization of information security	정보보호 조직	7
	A.7 Human resource security	인적 자원 보안	6
	A.8 Asset management	자산 관리	10
	A.9 Access control	접근 통제	14
	A.10 Cryptography	암호 통제	2
	A.11 Physical & Environmental security	물리적/환경적 보안	15
	A.12 Operations security	운영 보안	14

A.13 Communications security		통신 보안	7
A.14 System acquisition, development & Maintenance		정보시스템 개발 유지 보수	13
A.15 Supplier relationships		공급자 관계	5
A.16 Information security incident management		정보보안 사고 관리	7
A.17 Information security aspects of business continuity management		정보보호 측면 업무 연속성 관리	4
A.18 Compliance		컴플라이언스	8
14개 영역 통제 항목			114 개

| ISMS 통제 항목 상세 기준 |

- 통제를 적용하는 원칙은 위험 평가 결과를 고려하여 적절한 정보보호 위험 처리 방안의 선택, 선택한 정보보호 위험 처리 방안의 구현에 필요한 모든 통제를 결정하고 적용하여야 한다.
- 통제를 선택하고 적용하는 방법은 Annex A 통제 목적과 통제에 대한 Statement of Applicability(SoA) 적용성 보고서를 작성하여야 한다.
- 조직은 디펜스 인 뎁스(Defence in Depth, 심층 방어) 통제(Selecting controls)하는 방법을 구현하여야 한다(**출처**: ISO 27002 Selecting controls).

A.5 Information security policies 정보보호 정책

A.5.1 Management direction for information security 정보보호를 위한 경영 방침

Objective : To provide management direction and support for information security in accordance with business requirements and relevant laws and regulations.

목적 : 업무 요구사항과 관련 법률 및 규제에 따라 정보보호를 수행하도록 경영 방침과 지원을 제공하기 위하여

A.5.1.1	Policies for information security 정보보호를 위한 정책	**Control** A set of policies for information security shall be defined, approved by management, published and communicated to employees and relevant external parties. 정보보호를 위한 정책에서 집합을 정의하고, 경영진의 승인을 거쳐 직원 및 관련 외부자에게 공표하며 의사소통하여야 한다.
A.5.1.2	Review of the policies for information security 정보보호 정책의 검토	**Control** The policies for information security shall be reviewed at planned intervals or if significant changes occur to ensure their continuing suitability, adequacy and effectiveness. 정보보호 정책은 계획된 주기에 따라 또는 중대한 변경이 발생한 경우에 지속적인 적합성, 적절성, 효과성을 보장하기 위하여 검토하여야 한다.

A.6 Organization of information security 정보보호 조직

A.6.1 Internal organization 내부 조직

Objective : To establish a management framework to initiate and control the implementation and operation of information security within the organization.
목적 : 조직 내에서 정보보호의 구현과 운영을 개시하고 통제하도록 관리 프레임워크를 수립하기 위하여

A.6.1.1	Information security roles and responsibilities 정보보호 역할 및 책임	**Control** All information security responsibilities shall be defined and allocated. 모든 정보보호 책임을 정의하고 할당하여야 한다.
A.6.1.2	Segregation of duties 직무 분리	**Control** Conflicting duties and areas of responsibility shall be segregated to reduce opportunities for unauthorized or unintentional modification or misuse of the organization's assets. 조직의 자산에 인가되지 않거나 의도하지 않은 수정 또는 오용이 발생할 가능성을 줄이기 위하여 상충하는 직무와 책임 영역을 분리하여야 한다.
A.6.1.3	Contact with authorities 관련 기관과의 관계	**Control** Appropriate contacts with relevant authorities shall be maintained. 관련 기관에 대한 적절한 연계를 유지하여야 한다.
A.6.1.4	Contact with special interest groups 전문가 그룹과의 관계	**Control** Appropriate contacts with special interest groups or other specialist security forums and professional associations shall be maintained. 특별 관심 그룹 또는 전문가 보안 포럼 및 직능 단체와 적절한 연계를 유지하여야 한다.
A.6.1.5	Information security in project management 프로젝트 관리에서의 정보보호	**Control** Information security shall be addressed in project management, regardless of the type of the project. 프로젝트의 유형에 상관없이 프로젝트 관리 내에서 정보보호를 다루어야 한다.

A.6.2 Mobile devices and teleworking 모바일 기기 및 원격 근무
Objective : To ensure the security of teleworking and use of mobile devices.
목적 : 원격 근무와 모바일 기기의 사용에 따른 보안을 보장하기 위하여

A.6.2.1	Mobile device policy 모바일 기기 정책	**Control** A policy and supporting security measures shall be adopted to manage the risks introduced by using mobile devices. 모바일 기기의 사용으로 인해 유발되는 위험을 관리하기 위하여 정책 및 이를 지원하는 보안 대책을 채택하여야 한다.
A.6.2.2	Teleworking 원격 근무	**Control** A policy and supporting security measures shall be implemented to protect information accessed, processed or stored at teleworking sites. 원격 근무지에서 접근, 처리, 저장하는 정보를 보호하기 위하여 정책을 수립하고, 이를 지원하는 보안 대책을 구현하여야 한다.

A.7 Human resource security 인적 자원 보안

A.7.1 Prior to employment 고용 전

Objective : To ensure that employees and contractors understand their responsibilities and are suitable for the roles for which they are considered.
목적 : 직원 및 계약직이 책임을 이해하고, 주어진 역할에 적합한 자임을 보장하기 위하여

A.7.1.1	Screening 적격 심사	**Control** Background verification checks on all candidates for employment shall be carried out in accordance with relevant laws, regulations and ethics and shall be proportional to the business requirements, the classification of the information to be accessed and the perceived risks. 고용할 모든 후보자에 대한 배경 검증은 관련 법률, 규정, 윤리를 준수하여야 하며, 업무 요구사항과 접근 정보의 등급 및 예상되는 위험에 따라 적절하게 수행하여야 한다.
A.7.1.2	Terms and conditions of employment 고용 계약 조건	**Control** The contractual agreements with employees and contractors shall state their and the organization's responsibilities for information security. 직원 및 계약직의 계약서에는 정보보호에 대한 개인과 조직의 책임을 명시하여야 한다.

A.7.2 During employment 고용 중

Objective : To ensure that employees and contractors are aware of and fulfill their information security responsibilities.
목적 : 직원과 계약직이 자신의 정보보호 책임을 인식하고, 충실하게 이행하도록 보장하기 위하여

A.7.2.1	Management responsibilities 경영진 책임	**Control** Management shall require all employees and contractors to apply information security in accordance with the established policies and procedures of the organization. 경영진은 모든 직원 및 계약직이 조직에서 수립한 정책과 절차에 따라 정보보호를 수행하도록 요구하여야 한다.
A.7.2.2	Information security awareness, education and training 정보보호 인식, 교육, 훈련	**Control** All employees of the organization and where relevant, contractors shall receive appropriate awareness education and training and regular updates in organizational policies and procedures, as relevant for their job function. 조직의 모든 직원과 관련된 계약직은 자신의 직무 기능에 연관된 조직의 정책과 절차에 대해 적절한 인식 교육 및 훈련과 정기적인 갱신 교육을 받아야 한다.
A.7.2.3	Disciplinary process 징계 처분 프로세스	**Control** There shall be a formal and communicated disciplinary process in place to take action against employees who have committed an information security breach. 정보보호를 위반한 직원에 대해 조치를 취하도록 공식적인 징계 프로세스를 수립하여 배포하여야 한다.

A.7.3 Termination and change of employment 고용 종료 및 직무 변경

Objective : To protect the organization's interests as part of the process of changing or terminating employment.
목적 : 직무 변경 또는 고용 종료 프로세스를 통해 조직의 이익을 보호하기 위하여

A.7.3.1	Termination or change of employment responsibilities 고용 책임의 종료 또는 변경	**Control** Information security responsibilities and duties that remain valid after termination or change of employment shall be defined, communicated to the employee or contractor and enforced. 고용이 종료되거나 직무가 변경된 이후에도 효력이 유지되어야 하는 정보보호의 책임과 의무를 정의하고 직원 또는 계약직에 통지하여 시행하도록 하여야 한다.

A.8 Asset management 자산 관리

A.8.1 Responsibility for assets 자산에 대책 책임

Objective : To identify organizational assets and define appropriate protection responsibilities.
목적 : 조직의 자산을 식별하고 적절한 보호 책임을 정의하기 위하여

A.8.1.1	Inventory of assets 자산 목록	**Control** Assets associated with information and information processing facilities shall be identified and an inventory of these assets shall be drawn up and maintained. 정보 및 정보처리 시설과 연관된 자산을 식별하고, 자산에 대한 목록을 작성하여 유지하여야 한다.
A.8.1.2	Ownership of assets 자산 소유권	**Control** Assets maintained in the inventory shall be owned. 자산 목록으로 유지되는 자산은 소유자가 존재하여야 한다.
A.8.1.3	Acceptable use of assets 자산 이용	**Control** Rules for the acceptable use of information and of assets associated with information and information processing facilities shall be identified, documented and implemented. 정보 및 정보처리 시설에 연관된 자산의 적절한 사용을 위한 규칙을 식별하고, 문서화 및 구현하여야 한다.
A.8.1.4	Return of assets 자산 반환	**Control** All employees and external party users shall return all of the organizational assets in their possession upon termination of their employment, contract or agreement. 모든 직원과 외부 사용자는 고용이나 계약 또는 협약의 종료에 따라 자신이 소유한 조직의 자산을 모두 반환하여야 한다.

A.8.2 Information classification 정보 등급화

Objective : To ensure that information receives an appropriate level of protection in accordance with its importance to the organization.
목적 : 조직의 중요성에 따라 정보에 적절한 보호 수준을 부여하도록 보장하기 위하여

A.8.2.1	Classification of information 정보 등급화	**Control** Information shall be classified in terms of legal requirements, value, criticality and sensitivity to unauthorized disclosure or modification. 정보는 비인가 유출 또는 수정에 대한 법적 요구사항, 가치, 중요도, 민감도의 측면에서 등급화하여야 한다.
A.8.2.2	Labelling of information 정보 라벨링	**Control** An appropriate set of procedures for information labelling shall be developed and implemented in accordance with the information classification scheme adopted by the organization. 조직에서 채택한 정보 등급 체계에 따라 정보 라벨링을 위한 적절한 절차를 수립하고 구현하여야 한다.
A.8.2.3	Handling of assets 자산 취급	**Control** Procedures for handling assets shall be developed and implemented in accordance with the information classification scheme adopted by the organization. 조직에서 채택한 정보 등급 체계에 따라 자산 취급 절차를 수립하고, 구현하여야 한다.

A.8.3 Media handling 매체 취급

Objective : To prevent unauthorized disclosure, modification, removal or destruction of information stored on media.
목적 : 매체에 저장된 정보의 비인가 유출, 수정, 삭제, 파손을 방지하기 위하여

A.8.3.1	Management of removable media 이동식 매체 관리	**Control** Procedures shall be implemented for the management of removable media in accordance with the classification scheme adopted by the organization. 조직에서 채택한 정보 등급화 체계에 따라 이동식 매체의 관리를 위한 절차를 구현하여야 한다.
A.8.3.2	Disposal of media 매체 폐기	**Control** Media shall be disposed of securely when no longer required, using formal procedures. 더 이상 필요하지 않은 매체는 공식적인 절차를 통해 안전하게 폐기하여야 한다.
A.8.3.3	Physical media transfer 물리적 매체 이송	**Control** Media containing information shall be protected against unauthorized access, misuse or corruption during transportation. 정보를 포함한 매체는 운반 도중에 비인가 접근, 오용, 훼손으로부터 보호되어야 한다.

A.9 Access control 접근 통제

A.9.1 Business requirements of access control 접근 통제 정책

Objective : To limit access to information and information processing facilities.
목적 : 정보 및 정보처리 시설에 대한 접근을 제한하기 위하여

A.9.1.1	Access control policy 접근 통제 정책	**Control** An access control policy shall be established, documented and reviewed based on business and information security requirements. 업무 및 정보보호 요구사항을 기반으로 접근 통제 정책을 수립하고 문서화 및 검토하여야 한다.
A.9.1.2	Access to networks and network services 네트워크 및 네트워크 서비스 접근 통제	**Control** Users shall only be provided with access to the network and network services that they have been specifically authorized to use. 사용자는 특별히 인가된 네트워크 및 네트워크 서비스에만 접근이 허용되어야 한다.

A.9.2 User access management 사용자 접근 관리

Objective : To ensure authorized user access and to prevent unauthorized access to systems and services.
목적 : 시스템과 서비스에 인가된 사용자 접근을 보장하고 비인가된 접근을 금지하기 위하여

A.9.2.1	User registration and de-registration 사용자 등록 및 해지	**Control** A formal user registration and de-registration process shall be implemented to enable assignment of access rights. 접근 권한의 할당이 가능하도록 공식적인 사용자 등록과 해지 프로세스를 구현하여야 한다.
A.9.2.2	User access provisioning 사용자 접근 권한 설정	**Control** A formal user access provisioning process shall be implemented to assign or revoke access rights for all user types to all systems and services. 모든 사용자 유형에 대한 접근 권한을 모든 시스템과 서비스에 할당하거나 폐지하기 위하여 공식적인 사용자 접근 권한 설정 프로세스를 구현하여야 한다.
A.9.2.3	Management of privileged access rights 특수 접근 권한 관리	**Control** The allocation and use of privileged access rights shall be restricted and controlled. 특수 접근 권한에 대한 할당과 사용을 제한하고 통제하여야 한다.
A.9.2.4	Management of secret authentication information of users 사용자 비밀 인증 정보 관리	**Control** The allocation of secret authentication information shall be controlled through a formal management process. 비밀 인증 정보의 할당은 공식적인 관리 프로세스를 거쳐 통제하여야 한다.
A.9.2.5	Review of user access rights 사용자 접근 권한 검토	**Control** Asset owners shall review users' access rights at regular intervals. 자산 소유자는 정기적으로 사용자 접근 권한을 검토하여야 한다.

A.9.2.6	Removal or adjustment of access rights 접근 권한 제거 또는 조정	**Control** The access rights of all employees and external party users to information and information processing facilities shall be removed upon termination of their employment, contract or agreement or adjusted upon change. 정보 및 정보처리 시설에 대한 모든 직원과 외부 사용자의 접근 권한은 고용, 계약, 협약의 종료에 따라 제거되거나 변경된 상황에 따라 조정되어야 한다.

A.9.3 User responsibilities 사용자 책임

Objective : To make users accountable for safeguarding their authentication information.
목적 : 사용자가 자신의 인증 정보를 보호할 책임을 부과하기 위하여

A.9.3.1	Use of secret authentication information 기밀 인증 정보 사용	**Control** Users shall be required to follow the organization's practices in the use of secret authentication information. 사용자에게 비밀 인증 정보를 사용할 때 조직의 실무를 따르도록 요구하여야 한다.

A.9.4 System and application access control 시스템 및 애플리케이션 접근 통제

Objective : To prevent unauthorized access to systems and applications.
목적 : 시스템과 애플리케이션에 대한 비인가 접근을 방지하기 위하여

A.9.4.1	Information access restriction 정보 접근 제한	**Control** Access to information and application system functions shall be restricted in accordance with the access control policy. 접근 통제 정책에 따라 정보와 응용 시스템 기능에 대한 접근을 제한하여야 한다.
A.9.4.2	Secure log-on procedures 안전한 로그인 절차	**Control** Where required by the access control policy, access to systems and applications shall be controlled by a secure log-on procedure. 접근 통제 정책에서 요구하는 경우 시스템과 애플리케이션에 대한 접근은 안전한 로그인 절차에 따라 통제하여야 한다.
A.9.4.3	Password management system 패스워드 관리 시스템	**Control** Password management systems shall be interactive and shall ensure quality passwords. 패스워드 관리 시스템은 대화식으로 양질의 패스워드를 보장하여야 한다.
A.9.4.4	Use of privileged utility programs 특수 유틸리티 프로그램 사용	**Control** The use of utility programs that might be capable of overriding system and application controls shall be restricted and tightly controlled. 시스템과 애플리케이션의 통제를 초월할 수 있는 유틸리티 프로그램은 제한적으로 사용하고 철저히 통제하여야 한다.
A.9.4.5	Access control to program source code 프로그램 소스 코드 접근 통제	**Control** Access to program source code shall be restricted. 프로그램 소스 코드에 대한 접근은 제한하여야 한다.

A.10 Cryptography 암호화

A.10.1 Cryptographic controls 암호화 통제

Objective : To ensure proper and effective use of cryptography to protect the confidentiality, authenticity and/or integrity of information.
목적 : 정보에 대한 기밀성, 인증 무결성을 보호하도록 암호화의 적절하고 효과적인 사용을 보장하기 위하여

A.10.1.1	Policy on the use of cryptographic controls 암호화 통제 사용 정책	**Control** A policy on the use of cryptographic controls for protection of information shall be developed and implemented. 정보의 보호를 위한 암호 통제의 사용 정책을 수립하고 구현하여야 한다.
A.10.1.2	Key management 키 관리	**Control** A policy on the use, protection and lifetime of cryptographic keys shall be developed and implemented through their whole lifecycle. 전체 생명주기에 걸쳐 암호키의 사용, 보호, 수명에 대한 정책을 수립하고 구현하여야 한다.

A.11 Physical and environmental security 물리적 및 환경적 보안

A.11.1 Secure areas 보안 구역

Objective : To prevent unauthorized physical access, damage and interference to the organization's information and information processing facilities.
목적 : 조직의 정보 및 정보처리 시설에 대한 비인가된 물리적 접근, 파손, 간섭을 방지하기 위하여

A.11.1.1	Physical security perimeter 물리적 보안 경계	**Control** Security perimeters shall be defined and used to protect areas that contain either sensitive or critical information and information processing facilities. 기밀 또는 중요 정보화 정보처리 시설을 포함한 구역을 보호하기 위하여 경계를 정의하고 이용하여야 한다.
A.11.1.2	Physical entry controls 물리적 출입 통제	**Control** Secure areas shall be protected by appropriate entry controls to ensure that only authorized personnel are allowed access. 보안 구역은 인가된 인력만 접근이 허용됨을 보장하기 위하여 적절한 출입 통제로 보호하여야 한다.
A.11.1.3	Securing offices, rooms and facilities 사무실 공간 및 시설 보안	**Control** Physical security for offices, rooms and facilities shall be designed and applied. 사무 공간 및 시설에 대한 물리적 보안을 설계하고 적용하여야 한다.
A.11.1.4	Protecting against external and environmental threats 외부 및 환경 위협에 대비한 보호	**Control** Physical protection against natural disasters, malicious attack or accidents shall be designed and applied. 자연재해, 악의적인 공격 또는 사고에 대비한 물리적 보호를 설계하고 적용하여야 한다.

A.11.1.5	Working in secure areas 보안 구역 내 작업	**Control** Procedures for working in secure areas shall be designed and applied. 보안 구역 내에서의 작업을 위한 절차를 수립하고 적용하여야 한다.
A.11.1.6	Delivery and loading areas 배송 및 하역 구역	**Control** Access points such as delivery and loading areas and other points where unauthorized persons could enter the premises shall be controlled and, if possible, isolated from information processing facilities to avoid unauthorized access. 배송 및 하역 구역과 같이 비인가자가 구내로 들어올 수 있는 접근 장소는 통제하여야 하며, 비인가 접근을 피하기 위하여 정보처리 시설에서 가능한 작업하여야 한다.

A.11.2 Equipment 장비

Objective : To prevent loss, damage, theft or compromise of assets and interruption to the organization's operations.
목적 : 자산의 분실, 손상, 도난, 훼손 및 조직의 운영 중단을 방지하기 위하여

A.11.2.1	Equipment siting and protection 장비 배치 및 보호	**Control** Equipment shall be sited and protected to reduce the risks from environmental threats and hazards, and opportunities for unauthorized access. 장비는 환경적 위협과 유해 요소, 비인가 접근의 가능성을 감소시킬 수 있도록 배치하고 보호하여야 한다.
A.11.2.2	Supporting utilities 지원 설비	**Control** Equipment shall be protected from power failures and other disruptions caused by failures in supporting utilities. 지원 설비의 장애로 인한 전력 중단이나 기타 저해 요인으로부터 장비를 보호하여야 한다.
A.11.2.3	Cabling security 배선 보안	**Control** Power and telecommunications cabling carrying data or supporting information services shall be protected from interception, interference or damage. 데이터를 전송하거나 정보 서비스를 지원하는 전력 및 통신 배선을 도청, 간섭, 파손으로부터 보호하여야 한다.
A.11.2.4	Equipment maintenance 장비 유지보수	**Control** Equipment shall be correctly maintained to ensure its continued availability and integrity. 장비는 지속적인 가용성과 무결성을 보장하도록 정확하게 유지되어야 한다.
A.11.2.5	Removal of assets 자산 반출	**Control** Equipment, information or software shall not be taken off-site without prior authorization. 장비, 정보, 소프트웨어는 사전 승인 없이 외부로 반출되지 않도록 하여야 한다.

A.11.2.6	Security of equipment and assets off-premises 외부에 위치한 장비 및 자산 보호	**Control** Security shall be applied to off-site assets taking into account the different risks of working outside the organization's premises. 조직 외부에서의 작업으로 인한 다양한 위험을 고려하여 외부에 위치한(off-site) 자산에 보안을 적용하여야 한다.
A.11.2.7	Secure disposal or reuse of equipment 장비 안전 폐기 및 재사용	**Control** All items of equipment containing storage media shall be verified to ensure that any sensitive data and licensed software has been removed or securely overwritten prior to disposal or re-use. 저장 매체를 포함하고 있는 모든 장비는 폐기 또는 재사용하기 전에 기밀 데이터와 라이선스 소프트웨어를 삭제하거나 안전한 덮어쓰기 처리를 보장하기 위하여 검증하여야 한다.
A.11.2.8	Unattended user equipment 방치된 사용자 장비	**Control** Users shall ensure that unattended equipment has appropriate protection. 사용자는 방치된 장비에 대해 적절한 보호를 보장하여야 한다.
A.11.2.9	Clear desk and clear screen policy 책상 정리 및 화면 보호 정책	**Control** A clear desk policy for papers and removable storage media and a clear screen policy for information processing facilities shall be adopted. 서류와 이동식 저장 매체를 대상으로 책상 정리 정책 및 정보처리 시설에 대한 화면 보호 정책을 적용하여야 한다.

A.12 Operations security 운영 보안

A.12.1 Operational procedures and responsibilities 운영 절차 및 책임

Objective : To ensure correct and secure operations of information processing facilities.
목적 : 정보처리 시설의 정확하고 안전한 운영을 보장하기 위하여

A.12.1.1	Documented operating procedures 운영 절차 문서화	**Control** Operating procedures shall be documented and made available to all users who need them. 운영 절차를 문서화하고 필요한 모든 사용자가 이용할 수 있도록 하여야 한다.
A.12.1.2	Change management 변경 관리	**Control** Changes to the organization, business processes, information processing facilities and systems that affect information security shall be controlled. 정보보호에 영향을 주는 조직, 업무 프로세스, 정보처리 시설, 시스템 변경을 통제하여야 한다.
A.12.1.3	Capacity management 용량 관리	**Control** The use of resources shall be monitored, tuned and projections made of future capacity requirements to ensure the required system performance. 필요한 시스템 성능을 보장하기 위하여 자원 사용을 모니터링 및 조절하고, 향후 용량 요구사항을 예측하여야 한다.

	Separation of development, testing and operational environments	**Control**
A.12.1.4	개발, 시험, 운영 환경 분리	Development, testing, and operational environments shall be separated to reduce the risks of unauthorized access or changes to the operational environment. 운영 환경에 대한 비인가 접근 또는 변경의 위험을 감소시키기 위하여 개발 및 시험과 운영 환경은 분리하여야 한다.

A.12.2 Protection from malware 악성 코드 방지

Objective : To ensure that information and information processing facilities are protected against malware.
목적 : 정보 및 정보처리 시설이 악성 코드로부터 보호됨을 보장하기 위하여

	Controls against malware	**Control**
A.12.2.1	악성 코드 통제	Detection, prevention and recovery controls to protect against malware shall be implemented, combined with appropriate user awareness. 악성 코드로부터 보호하기 위하여 탐지, 예방, 복구 통제를 구현하고 적절한 사용자 인식 교육을 연계하여야 한다.

A.12.3 Backup 백업

Objective : To protect against loss of data.
목적 : 데이터의 손실을 방지하기 위하여

	Information backup	**Control**
A.12.3.1	정보 백업	Backup copies of information, software and system images shall be taken and tested regularly in accordance with an agreed backup policy. 합의된 백업 정책에 따라 주기적으로 정보, 소프트웨어, 시스템 이미지에 대한 백업 복사본을 생성하고 시험하여야 한다.

A.12.4 Logging and monitoring 로그 기록 및 모니터링

Objective : To record events and generate evidence.
목적 : 이벤트를 기록하고 증거를 생성하기 위하여

	Event logging	**Control**
A.12.4.1	이벤트 로그	Event logs recording user activities, exceptions, faults and information security events shall be produced, kept and regularly reviewed. 사용자 활동, 예외, 고장, 정보보호 이벤트를 기록하는 이벤트 로그를 생성하고, 보존하며 주기적으로 검토하여야 한다.
A.12.4.2	Protection of log information 로그 정보보호	**Control** Logging facilities and log information shall be protected against tampering and unauthorized access. 로그 기록 설비와 로그 정보를 변조 및 비인가 접근으로부터 보호하여야 한다.
A.12.4.3	Administrator and operator logs 관리자 및 운영자 로그	**Control** System administrator and system operator activities shall be logged and the logs protected and regularly reviewed. 시스템 관리자와 시스템 운영자의 활동을 기록하고, 로그를 보호하여 주기적으로 검토하여야 한다.

A.12.4.4	Clock synchronization 시각 동기화	**Control** The clocks of all relevant information processing systems within an organization or security domain shall be synchronised to a single reference time source. 조직 또는 보안 영역 내에서 모든 관련 정보처리 시스템의 시각은 동일한 출처의 참조 시간으로 동기화하여야 한다.

A.12.5 Control of operational software 운영 소프트웨어 통제

Objective : To ensure the integrity of operational systems.
목적 : 운영 시스템의 무결성을 보장하기 위하여

A.12.5.1	Installation of software on operational systems 운영 시스템 소프트웨어 설치	**Control** Procedures shall be implemented to control the installation of software on operational systems. 운영 시스템상의 소프트웨어 설치를 통제하기 위한 절차를 구현하여야 한다.

A.12.6 Technical vulnerability management 기술적 취약점 관리

Objective : To prevent exploitation of technical vulnerabilities.
목적 : 기술적 취약점의 악용을 방지하기 위하여

A.12.6.1	Management of technical vulnerabilities 기술적 취약점 관리	**Control** Information about technical vulnerabilities of information systems being used shall be obtained in a timely fashion, the organization's exposure to such vulnerabilities evaluated and appropriate measures taken to address the associated risk. 사용 중인 정보시스템의 기술 취약점 정보를 적시에 수립하고 해당 취약점에 대한 조직의 노출 정도를 평가하여 관련 위험을 해결할 수 있는 적절한 조치를 취해야 한다.
A.12.6.2	Restrictions on software installation 소프트웨어 설치 제한	**Control** Rules governing the installation of software by users shall be established and implemented. 사용자의 소프트웨어 설치를 제한하는 규정을 수립하고 구현하여야 한다.

A.12.7 Information systems audit considerations 정보시스템 감사 고려사항

Objective : To minimise the impact of audit activities on operational systems.
목적 : 운영 시스템에 대한 감사 활동의 영향을 최소화하기 위하여

A.12.7.1	Information systems audit controls 정보시스템 감사 통제	**Control** Audit requirements and activities involving verification of operational systems shall be carefully planned and agreed to minimize disruptions to business processes. 운영 시스템의 검증에 필요한 감사 요구사항과 활동은 업무 프로세스의 중단을 최소화하도록 신중하게 계획하고 합의를 거쳐야 한다.

A.13 Communications security 통신 보안

A.13.1 Network security management 네트워크 보안 관리

Objective : To ensure the protection of information in networks and its supporting information processing facilities.
목적 : 네트워크상의 정보와 이를 지원하는 정보처리 시스템의 보호를 보장하기 위하여

A.13.1.1	Network controls 네트워크 통제	**Control** Networks shall be managed and controlled to protect information in systems and applications. 시스템과 애플리케이션에서 처리되는 정보를 보호하기 위하여 네트워크를 관리하고 통제하여야 한다.
A.13.1.2	Security of network services 네트워크 서비스 보안	**Control** Security mechanisms, service levels and management requirements of all network services shall be identified and included in network services agreements, whether these services are provided in-house or outsourced. 내부 또는 외부에서 제공하는 모든 네트워크 서비스의 보안 매커니즘, 서비스 수준, 관리 요구사항을 식별하고 네트워크 서비스 협약에 포함시켜야 한다.
A.13.1.3	Segregation in networks 네트워크 분리	**Control** Groups of information services, users and information systems shall be segregated on networks. 정보 서비스, 사용자, 정보시스템을 그룹화하여 네트워크상에서 분리하여야 한다.

A.13.2 Information transfer 정보 전송

Objective : To maintain the security of information transferred within an organization and with any external entity.
목적 : 조직 내부에서 또는 외부자에게 전송되는 정보의 보안을 유지하기 위하여

A.13.2.1	Information transfer policies and procedures 정보 전송 정책 및 절차	**Control** Formal transfer policies, procedures and controls shall be in place to protect the transfer of information through the use of all types of communication facilities. 모든 유형의 통신 시설을 거치는 정보 전송을 보호하기 위하여 공식적인 전송 정책, 절차, 통제를 마련하여야 한다.
A.13.2.2	Agreements on information transfer 정보 전송 협약	**Control** Agreements shall address the secure transfer of business information between the organization and external parties. 조직과 외부자 간의 업무 정보를 안전하게 전송하기 위한 협약을 체결하여야 한다.
A.13.2.3	Electronic messaging 전자 메시지 교환	**Control** Information involved in electronic messaging shall be appropriately protected. 전자적인 메시지 교환에 포함된 정보는 적절하게 보호하여야 한다.
A.13.2.4	Confidentiality or nondisclosure agreements 기밀 유지 협약	**Control** Requirements for confidentiality or non-disclosure agreements reflecting the organization's needs for the protection of information shall be identified, regularly reviewed and documented. 정보보호에 대한 조직의 요구를 반영한 기밀 유지 협약 및 비밀 유지 서약 요구사항을 식별하고, 주기적으로 검토 및 문서화하여야 한다.

A.14 System acquisition, development and maintenance 정보시스템 취득, 개발 및 유지보수

A.14.1 Security requirements of information systems 정보시스템 보안 요구사항

Objective : To ensure that information security is an integral part of information systems across the entire lifecycle. This also includes the requirements for information systems which provide services over public networks.
목적 : 공중망을 통해 서비스를 제공하는 정보시스템에 대한 요구사항도 포함하여 정보시스템의 전체 생명주기에 걸쳐 정보보호가 필수적인 부분임을 보장하기 위하여

A.14.1.1	Information security requirements analysis and specification 정보보호 요구사항 분석 및 명세	**Control** The information security related requirements shall be included in the requirements for new information systems or enhancements to existing information systems. 정보보호 관련 요구사항을 신규 정보시스템의 요구사항이나 기존 정보시스템의 개선사항에 포함시켜야 한다.
A.14.1.2	Securing application services on public networks 공중망 응용 서비스 보안	**Control** Information involved in application services passing over public networks shall be protected from fraudulent activity, contract dispute and unauthorized disclosure and modification. 공중망을 통해 전달되는 응용 서비스의 정보는 부정 행위, 계약 분쟁, 비인가 유출 및 수정으로부터 보호하여야 한다.
A.14.1.3	Protecting application services transactions 응용 서비스 거래 보호	**Control** Information involved in application service transactions shall be protected to prevent incomplete transmission, mis-routing, unauthorized message alteration, unauthorized disclosure, unauthorized message duplication or replay. 응용 서비스 거래의 정보는 불완전 전송, 경로 이탈, 비인가 메시지 변경, 비인가 노출, 비인가 메시지 중복, 재사용을 방지하도록 보호하여야 한다.

A.14.2 Security in development and support processes 개발 및 지원 프로세스 보안

Objective : To ensure that information security is designed and implemented within the development lifecycle of information systems.
목적 : 정보시스템 개발 생명주기 내에 정보보호를 설계하고 구현함을 보장하기 위하여

A.14.2.1	Secure development policy 개발 보안 정책	**Control** Rules for the development of software and systems shall be established and applied to developments within the organization. 조직 내에서 소프트웨어와 시스템 개발을 위한 규칙을 수립하고 적용하여야 한다.
A.14.2.2	System change control procedures 시스템 변경 통제 절차	**Control** Changes to systems within the development lifecycle shall be controlled by the use of formal change control procedures. 공식적인 변경 통제 절차를 사용하여 개발 생명주기 내에서 시스템 변경을 통제하여야 한다.

A.14.2.3	Technical review of applications after operating platform changes 운영 플랫폼 변경 후 애플리케이션 기술적 검토	**Control** When operating platforms are changed, business critical applications shall be reviewed and tested to ensure there is no adverse impact on organizational operations or security. 운영 플랫폼이 변경되면 조직의 운영이나 보안에 부정적인 영향을 미치지 않음을 보장하기 위하여 업무에 중요한 애플리케이션을 검토하고 시험하여야 한다.
A.14.2.4	Restrictions on changes to software packages 소프트웨어 패키지 변경	**Control** Modifications to software packages shall be discouraged, limited to necessary changes and all changes shall be strictly controlled. 소프트웨어 패키지에 대한 변경은 반드시 필요한 경우에만 제한적으로 허용되고 모든 변경을 엄격하게 통제하여야 한다.
A.14.2.5	Secure system engineering principles 안전한 시스템 엔지니어링 원칙	**Control** Principles for engineering secure systems shall be established, documented, maintained and applied to any information system implementation efforts. 안전한 시스템 엔지니어링 원칙을 수립하여 문서화하고, 모든 정보시스템 구현에 적용하여야 한다.
A.14.2.6	Secure development environment 개발 환경 보안	**Control** Organizations shall establish and appropriately protect secure development environments for system development and integration efforts that cover the entire system development lifecycle. 조직은 시스템의 전체 개발 생명주기를 포괄하는 시스템 개발 및 통합을 위해 안전한 개발 환경을 수립하고 적절히 보호하여야 한다.
A.14.2.7	Outsourced development 외부 개발	**Control** The organization shall supervise and monitor the activity of outsourced system development. 조직은 외부 시스템 개발 활동을 감독하고 모니터링하여야 한다.
A.14.2.8	System security testing 시스템 보안 시험	**Control** Testing of security functionality shall be carried out during development. 개발 기간 동안에 보안 기능의 시험을 수행하여야 한다.
A.14.2.9	System acceptance testing 시스템 인수 시험	**Control** Acceptance testing programs and related criteria shall be established for new information systems, upgrades and new versions. 신규 정보시스템, 업그레이드, 신규 버전에 대한 인수 시험 프로그램과 관련 기준을 수립하여야 한다.

A.14.3 Test data 테스트 데이터

Objective : To ensure the protection of data used for testing.
목적 : 시험에 사용되는 데이터의 보호를 보장하기 위하여

A.14.3.1	Protection of test data 테스트 데이터 보호	**Control** Test data shall be selected carefully, protected and controlled. 테스트 데이터를 신중하게 선택하여 보호하고 통제하여야 한다.

A.15 Supplier relationships 공급자 관계

A.15.1 Information security in supplier relationships 공급자 관계 정보보호

Objective : To ensure protection of the organization's assets that is accessible by suppliers.
목적 : 공급자가 접근할 수 있는 조직 자산에 대한 보호를 보장하기 위하여

A.15.1.1	Information security policy for supplier relationships 공급자 관계 정보보호 정책	**Control** Information security requirements for mitigating the risks associated with supplier's access to the organization's assets shall be agreed with the supplier and documented. 조직 자산에 대한 공급자 접근과 연관된 위험을 감소시키기 위해 정보보호 요구사항은 공급자와 합의를 거쳐 문서화하여야 한다.
A.15.1.2	Addressing security within supplier agreements 공급자 협약 내 보안 명시	**Control** All relevant information security requirements shall be established and agreed with each supplier that may access, process, store, communicate, or provide IT infrastructure components for, the organization's information. 모든 관련 정보보호 요구사항을 수립하여 조직 정보에 대한 접근, 처리, 통신을 수행하거나 IT 기반 구성 요소를 제공하는 공급자와 합의하여야 한다.
A.15.1.3	Information and communication technology supply chain ICT 공급망	**Control** Agreements with suppliers shall include requirements to address the information security risks associated with information and communications technology services and product supply chain. 공급자와 관련된 협약에는 정보통신기술 서비스와 제품 공급망에 연관된 정보보호 위험을 다루는 요구사항을 포함하여야 한다.

A.15.2 Supplier service delivery management 공급자 서비스 전달 관리

Objective : To maintain an agreed level of information security and service delivery in line with supplier agreements.
목적 : 공급자 협약에 따라 합의된 수준의 정보보호와 서비스 전달을 유지하기 위하여

A.15.2.1	Monitoring and review of supplier services 공급자 서비스 모니터링 및 검토	**Control** Organizations shall regularly monitor, review and audit supplier service delivery. 조직은 공급자의 서비스 전달을 주기적으로 모니터링하고 검토 및 감사를 수행하여야 한다.
A.15.2.2	Managing changes to supplier services 공급자 서비스 변경 관리	**Control** Changes to the provision of services by suppliers, including maintaining and improving existing information security policies, procedures and controls, shall be managed, taking account of the criticality of business information, systems and processes involved and re-assessment of risks. 기존 정보보호 정책, 절차, 통제의 유지 관리와 개선을 포함하되 공급자의 서비스 제공에 대한 변경은 업무 정보, 시스템, 프로세스의 중요성과 위험의 재평가를 감안하여 관리하여야 한다.

A.16 Information security incident management 정보보호 사고 관리

A.16.1 Management of information security incidents and improvements 정보보호 사고 관리 및 개선

Objective : To ensure a consistent and effective approach to the management of information security incidents, including communication on security events and weaknesses.
목적 : 보안 이벤트와 약점에 대한 의사소통을 포함하여 정보보호 사고의 일관되고 효과적인 접근을 보장하기 위하여

A.16.1.1	Responsibilities and procedures 책임 및 절차	**Control** Management responsibilities and procedures shall be established to ensure a quick, effective and orderly response to information security incidents. 정보보호 사고에 대한 신속하고 효과적인 순차적 대응을 보장하기 위하여 관리 책임과 절차를 수립하여야 한다.
A.16.1.2	Reporting information security events 정보보호 이벤트 보고	**Control** Information security events shall be reported through appropriate management channels as quickly as possible. 적절한 관리 채널을 통해 가능한 신속하게 정보보호 이벤트를 보고하여야 한다.
A.16.1.3	Reporting information security weaknesses 정보보호 취약점 보고	**Control** Employees and contractors using the organization's information systems and services shall be required to note and report any observed or suspected information security weaknesses in systems or services. 조직의 정보시스템과 서비스를 사용하는 직원 및 계약자는 시스템 또는 서비스에서 정보보호 취약점을 발견하거나 의심되는 경우 주의 깊게 살펴서 보고하여야 한다.
A.16.1.4	Assessment of and decision on information security events 정보보호 이벤트 평가 및 의사결정	**Control** Information security events shall be assessed and it shall be decided if they are to be classified as information security incidents. 정보보호 이벤트를 평가하고, 정보보호 사고로 분류할지의 여부를 결정하여야 한다.
A.16.1.5	Response to information security incidents 정보보호 사고 대응	**Control** Information security incidents shall be responded to in accordance with the documented procedures. 정보보호 사고는 문서화된 절차에 따라 대응하여야 한다.
A.16.1.6	Learning from information security incidents 정보보호 사고로부터 학습	**Control** Knowledge gained from analysing and resolving information security incidents shall be used to reduce the likelihood or impact of future incidents. 정보보호 사고를 분석하고 해결하는 과정에서 습득한 지식은 추후 사고의 가능성 또는 영향을 줄이는 데 사용하여야 한다.
A.16.1.7	Collection of evidence 증거 수집	**Control** The organization shall define and apply procedures for the identification, collection, acquisition and preservation of information, which can serve as evidence. 조직은 증거로 활용할 수 있는 정보를 식별, 수집, 획득, 보존하기 위한 절차를 정의하고 적용하여야 한다.

A.17 Information security aspects of business continuity management 정보보안 측면 업무 연속성 관리

A.17.1 Information security continuity 정보보호 연속성

Objective : Information security continuity shall be embedded in the organization's business continuity management systems.

목적 : 조직의 업무 연속성 관리 체계 내에 정보보호 연속성을 포함시켜야 한다.

A.17.1.1	Planning information security continuity 정보보호 연속성 계획	**Control** The organization shall determine its requirements for information security and the continuity of information security management in adverse situations, e.g. during a crisis or disaster. 조직은 위기 또는 재난과 같이 어려운 상황에서 정보보호와 정보보호 관리의 연속성에 대한 요구사항을 결정하여야 한다.
A.17.1.2	Implementing information security continuity 정보보호 연속성 구현	**Control** The organization shall establish, document, implement and maintain processes, procedures and controls to ensure the required level of continuity for information security during an adverse situation. 조직은 어려운 상황에서 정보보호에 필요한 수준의 연속성을 보장하기 위해 프로세스, 절차, 통제를 수립하고 문서화하여 구현 및 유지하여야 한다.
A.17.1.3	Verify, review and evaluate information security continuity 정보보호 연속성 검증, 검토, 평가	**Control** The organization shall verify the established and implemented information security continuity controls at regular intervals in order to ensure that they are valid and effective during adverse situations. 조직이 수립하고 구현한 정보보호 연속성 통제가 어려운 상황에서 적절하고 효과적임을 보장하기 위하여 주기적으로 검증하여야 한다.

A.17.2 Redundancies 이중화

Objective : To ensure availability of information processing facilities.

목적 : 정보처리 시설의 가용성을 보장하기 위하여

A.17.2.1	Availability of information processing facilities 정보처리 시설 가용성	**Control** Information processing facilities shall be implemented with redundancy sufficient to meet availability requirements. 정보처리 시설은 가용성 요구사항을 만족하는데 충분하도록 이중화하여 구현하여야 한다.

A.18 Compliance 준거성

A.18.1 Compliance with legal and contractual requirements 법적 및 계약 요구사항 준수

Objective : To avoid breaches of legal, statutory, regulatory or contractual obligations related to information security and of any security requirements.

목적 : 정보보호에 관련된 법률, 법령, 규정, 계약 의무와 보안 요구사항의 위반을 방지하기 위하여

A.18.1.1	Identification of applicable legislation and contractual requirements 적용 법규 및 계약 요구사항 식별	**Control** All relevant legislative statutory, regulatory, contractual requirements and the organization's approach to meet these requirements shall be explicitly identified, documented and kept up to date for each information system and the organization. 정보시스템과 조직에 관련한 모든 법령, 규제, 계약 요구사항과 조직의 요구사항 만족을 위한 접근 방법을 명시적으로 식별하고, 문서화하며 최신으로 유지하여야 한다.
A.18.1.2	Intellectual property rights 지적 재산권	**Control** Appropriate procedures shall be implemented to ensure compliance with legislative, regulatory and contractual requirements related to intellectual property rights and use of proprietary software products. 지적 재산권 및 소프트웨어 제품 소유권의 행사와 관련된 법령, 규정, 계약 요구사항의 준수를 보장하기 위하여 적절한 절차를 구현하여야 한다.
A.18.1.3	Protection of records 기록 보호	**Control** Records shall be protected from loss, destruction, falsification, unauthorized access and unauthorized release, in accordance with legislatory, regulatory, contractual and business requirements. 기록은 법령, 규정, 계약, 업무 요구사항에 따라 분실, 파손, 위조, 비인가 접근, 비인가 공개로부터 보호하여야 한다.
A.18.1.4	Privacy and protection of personally identifiable information 프라이버시 및 개인정보보호	**Control** Privacy and protection of personally identifiable information shall be ensured as required in relevant legislation and regulation where applicable. 프라이버시와 개인정보보호는 관련 법규와 규제에서 요구하는 바에 따르고 있음을 보장하여야 한다.
A.18.1.5	Regulation of cryptographic controls 암호 통제 규제	**Control** Cryptographic controls shall be used in compliance with all relevant agreements, legislation and regulations. 암호 통제는 모든 관련 협약, 법규, 규제를 준수하면서 사용하여야 한다.

A.18.2 Information security reviews 정보보호 검토

Objective : To ensure that information security is implemented and operated in accordance with the organizational policies and procedures.
목적 : 조직의 정책과 절차에 따라 정보보호를 구현하고 운영하고 있음을 보장하기 위하여

A.18.2.1	Independent review of information security 정보보호 독립적 검토	**Control** The organization's approach to managing information security and its implementation (i.e. control objectives, controls, policies, processes and procedures for information security) shall be reviewed independently at planned intervals or when significant changes occur. 정보보호와 구현(**예** : 정보보호에 대한 통제 목적, 통제, 정책, 프로세스, 절차)에 대한 조직의 접근 방법은 계획된 주기 또는 중대한 변경이 발생한 시점에 독립적으로 검토하여야 한다.

A.18.2.2	Compliance with security policies and standards 보안 정책 및 표준 준수	**Control** Managers shall regularly review the compliance of information processing and procedures within their area of responsibility with the appropriate security policies, standards and any other security requirements. 관리자는 자신의 책임 영역 내에서 적절한 보안 정책, 표준, 기타 보안 요구사항에 대한 정보처리 및 절차의 준거성을 주기적으로 검토하여야 한다.
A.18.2.3	Technical compliance review 기술 준거성 검토	**Control** Information systems shall be regularly reviewed for compliance with the organization's information security policies and standards. 조직의 정보보호 정책 및 표준에 대한 정보시스템의 준거성을 주기적으로 검토하여야 한다.

학습 Tip 국제 정보보호 관리 과정 요구사항

구분	ISO 27001:2013 ISMS Framework 관리 과정 요구사항		요구사항
관리 과정	4. Context of organization	조직의 상황	4
	5. Leadership	리더십	3
	6. Planning	계획	4
	7. Support	지원	8
	8. Operation	운영	3
	9. Performance evaluation	성과 평가	3
	10. Improvement	개선	2
	7개 관리 과정 필수 요구사항		27개

☞ ISO 27001:2013에서 HLS 관리 과정은 Clauses 조항(Clauses 4장~10장) 기준으로 27개 요구사항 기준

Section 3 국제 개인정보보호 관리 체계(ISO 27701)

🔒 국제 개인정보보호 관리 체계 인증

| 국제 개인정보보호 관리 체계의 개요 |

- ISO 27701 영역은 조직의 상황에서 개인정보 관리를 위해 ISO 27001과 ISO 27002를 확장한 개인정보 관리 체계를 수립, 구현, 유지, 개선하기 위한 요구사항과 지침을 명시한다.
- PII 처리 책임과 책임 추적성을 갖도록 PII 컨트롤러와 PII 프로세서를 위한 지침과 PIMS 관련 요구사항을 명시한다.

- 개인정보 통제를 관리하기 위한 개인 식별 정보(Personally Identifiable Information ; PII)의 컨트롤러 및 프로세서에 관한 프레임워크를 개괄하여 개별적인 프라이버시권(Privacy Right)에 대한 위험을 줄이는 것이다.
- 추가적인 통제 항목 선택 및 구현 시 개인정보보호와 클라우드 보안 통제 항목을 추가적으로 구현할 수 있다.
- ISO 27701은 조직의 상황, 리더십, 계획, 지원, 운영, 성과 평가, 개선의 7개 관리 과정 요구사항으로 구성되며 개인정보보호 통제 기준은 부속서 A PII Controllers로 31개 통제 항목, 부속서 B PII Processor로 18개 통제 항목으로 구성되어 있다.
- ISO 27001을 구현하고 준수하는 조직은 ISO 27701을 채택하여 ISMS를 PIMS로 확장할 수 있다.
- ISO 27701은 조직이 개인정보보호 관리 체계(PIMS)를 구현, 유지 및 지속적으로 개선하는 데 도움이 되는 프레임워크를 제공한다.

구분		PII Controllers	PII Processor	적용 범위
개념		개인정보 처리의 목적과 수단을 결정 (국내 : 위탁자)	컨트롤러를 대신하여 개인정보 처리 (국내 : 수탁자)	
		동일한 개인정보 처리 활동에 대해 하나의 주체가 PII Controllers 동시에 PII Processor가 될 수는 없음		
심사 기준				
Requirement		ISO 27001:2013 Requirement(4항~10항), Annex A control Objectives and Controls(114개 통제)		Mandatory (필수)
		PIMS-specific requirement related to ISO/IEC 27001(Clause 5)	PIMS-specific requirement related to ISO/IEC 27001(Clause 5)	and/or
		Annex A PIMS-specific reference control objectives and controls(PII Controllers)	Annex B PIMS-specific reference control objectives and controls(PII Processor)	Annex A and/or Annex B
Guidance		PIMS-specific guidance related to ISO/IEC 27002(Clause 6)	PIMS-specific guidance related to ISO/IEC 27002(Clause 6)	and/or
		Additional ISO/IEC 27002 guidance for PII Controllers(Clause 7) ☞ control objectives 4개 영역, 총 31개 통제 항목으로 구성	Additional ISO/IEC 27002 guidance for PII Processor(Clause 8) ☞ control objectives 4개 영역, 총 18개 통제 항목으로 구성	and/or

☞ 조직의 역할에 따라 적용되는 ISO 27701:2019 요구사항 및 가이던스가 구분됨

- 정보보호 관리 체계(Information Security Management System ; ISMS) ISO 27001 확장판으로 조직의 역할에 따라 적용되는 컨트롤러 및 프로세서 개인정보보호 통제 기준은 부속서 A PII Controllers로 31개 통제 항목, 부속서 B PII Processor로 18개 통제 항목으로 구성되어 있다.

Clause	Guidance	ISO 27701:2019
6	PIMS-specific guidance related to ISO/IEC 27002	• +ISO 27002 PIMS-specific • ISO 27002에 관련된 가이던스(6.1항 : PII Controllers 및 PII Processor에게 적용) • PIMS-specific Additional Implementation Guidance (32개)
7	Additional ISO/IEC 27002 guidance for PII Controllers	• +ISO 27002 Guidance for PII Controllers(31개 Controls) • Annex A PII Controllers
8	Additional ISO/IEC 27002 guidance for PII Processors	• +ISO 27002 Guidance for PII Processors(18개 Controls) • Annex A PII Processors

☞ Statement of Applicability(SoA) 통제 항목에 따라 요구사항이 될 수 있음(Clause 6, 7, 8)

🔒 국제 개인정보보호 관리 체계 인증 기준(Annex A PII Controllers)

| 국제 개인정보보호 관리 체계(PII Controllers) |

- ISO 27001을 구현하고 준수하는 조직은 ISO 27701을 채택하여 ISMS/PIMS로 확장할 수 있으며, 조직의 역할에 따라 적용되는 컨트롤러 및 프로세서에서 개인정보보호 통제를 선택하여 구현할 수 있다.
- 개인정보보호 통제를 구현하려는 조직에 대한 정보보호 위험 환경을 고려하며, 이러한 통제는 조직의 특정 보안 및 업무 목적의 충족을 보장하기 위하여 필요에 따라 수립, 구현, 모니터링, 검토, 개선하여야 한다.
- 위험 평가의 결과는 개인정보보호 위험의 관리 및 위험에 대한 보호 대책으로 선택한 통제를 구현하기 위하여 적절한 관리 조치와 우선순위를 결정하는 데 도움을 준다.
- 조직은 개인정보보호 목적 및 목표를 달성하기 위하여 개인정보보호 통제를 효과적으로 선택하고 적용하여야 한다.
- 정보보호 관리 체계(ISMS) 확장판으로 조직의 역할에 따라 적용되는 컨트롤러 및 프로세서 개인정보보호 통제 기준은 부속서 A PII Controllers로 31개 통제 항목으로 구성되어 있다.

A.1 Control objectives and controls 통제 목적 및 통제

A.7.2 Conditions for collection and processing 수집 및 처리 조건

Objective : To ensure that processing is lawful, with legal basis as per applicable jurisdictions, with clearly defined and legitimate purposes.
목적 : 해당 관할 지역에 따른 법적 근거가 있으며 명확하게 정의되고 적법한 목적으로 처리가 합법적임을 결정하고 문서화하기 위하여

A.7.2.1	Identify and document purpose 목적 식별 및 문서화	**Control** The organization shall identify and document the specific purposes for which the PII will be processed. 제어 조직은 PII가 처리되는 특정 목적을 식별하고 문서화해야 한다.

A.7.2.2	Identify lawful basis 법적 근거 식별	**Control** The organization shall determine, document and comply with the relevant lawful basis for the processing of PII for the identified purposes. 식별된 목적을 위한 개인정보 처리를 위해 적법한 법적 근거를 결정하고, 문서화하며 준수해야 한다.
A.7.2.3	Determine when and how consent is to be obtained 언제 어떻게 동의를 획득할 것인지 결정	**Control** The organization shall determine and document a process by which it can demonstrate if, when and how consent for the processing of PII was obtained from PII principals. 동의를 언제 어떻게 획득했는지를 설명할 수 있는 프로세스를 결정하고 문서화해야 한다.
A.7.2.4	Obtain and record consent 동의 및 기록	**Control** The organization shall obtain and record consent from PII principals according to the documented processes. 문서화된 프로세스에 따라 개인정보 주체로부터 동의를 획득하고 기록해야 한다.
A.7.2.5	Privacy impact assessment 개인정보 영향 평가	**Control** The organization shall assess the need for, and implement where appropriate, a privacy impact assessment whenever new processing of PII or changes to existing processing of PII is planned. 새로운 개인정보 처리 또는 기존 개인정보 처리의 변경이 계획되면 개인정보 영향 평가의 필요성을 평가하고 적절한 경우 이행해야 한다.
A.7.2.6	Contracts with PII processors PII 프로세서와의 계약	**Control** The organization shall have a written contract with any PII processor that it uses, and shall ensure that their contracts with PII processors address the implementation of the appropriate controls in Annex B. 조직은 조직이 사용하는 PII 프로세서와 서면 계약을 맺고 PII 프로세서와의 계약이 부록 B의 적절한 통제 구현을 처리하도록 해야 한다.
A.7.2.7	Joint PII controller 공동 컨트롤러 PII 컨트롤러	**Control** The organization shall determine respective roles and responsibilities for the processing of PII (including PII protection and security requirements) with any joint PII controller. 조직은 공동 PII 컨트롤러와 함께 PII (PII 보호 및 보안 요구사항 포함) 처리를 위한 각자의 역할과 책임을 결정해야 한다.
A.7.2.8	Records related to processing PII PII 처리와 관련된 기록	**Control** The organization shall determine and securely maintain the necessary records in support of its obligations for the processing of PII. 개인정보 처리 의무의 증거로 필요한 기록을 결정하고, 안전하게 관리해야 한다.

A.7.3 Obligations to PII principals PII 주체에 대한 의무

Objective : To ensure that PII principals are provided with appropriate information about the processing of their PII, and to meet any other applicable obligations to PII principals related to the processing of their PII.
목적 : 개인정보 주체는 자신의 개인정보 처리에 대한 적절한 정보를 제공받도록 보장하고, 개인정보 처리와 관련하여 개인정보 주체에 대한 해당 의무를 충족하기 위하여

A.7.3.1	Determining and fulfilling obligations to PII principals PII 주체에 대한 의무 결정 및 이행	**Control** The organization shall determine, document and comply with their legal, regulatory and business obligations to PII principals, related to the processing of their PII and provide the means to meet these obligations. 조직은 PII의 처리와 관련하여 PII 주체에 대한 법적, 규제적 및 사업적 의무를 결정하고 문서화를 준수해야 하며, 이러한 의무를 이행할 수 있는 방법을 제공해야 한다.
A.7.3.2	Determining information for PII principals PII 주체에 대한 정보 결정	**Control** The organization shall determine and document the information which is to be provided to PII principals regarding the processing of their PII and the timing of such a provision. 조직은 PII의 처리와 관련하여 PII 주체에게 제공될 정보를 결정하고, 문서화해야 한다.
A.7.3.3	Providing information to PII principals PII 주체에게 정보 제공	**Control** The organization shall provide PII principals with clear and easily accessible information related to the PII controller and the processing of their PII. 조직은 PII 주체에게 PII 통제 및 해당 PII 처리와 관련하여 명확하고 쉽게 접근할 수 있는 정보를 제공해야 한다.
A.7.3.4	Provide mechanism to modify or withdraw consent 동의를 수정하거나 철회할 수 있는 메커니즘 제공	**Control** The organization shall provide a mechanism for PII principals to modify or withdraw their consent. 조직은 PII 주체가 그들의 동의를 수정하거나 철회할 수 있는 메커니즘을 제공해야 한다.
A.7.3.5	Provide mechanism to object to PII processing PII 처리에 반대하는 메커니즘 제공	**Control** The organization shall provide a mechanism for PII principals to object to the processing of their PII. 조직은 PII 주체가 자신의 PII를 처리하지 못하도록 하는 메커니즘을 제공해야 한다.
A.7.3.6	Access, correction and/or erasure 접근, 수정 및 또는 삭제	**Control** The organization shall implement policies, procedures and/or mechanisms to meet their obligations to PII principals to access, correct and/or erase their PII. 조직은 PII 주체에 대한 그들의 의무를 이행하여 PII에 접근, 수정 또는 삭제하는 정책, 절차 및 메커니즘을 구현해야 한다.
A.7.3.7	PII controllers obligations to inform third parties 제3자에게 알려주는 PII 컨트롤러의 의무	**Control** The organization shall implement policies, procedures and mechanisms to inform third parties with whom the PII has been shared of any modification, withdrawal or objections pertaining to the shared PII. 조직은 PII가 공유된 제3자에게 공유 PII와 관련된 수정, 철회 또는 이의 제기를 알리는 정책, 절차 및 메커니즘을 구현해야 한다.

A.7.3.8	Providing copy of PII processed 처리된 PII의 사본 제공	**Control** The organization shall be able to provide a copy of the PII that is being processed when requested by the PII principal. 조직은 PII 주체가 요청할 경우 처리되는 PII 사본을 제공할 수 있어야 한다.
A.7.3.9	Handling requests 요청 처리	**Control** The organization shall define and document policies and procedures for handling and responding to legitimate requests from PII principals. 조직은 PII 주체로부터 합법적인 요청을 처리하고 대응하기 위한 정책 및 절차를 정의하고 문서화해야 한다.
A.7.3.10	Automated decision making 자동화된 의사결정	**Control** The organization shall identify and address all obligations, including legal obligations, to the PII principals resulting from decisions made by the organization and related to the PII principal based solely on automated processing of PII. 조직은 PII의 자동화된 처리에 기초하여 조직이 결정한 결과로 PII 주체에 대한 법적 책임을 포함하여 모든 의무를 식별하고 해결해야 한다.

A.7.4 Privacy by design and by privacy default 개인정보보호 적용 설계 및 개인정보 기본 설정

Objective : To ensure that processes and systems are designed such that the collection and processing (including use, disclosure, retention, transmission and disposal) are limited to what is necessary for the identified purpose.
목적 : 수집 및 처리(사용, 공개, 보유, 전송 및 파기 포함)는 식별된 목적을 위해 필요한 경우로 제한되도록 하기 위해 프로세스 및 시스템을 설계하는 것을 보장하기 위하여

A.7.4.1	Limit collection 최소 수집	**Control** The organization shall limit the collection of PII to the minimum that is relevant, proportional and necessary for the identified purposes. 조직은 PII의 수집을 식별된 목적에 비례하여 최소한으로 제한해야 한다.
A.7.4.2	Limit processing 처리 제한	**Control** The organization shall limit the processing of PII to that which is adequate, relevant and necessary for the identified purposes. 조직은 PII의 처리를 식별된 목적에 적절한 것으로 제한해야 한다.
A.7.4.3	Accuracy and quality 정확성과 품질	**Control** The organization shall ensure and document that PII is as accurate, complete and up-to-date as is necessary for the purposes for which it is to be processed, throughout the life-cycle of the PII. 조직은 PII의 생명주기 전반에 걸쳐 PII가 처리 목적에 필요한 만큼 정확하고 완전하며 최신 상태인지 확인하고 문서화해야 한다.
A.7.4.4	PII minimization and de-identification objectives PII 최소화 및 식별 취소 목적	**Control** The organization should define and document data minimization objectives and how those objectives are met, including what mechanisms (such as de-identification) are used. 조직은 데이터 최소화 목표와 그러한 목표 달성 방법을 정의하고 문서화 하며, 어떤 메커니즘(예 : 비식별화)이 사용되는지를 포함해야 한다.

A.7.4.5	PII de-identification and deletion at the end of processing 처리 종료 시 PII ID 식별 및 삭제	**Control** The organization shall either delete PII or render it in a form which does not permit (re-)identification of PII principals, as soon as the original PII is no longer necessary for the identified purpose(s). 조직은 원래의 개인 식별 정보가 식별된 목적을 위해 더 이상 필요하지 않게 되면 개인 식별 정보를 삭제하거나 개인 식별 정보의 (재)식별을 허용하지 않는 형식으로 제공해야 한다.
A.7.4.6	Temporary files 임시 파일	**Control** The organization shall ensure that temporary files created as a result of the processing of PII are disposed of (e.g., erased or destroyed) following documented procedures within a specified, documented period. 조직은 특정 문서화된 기간 내에 문서화된 절차에 따라 PII의 처리 결과로 생성된 임시 파일이 삭제(또는 파기)되도록 보장해야 한다.
A.7.4.7	Retention 보유	**Control** The organization shall not retain PII for longer than is necessary for the purposes for which the PII is processed. 조직은 PII가 처리되는 목적에 필요한 기간보다 오랫동안 PII를 보유하지 않아야 한다.
A.7.4.8	Disposal 파기	**Control** The organization shall have documented policies, procedures and/or mechanisms for the disposal of PII. 조직은 PII 파기 정책, 절차 또는 메커니즘을 문서화해야 한다.
A.7.4.9	PII transmission controls PII 전송 통제	**Control** The organization shall subject PII transmitted (e.g. sent to another organization) over a data-transmission network to appropriate controls designed to ensure that the data reaches its intended destination. 조직은 데이터 전송 네트워크를 통해 전송된(**예** : 다른 조직으로 전송된) PII가 데이터에 따라 의도한 목적지에 도달하도록 설계된 적절한 통제를 마련해야 한다.

A.7.5 PII sharing, transfer and disclosure PII 공유, 양도 및 공개

Objective : To ensure that PII is shared, transferred to other jurisdictions or third parties and/or disclosed in accordance with applicable obligations.

목적 : 개인정보가 공유, 다른 관할 지역 또는 제3자에게 이전 또는 해당 의무에 따라 공개되는 시점을 결정하고 문서화하기 위하여

A.7.5.1	Identify basis for PII transfer between jurisdictions 관할 구역간 PII 이전을 위한 근거 파악	**Control** The organization shall identify and document the relevant basis for transfers of PII between jurisdictions. 조직은 관할 구역 간에 PII를 이전하기 위한 관련 근거를 확인하고 문서화해야 한다.

A.7.5.2	Countries and international organizations to which PII might be transferred PII가 양도될 수 있는 국가 및 국제기구	**Control** The organization shall specify and document the countries and international organizations to which PII might possibly be transferred. 조직은 PII가 이전될 가능성이 있는 국가 및 국제기구를 명시하고 문서화해야 한다.
A.7.5.3	Records of transfer of PII PII의 이전 기록	**Control** The organization shall record transfers of PII to or from third parties and ensure cooperation with those parties to support future requests related to obligations to the PII principals. 제3자로부터 개인정보 이전을 기록하고 개인정보 주체에 대한 의무와 관련된 향후 요청을 지원하기 위해 당사자와의 협력을 보장해야 한다.
A.7.5.4	Records of PII disclosures to third parties 제3자에 대한 PII 공개 기록	**Control** The organization shall record disclosures of PII to third parties, including what PII has been disclosed, to whom and at what time. 어떠한 개인정보가 언제, 누구에게 공개되었는지를 포함하여 제3자에 대한 개인정보 공개를 기록해야 한다.

🔒 국제 개인정보보호 관리 체계 인증 기준(Annex B PII Processors)

| 국제 개인정보보호 관리 체계(PII Processors) |

정보보호 관리 체계(ISMS) 확장판으로 조직의 역할에 따라 적용되는 컨트롤러 및 프로세서 개인정보보호 통제 기준은 부속서 B PII Processor로 18개 통제 항목으로 구성되어 있다.

B.1 Control objectives and controls 통제 목적 및 통제

B.8.2 Conditions for collection and processing 수집 및 처리 요건

Objective : To ensure that processing is lawful, based on legitimate purposes or consent, and/or other bases as applicable by jurisdiction.

목적 : 해당 관할 지역에 따른 법적 근거가 있으며 명확하게 정의되고 적법한 목적으로 처리가 합법적임을 결정하고 문서화하기 위하여

B.8.2.1	Customer agreement 고객 계약	**Control** The organization shall ensure, where relevant, that the contract to process PII addresses the organization's role in providing assistance with the customer's obligations. (taking into account the nature of processing and the information available to the organization) 개인정보 처리 계약은 고객의 의무에 대한 지원을 제공하는 조직의 역할을 충족하도록 보장해야 한다(처리의 성격 및 조직에 가용한 정보를 고려).

B.8.2.2	Organization's purposes 조직 목적	**Control** The organization shall ensure that PII processed on behalf of a customer is not processed for any purpose independent of the documented instructions of the customer. 개인정보는 문서화된 고객 지침에 표현된 목적을 위해서만 처리되도록 보장해야 한다.
B.8.2.3	Marketing and advertising use 마케팅 및 광고 사용	**Control** The organization shall not use PII processed under a contract for the purposes of marketing and advertising without prior consent from the appropriate PII principal. The organization shall not make providing such consent a condition for receiving the service. 적절한 개인정보 주체로부터 사전 동의를 얻지 않은 상태에서 계약에 따라 처리된 개인정보는 마케팅 및 광고 목적을 위해 활용해서는 안 된다. 이러한 동의 서비스를 지원하기 위한 조건으로 제공해서는 안 된다.
B.8.2.4	Infringing instruction 지침 위반	**Control** The organization shall inform the customer if, in its opinion, a processing instruction infringes applicable legislation or regulation. 조직은 고객에게 처리 지시가 적용 가능한 법률이나 규정을 침해한다고 판단하는 경우 이를 고객에게 알려야 한다.
B.8.2.5	Customer obligations 고객 의무	**Control** The organization shall provide the customer with the appropriate information such that it can demonstrate compliance with its obligations. 고객의 의견에 따라 처리 지침이 해당 법률 및 규정을 위반하는 경우 고객에게 알려야 한다.
B.8.2.6	Records related to processing PII 개인정보 처리 관련 기록	**Control** The organization shall determine and maintain the necessary records in support of demonstrating compliance with its obligations (as specified in the applicable agreement) for the processing of PII carried out on behalf of a customer. 개인정보 처리에 대한 조직의 의무(해당 계약에 명시된 대로) 준수를 입증하기 위해 필요한 기록을 결정 및 유지해야 한다.

B.8.3 Obligations to PII principals PII 주체에 대한 의무

Objective : To ensure that PII principals are provided with the appropriate information about the processing of their PII, and to meet any other applicable obligations to PII principals related to the processing of their PII.

목적 : 개인정보 주체는 자신의 개인정보 처리에 대한 적절한 정보를 제공받도록 보장하고, 개인정보 처리와 관련하여 개인정보 주체에 대한 해당 의무를 충족하기 위하여

B.8.3.1	Obligations to PII principals PII 주체에 대한 의무	**Control** The organization shall provide the customer with the means to comply with its obligations related to PII principals. 개인정보 주체와 관련된 의무를 준수하기 위한 수단을 고객에게 제공해야 한다.

B.8.4 Privacy by design and privacy by default 개인정보보호 적용 설계 및 개인정보 기본 설정

Objective : To ensure that processes and systems are designed such that the collection and processing (including use, disclosure, retention, transmission and disposal) are limited to what is necessary for the identified purpose.

목적 : 수집 및 처리(사용, 공개, 보유, 전송 및 파기 포함)는 식별된 목적을 위해 필요한 경우로 제한되도록 하기 위하여 프로세스 및 시스템을 설계하는 것을 보장하기 위하여

B.8.4.1	Temporary files 임시 파일	**Control** The organization shall ensure that temporary files created as a result of the processing of PII are disposed of (e.g., erased or destroyed) following documented procedures within a specified, documented period. 개인정보 처리 결과로 생성된 임시 파일은 명확하고 문서화된 기간 내에 문서화된 절차에 따라 파기(삭제 또는 파쇄)되도록 보장하여야 한다.
B.8.4.2	Return, transfer or disposal of PII 개인정보 회수, 이전 또는 파기	**Control** The organization shall provide a capability for the return, transfer and/or disposal of PII in a secure manner and shall make its policy for the exercise of this capability available to the customer. 안전한 방식으로 개인정보 회수, 이전 및 파기하여야 한다. 또한, 해당 정책이 고객에게 가용하도록 해야 한다.
B.8.4.3	PII transmission controls PII 전송 통제	**Control** The organization shall subject PII transmitted over a data-transmission network to appropriate controls designed to ensure that the data reaches its intended destination. 전송되는 개인정보가 의도된 목적지에 도달하도록 적절한 통제를 마련해야 한다.

B.8.5 PII sharing, transfer and disclosure PII 공유, 이전 및 공개

Objective : To ensure that PII is shared, transferred to other jurisdiction or third parties, and/or disclosed in accordance with applicable obligations.

목적 : 개인정보가 공유, 다른 관할 지역 또는 제3자에게 이전 또는 해당 의무에 따라 공개되는 시점을 결정하고 문서화하기 위하여

B.8.5.1	Basis for PII transfer between jurisdictions 관할 지역간 개인정보 이전 근거	**Control** The organization shall inform the customer in a timely manner of the basis for PII transfers between jurisdictions and of any intended changes in this regard, so that the customer has the ability to object to such changes or to terminate the contract. 이전 근거 및 이와 관련하여 의도된 변경에 대해 고객이 이러한 변경에 반대하거나 계약을 종료할 수 있도록 적기에 알려야 한다.

B.8.5.2	Countries and international organizations to which PII might be transferred 개인정보가 이전될 수 있는 국가 및 국제기구	**Control** The organization shall specify and document the countries and international organizations to which PII might possibly be transferred. 개인정보가 이전될 수 있는 국가 및 국제기구를 명시하고 문서화해야 한다.
B.8.5.3	Records of PII disclosures to third parties 제3자에 대한 개인정보 공개 기록	**Control** The organization shall record disclosures of PII to third parties, including what PII has been disclosed, to whom and when. 어떤 개인정보가 언제, 누구에게 공개되었는지를 포함하여 제3자에 대한 개인정보 공개를 기록해야 한다.
B.8.5.4	Notification of PII disclosure requests 개인정보 공개 요청 통지	**Control** The organization shall notify the customer of any legally binding requests for disclosure of PII, unless otherwise prohibited by law. 개인정보 공개에 대해 법적 구속력이 있는 요청을 고객에게 통지해야 한다.
B.8.5.5	Legally binding PII disclosures 법적 구속력이 있는 개인정보 공개	**Control** The organization shall reject any requests for PII disclosures that are not legally binding, consult the corresponding customer where legally permissible before making any PII disclosures and accepting any contractually agreed requests for PII disclosures that are authorized by the corresponding customer. 법적 구속력이 없는 개인정보 공개 요청을 거절하고, 해당 고객이 승인한 개인정보 공개에 대해 계약상 합의된 요청을 수락하기 전에 해당 고객과 상담해야 한다.
B.8.5.6	Disclosures of subcontractors used to process PII PII를 처리하는 데 사용된 협력업체의 공개	**Control** The organization shall disclose any use of subcontractors to process PII to the customer before use. 조직은 PII를 사용하기 전에 고객 처리를 위해 협력업체의 모든 사용을 공개해야 한다.
B.8.5.7	Engagement of a subcontractor to process PII 개인정보 처리 협력업체 참여	**Control** The organization shall only engage a subcontractor to process PII according to the contract agreed with the customer. 조직은 고객과 합의한 계약에 따라 PII를 처리하기 위해 협력업체만 참여시켜야 한다.
B.8.5.8	Change of subcontractor to process PII 프로세스 PII로의 협력업체 변경	**Control** The organization shall, in the case of having general written authorization, inform the customer of any intended changes concerning the addition or replacement of subcontractors to process PII, thereby giving the customer the opportunity to object to such changes. 일반적인 서면 승인이 있는 경우 개인정보를 처리하는 하도급자(업체) 추가 또는 대체와 관련한 의도된 변경 사항을 고객에게 알려야 하며, 고객에게 이러한 변경 사항에 반대할 수 있는 기회를 제공해야 한다.

학습 Tip ISO 27001(ISMS Framework)과 ISO 27701(PIMS Framework) 요구사항 비교

Clause (ISO 27001)	Clause (ISO 27701)	ISO 27001:2013	ISO 27701:2019
4	5.2	Context of the organization(조직의 상황) 4.3 Determining the scope of the information security management system	5.2.3 additional requirements(PII Controller and/or Processor)
5	5.3	Leadership(리더십)	no PIMS-specific requirements
6	5.4	Planning(계획) 6.12 Information security risk assessment 6.13 Information security risk treatment 6.13 c) d) Annex A control objectives and controls	5.4.1.3 additional requirements (Privacy risk assessment process, Annex A and/or Annex B)
7	5.5	Leadership(리더십)	no PIMS-specific requirements
8	5.6	Operation(운영)	no PIMS-specific requirements
9	5.7	Performance evaluation(성과 평가)	no PIMS-specific requirements
10	5.8	Improvement(개선)	no PIMS-specific requirements

☞ ISO 27001:2013과 차이점(심사기준)은 4항, 6항이 ISO 27701 5.2.3, 5.4.1.2, 5.4.1.3 additional requirements임 (총 3개 요구사항)

Section 4 개인정보 영향 평가(PIA)

🔒 개인정보 영향 평가 대상 및 절차

| 개인정보 영향 평가의 개념 |

- 개인정보 영향 평가(PIA ; Privacy Impact Assessment)란 개인정보 수집 및 활용이 수반되는 사업 추진 시 개인정보 오남용으로 인한 프라이버시 침해 위험의 잠재 유무를 조사/예측/검토/개선하는 제도이다.
- 법 제33조에서는 개인정보 영향 평가를 '개인정보 파일의 운용으로 인하여 정보 주체의 개인정보 침해가 우려되는 경우 위험 요인을 분석하고 개선 사항을 도출하기 위한 평가'라고 정의하고 있다(제1항).
- 개인정보 영향 평가 제도의 목적은 평가 대상 시스템 활용에 따른 잠재적 위험을 평가하여 개인정보 침해에 따른 피해를 줄일 수 있는지를 미리 검토 및 반영하는 것이다.

| 개인정보 영향 평가 대상 |

- 공공부문의 경우 전자정부 추진으로 개인정보를 대량으로 시스템화하여 상호 연동하는 등 개인정보 침해 우려가 높으므로 행정정보 공유 및 전자정부 추진 사업의 신뢰성을 제고하기 위하여 영향 평가를 의무화하고 있다.
- 일정 규모 이상의 개인정보를 전자적으로 처리하는 개인정보 파일을 구축 및 운영 또는 변경하려는 공공기관은 개인정보보호법 제33조 및 시행령 제35조에 근거하여 영향 평가를 수행한다.

구분	개인정보보호법	개인정보보호법 시행령
개인정보 영향 평가 대상	제33조(개인정보 영향 평가) 공공기관의 장은 대통령령으로 정하는 기준에 해당하는 개인정보 파일의 운용으로 인하여 정보 주체의 개인정보 침해가 우려되는 경우 그 위험 요인의 분석과 개선 사항 도출을 위한 평가(이하 '영향 평가'라 한다)를 하고 그 결과를 보호위원회에 제출하여야 한다.	제35조(개인정보 영향 평가의 대상) 법 제33조 제1항에서 대통령령으로 정하는 기준에 해당하는 개인정보 파일이란 개인정보를 전자적으로 처리할 수 있는 개인정보 파일로서 다음 각 호의 어느 하나에 해당하는 개인정보 파일을 말한다. 1. 구축 및 운용 또는 변경하려는 개인정보 파일로서 5만 명 이상의 정보 주체에 관한 법 제23조에 따른 민감 정보(이하 '민감 정보'라 한다) 또는 고유 식별 정보의 처리가 수반되는 개인정보 파일 2. 구축 및 운용하고 있는 개인정보 파일을 해당 공공기관 내부/외부에서 구축 및 운용하고 있는 다른 개인정보 파일과 연계하려는 경우로서 연계 결과 50만 명 이상의 정보 주체에 관한 개인정보가 포함되는 개인정보 파일 3. 구축 및 운용 또는 변경하려는 개인정보 파일로서 100만 명 이상의 정보 주체에 관한 개인정보 파일

설명	• 개인정보 영향 평가의 대상
	  - (5만 명 조건) 5만 명 이상 정보 주체의 민감 정보 또는 고유 식별 정보가 포함된 개인정보 파일
	  - (50만 명 조건) 공공기관의 내부/외부에서 다른 개인정보 파일과 연계하려고 할 때 연계 결과로서 정보 주체의 수가 50만 명 이상의 개인정보 파일
	  - (100만 명 조건) 100만 명 이상의 정보 주체 수를 포함하고 있는 개인정보 파일
	• 공공기관 영향 평가를 실시하는 3가지 유형
	  - 개인정보 파일을 신규 구축 및 운용하려는 경우
	  - 구축 개인정보 파일의 수집, 보유, 이용/제공, 파기 등 처리 절차를 변경하는 경우
	  - 개인정보 파일을 다른 시스템과 연계 및 제공하는 경우	

| 개인정보 영향 평가 절차 |

구분	개인정보 영향 평가에 관한 고시
개인정보 영향 평가 절차	**제9조(평가 절차)** 대상기관은 다음 각 호와 같이 사전 준비, 영향 평가 수행, 이행 단계로 영향 평가를 수행한다. 1. 사전 준비 단계에서는 영향 평가 사업 계획을 수립하여 예산을 확보하고 평가 기관을 선정한다. 2. 영향 평가 수행 단계에서는 평가 기관이 개인정보 침해 요인을 분석하고, 개선 계획을 수립하여 영향 평가서를 작성한다. 3. 이행 단계에서는 영향 평가서의 침해 요인에 대한 개선 계획이 반영되는가를 점검한다.

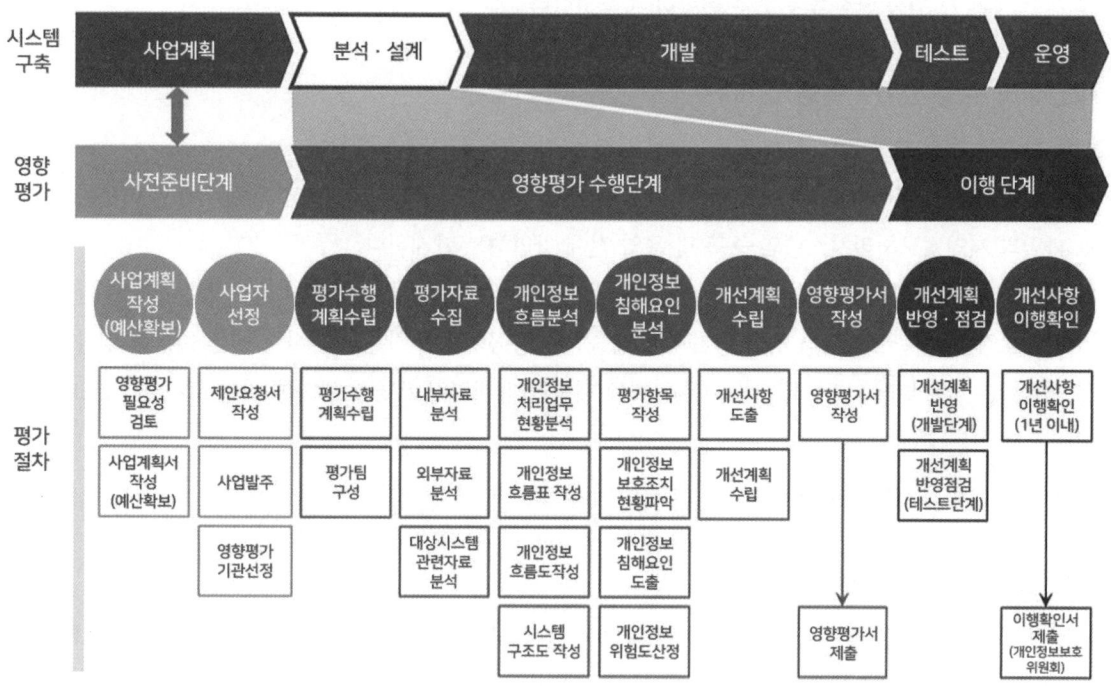

| 개인정보 영향 평가 - 사전 준비 단계 |

- 사전 준비 단계는 사업 계획의 작성, 영향 평가 기관 선정 순으로 진행된다.
- 사업 계획의 작성에서는 정보화 사업을 추진하는 과정에서 개인정보의 신규 수집/이용/연계 또는 처리 절차상 변경 등이 발생하는지에 대해 영향 평가 필요성 검토서 작성을 통해 영향 평가 필요성을 판단하고, 영향 평가 사업 계획서(예산 확보 관련 내용 포함)를 작성한다.
- 영향 평가 기관 선정은 보호위원회가 지정한 영향 평가 기관 중에서 선정해야 한다.

| 개인정보 영향 평가 - 영향 평가 수행 단계 |

- 영향 평가 수행 단계는 영향 평가 수행 계획 수립, 평가 자료 수집, 개인정보 흐름 분석, 개인정보 침해 요인 분석, 개선 계획 수립, 영향 평가서 작성 순으로 진행된다.

- 개인정보 흐름 분석은 대상 사업에서 처리되는 개인정보 흐름에 대한 파악을 위해 정보시스템 내 개인정보 흐름을 분석하는 작업으로 해당 단계에서는 대상 시스템을 면밀히 분석하고 업무를 정의하여 주어진 사업을 통해 처리되는 업무 중 개인정보 취급이 수반되는 업무를 도출하여 평가 범위를 명확히 한다.
- 개인정보의 침해 요인 분석 단계에서는 개인정보 흐름에 따른 개인정보 조치사항 및 계획 등을 파악하고, 개인정보 침해 위험성을 도출한다.
- 개선 계획 수립 단계에서는 개인정보 침해 요인별 위험도 분석에 기반하여 위험 요소를 제거하거나 최소화하기 위한 계획을 수립하며, 위험 정도에 따라 단기, 중/장기적인 개선 방안을 제시할 수 있다.
- 영향 평가서 작성 단계에서는 영향 평가 추진 경과 및 중간 산출물 등의 내용을 정리하고, 도출된 위험 요소 및 개선 계획 등 최종 산출물을 모두 취합하여 작성한다.

| 개인정보 영향 평가 - 이행 단계 |

- 이행 단계는 개선 사항 반영 여부 점검, 개선 사항 이행 확인 순으로 진행한다.
- 개선 사항 반영 여부 점검 단계는 분석 및 설계 단계에서 수행한 영향 평가 개선 계획의 반영 여부를 개인정보 파일과 개인정보처리시스템의 구축 및 운영 전에 확인하는 단계이다.
- 개선 사항 이행 확인 단계는 영향 평가 시 도출된 개선 계획이 예정대로 수행이 되고 있는지 여부를 점검하는 단계로 평가 기관으로부터 영향 평가서를 제출받은 공공기관의 장은 개선사항 이행 현황을 영향 평가서를 제출받은 날로부터 1년 이내에 보호위원회에 제출한다(개인정보 영향 평가에 관한 고시 제14조).

🔒 개인정보 영향 평가 기준

| 개인정보 영향 평가 기준과 항목 |

- 개인정보 영향 평가를 할 때는 평가 기준에 따라서 실행하되 평가 기관은 처리되는 개인정보의 종류/성질, 데이터의 양(규모), 시스템 환경, 침해 위험 등을 종합적으로 고려한다.
- 평가 기관은 다음의 표에 따라 적합한 평가 항목을 선정하여 영향 평가를 수행한다.

평가 영역	평가 분야	세부 분야
I. 대상 기관 개인정보보호 관리 체계	1. 개인정보보호 조직	개인정보보호책임자의 지정
		개인정보보호책임자의 역할 수행
	2. 개인정보보호 계획	내부 관리 계획 수립
		개인정보보호 연간 계획 수립
	3. 개인정보 침해 대응	침해 사고 신고 방법 안내
		유출 사고 대응
	4. 정보 주체 권리 보장	정보 주체 권리 보장 절차 수립
		정보 주체 권리 보장 방법 안내

II. 대상 시스템의 개인정보 보호 관리 체계	5. 개인정보취급자 관리	개인정보취급자 지정
		개인정보취급자 관리 및 감독
	6. 개인정보 파일 관리	개인정보 파일 대장 관리
		개인정보 파일 등록
	7. 개인정보 처리 방침	개인정보 처리 방침의 공개
		개인정보 처리 방침의 작성
III. 개인정보 처리 단계별 보호 조치	8. 수집	개인정보 수집의 적합성
		동의받는 방법의 적절성
	9. 보유	보유 기간 산정
	10. 이용 및 제공	개인정보 제공의 적합성
		목적 외 이용 및 제공 제한
		제공 시 안전성 확보
	11. 위탁	위탁 사실 공개
		위탁 계약
		수탁사 관리 및 감독
	12. 파기	파기 계획 수립
		분리 보관 계획 수립
		파기 대장 작성
IV. 대상 시스템의 기술적 보호 조치	13. 접근 권한 관리	계정 관리
		인증 관리
		권한 관리
	14. 접근 통제	접근 통제 조치
		인터넷 홈페이지 보호 조치
		업무용 모바일 기기 보호 조치
	15. 개인정보의 암호화	저장 시 암호화
		전송 시 암호화
	16. 접속 기록의 보관 및 점검	접속 기록 보관
		접속 기록 점검
		접속 기록 보관 및 백업
	17. 악성 프로그램 등 방지	백신 설치 및 운영
		보안 업데이트 적용
	18. 물리적 접근 방지	출입 통제 절차 수립
		반출입 통제 절차 수립

	19. 개인정보의 파기	안전한 파기
	20. 기타 기술적 보호 조치	개발 환경 통제
		개인정보 처리 화면 보안
		출력 시 보호 조치
	21. 개인정보 처리 구역 보호	보호 구역 지정
V. 특정 IT 기술 활용 시 개인정보보호	22. CCTV	CCTV 설치 시 의견 수렴
		CCTV 설치 안내
		CCTV 사용 제한
		CCTV 설치 및 관리에 대한 위탁
	23. RFID	RFID 이용자 안내
		RFID 태그 부착 및 제거
	24. 바이오 정보	원본 정보 보관 시 보호 조치
	25. 위치 정보	개인 위치 정보 수집 동의
		개인 위치 정보 제공 시 안내사항

개인정보 흐름 분석

| 개인정보 흐름 분석 세부 절차 |

- 개인정보 흐름 분석 절차는 개인정보 처리 업무 현황 분석, 개인정보 흐름표 작성, 개인정보 흐름도 작성, 정보시스템 구조도 작성의 4단계로 구성된다.
- 개인정보 처리 업무 현황 분석은 영향 평가 대상 업무 중에서 개인정보 처리 업무를 도출하여 평가 범위를 선정하는 단계로 개인정보를 처리(수집, 생성, 연계, 연동, 기록, 저장, 보유, 가공, 편집, 검색, 출력, 정정, 복구, 이용, 제공, 공개, 파기 등)하는 모든 업무를 파악한다.
- 개인정보 흐름표 작성은 개인정보의 수집, 보유, 이용, 제공, 파기에 이르는 Life-Cycle별 현황을 식별하여 개인정보 처리 현황을 명확히 알 수 있도록 흐름표를 작성한다.
- 개인정보 흐름도 작성은 개인정보 흐름표를 바탕으로 개인정보의 수집, 보유, 이용, 제공, 파기에 이르는 Life-Cycle별 현황을 식별하여 개인정보 처리 현황을 명확히 알 수 있도록 흐름도를 작성한다.
- 정보시스템의 구조도 작성은 개인정보 처리 시스템의 개인정보 내에서 외부 연계 시스템 및 관련 인프라 구성을 자세히 파악하는 단계로 다른 단계와 병렬 진행이 가능하며, 분석 초기에 작성하여 다른 단계 진행 시 참고할 수 있다.

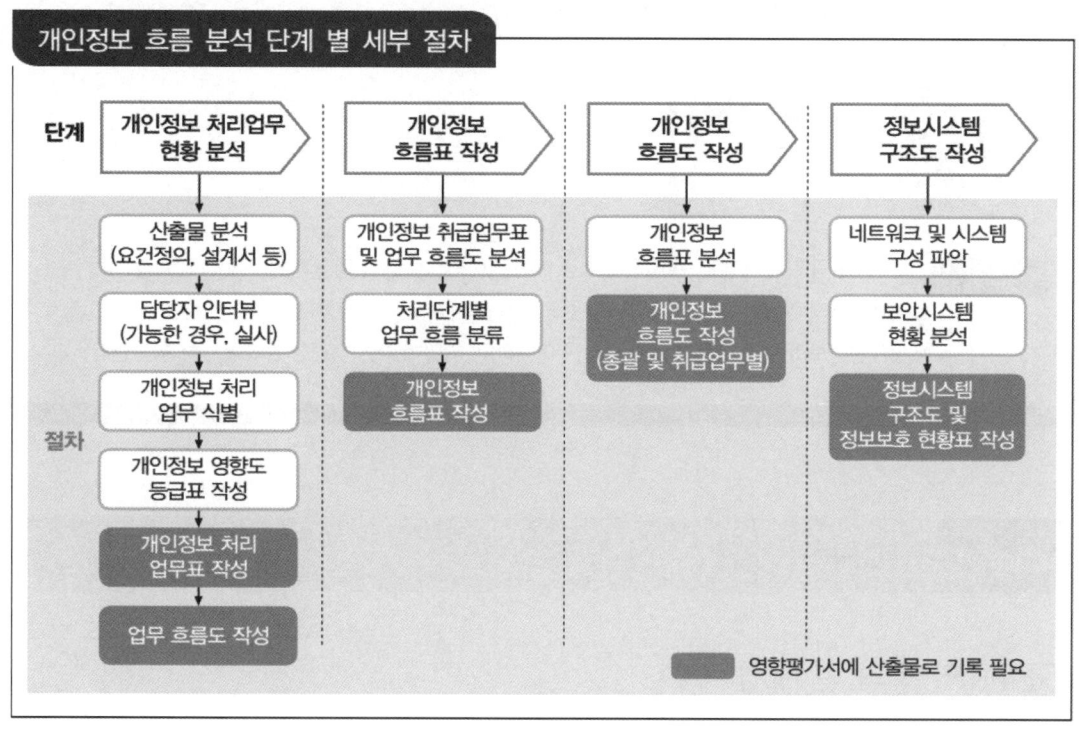

Chapter 02 GDPR

학습목표
- GDPR의 기본 개념을 이해하고, 제정 배경을 바탕으로 적용 대상과 범위에 대해 학습한다.
- 데이터의 안전한 관리와 데이터의 주요 보호 조치에 대해 학습한다.
- 개인정보의 처리 기준과 권리 보장을 이해하고, 기업에 따른 책임성 강화에 대해 학습한다.

Section 1 GDPR의 개요

GDPR의 정의 및 배경

| GDPR의 정의 |

- GDPR(General Data Protection Regulation)은 유럽연합의 법으로 유럽 경제 지역(EEA)에 속해있는 모든 사람들의 사생활 보호와 개인정보를 보호해주는 규제이다.
  - 유럽연합과 유럽 경제 지역 이외 지역의 개인정보 침해 또한 적용이 가능함
  - 총 11장, 173개 전문, 99개 본문으로 구성
- 2018년 5월 25일부터 시행되고 있는 EU(유럽연합)의 개인정보보호 법령으로 위반 시 과징금 등 행정처분이 부과될 수 있으며, EU 내 사업장이 없더라도 EU를 대상으로 사업을 하는 경우 적용 대상이 될 수 있어 기업의 주의가 필요하다.
- 정보보호 이행 지침(95/46/EC)을 대체하고 유럽 경제 지역 내 개인정보와 관련된 사건들을 처리하며, 기업의 위치나 정보 주체의 시민의식과는 상관없이 유럽 경제 지역 내 설립된 기업 또는 정보 주체의 개인정보 처리에 적용된다.

| GDPR의 등장 배경 및 목적 |

- GDPR은 1995년 제정된 기존 EU의 데이터 보호 지침(Directive 95/46/EC)을 대체하여 시민과 거주자가 자신의 개인정보를 제어할 수 있는 권리를 되찾고, EU 내 규칙을 통합하여 국제 비즈니스를 위한 규제 환경을 단순화하기 위해 제정되었다.
- GDPR의 목표는 개인정보를 자유롭게 사용하며, 유럽 내 보안 관련 제도들을 통합시킴으로써 규제력이 짙은 국제 비즈니스 환경을 단순화하는 것이다.

- 단일 개인정보보호법을 적용함으로써 디지털 시장에 적합하고, 단순화된 프레임워크를 추구한다.
- 동의 요건 강화 및 데이터 이동권, 잊힐 권리 등을 도입함으로써 정보 주체의 권리를 확대한다.
- DPO(Data Protection Officer) 지정 및 개인정보 유출 통지 신고제 등을 도입하여 기업의 책임성을 강화한다.
- 현대화된 개인정보보호 거버넌스 체계를 마련하였다.
  - 개인정보 감독 기구간 협력 강화(**예** : 공동 조사)
  - 법 적용의 일관성을 보장하기 위한 European Data Protection Board 설립(2018)
  - 신뢰할 수 있고 비례적인 제재 부과(Credible and Proportionate Sanctions)

| GDPR의 적용 대상 및 범위 |

- EU 지역 내에 사업장을 운영하고, 개인정보를 처리하는 경우 또는 EU 거주자에게 재화나 서비스를 제공하거나 행동을 모니터링하는 경우를 대상으로 한다.
- 적용 대상은 국적이 아닌 EU 거주자에 해당하므로 EU 국적자의 개인정보가 한국에서 수집 및 처리되는 경우는 GDPR이 적용되지 않지만 한국인의 정보가 EU 내에서 수집 및 처리되면 EU 거주자에 해당되어 GDPR이 적용될 수 있다.
- EU 시장을 염두에 두고 있을 때 적용되며, 단순 접근 가능성은 GDPR 적용의 근거가 되지 않으므로 기업이 재화나 서비스를 유료화로 유통하거나 프랑스어/독일어 등으로 홈페이지를 구성할 경우 명백한 근거가 되지만 영어 및 달러화만을 활용할 경우는 GDPR의 규제 대상에 포함되지 않을 수 있다.

🔒 데이터 보호(Data Protection)의 원칙

| 빅데이터 분석 기반의 4차 산업혁명 |

- 데이터 처리 범위 확대 및 시스템의 변화로 인해 수집되는 데이터 종류의 다양화와 처리량이 급증하였다.
- 모든 행위에 있어서 시스템 처리가 필수적이고, 좀 더 빠르고 손쉽게 데이터를 처리하는 환경이 도래함에 따라 4차 산업혁명 시대에서의 데이터는 비즈니스의 필수 불가결한 요소이다.
  - 빅데이터는 미래의 경쟁력을 좌우하는 21세기의 원유이다(Gartner).
  - 빅데이터는 혁신, 경쟁과 생산성에 있어서 차세대 첨단 주자이다(Mckinsey).
  - 데이터는 화폐나 금처럼 새로운 자산이 될 것이다(Davos Forum).
- 조직의 내외부에 존재하는 다양한 형태의 데이터를 수집, 처리, 저장하여 목적에 맞게 분석함으로써 비즈니스에 부합하는 데이터를 추출하고, 전략적인 의사결정에 활용하거나 서비스 모델 개발 및 개선에 활용하여 데이터 분석의 기초가 되는 경제적 가치가 증대하고 있다.

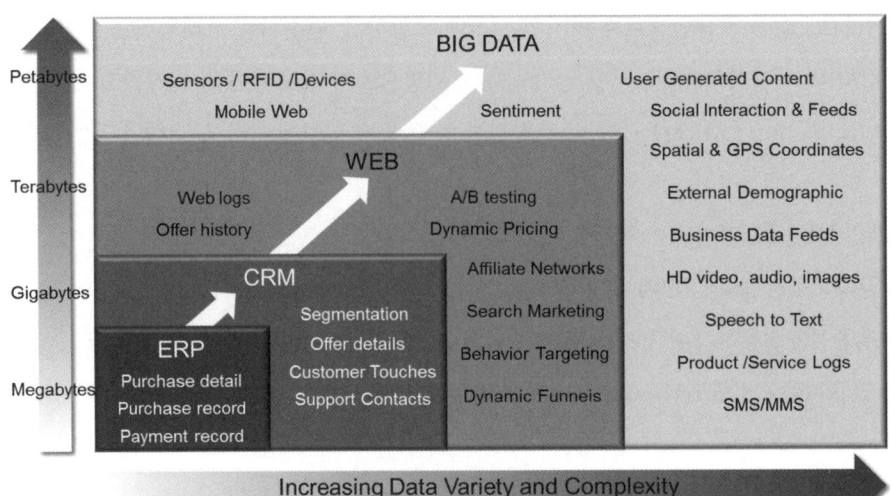

[빅데이터의 활용]

- 빅데이터의 주요 요소는 다음과 같다.
    - **데이터** : 정형 데이터(고객 데이터, 거래 데이터 등) + 비정형 데이터(텍스트, 동영상, 음성, SNS, GPS 등)
    - **데이터 수집, 처리, 저장 기술** : 비정형적인 데이터를 저장/식별할 수 있는 새로운 형태의 저장 매체 및 대용량 데이터를 처리할 수 있는 플랫폼(**예** : Hadoop, Splunk, NoSQL 등)
    - **데이터 분석 및 지식 추출 기술** : 데이터 분석 기준 적용, 기준에 따른 가치 있는 정보/지식 도출 기술(**분석 기법** : 데이터 통계, 데이터 마이닝, 텍스트 마이닝 등)
    - 데이터 수집 및 분석, 의미 있는 정보 도출을 통해 조직의 전략적인 운영을 위한 조직 구성

| 데이터의 활용 |

- 데이터를 조직 내부에서 활용하는 기업들 대부분은 외부에서 발생하는 데이터보다 내부 데이터를 우선적으로 활용한다.
- 보다 많은 데이터 수집을 위해 최근에는 소셜미디어의 데이터 수집도 시도하고 있다(기업 홍보용 SNS 운영 및 SNS 이용자 대상 프로모션 진행 등).
- 데이터 분석을 통해 얻은 결과를 비즈니스에 적용하면 경쟁 우위를 확보하는 데 도움이 되므로 기업들은 대량의 데이터 수집을 위해 다양한 방안을 찾고 있다(실제 데이터 분석 결과에 대한 신뢰도가 매우 높음).
- 정형화된 기업 내부 데이터에 비해 외부 데이터의 경우는 비정형 데이터가 대부분으로 해당 데이터가 가진 불확실성에 대한 우려로 실제 데이터 활용 사례가 낮게 나타나고 있다.
- 기업들은 보다 많은 데이터 수집 및 활용을 위해 비정형 데이터 분석을 위한 기술과 특성 분석 등을 위해 노력하고 있다.

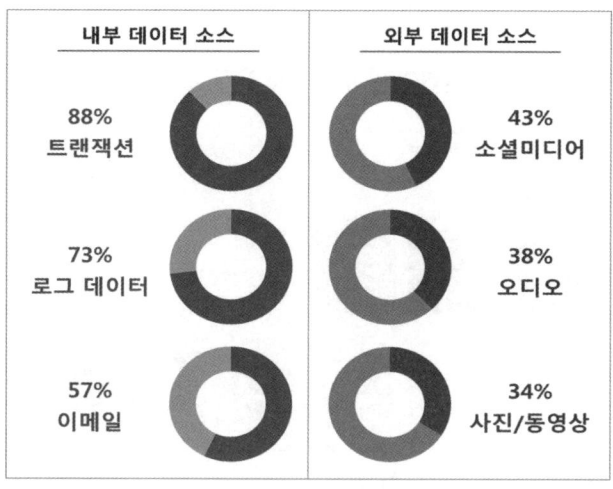

[데이터 수집 위치]

🔓 데이터의 안전한 관리

| 데이터의 가치 |

- 데이터 규모와 다양성이 확대되면서 단순한 통계 및 집계를 넘어 최근에는 예측 및 판단 등 지능화 서비스를 위한 분석까지 가능해졌다.
- 예측 및 지능화의 경쟁력은 양질의 데이터를 누가 많이 보유하고 있느냐에 달려 있다.
- 4차 산업혁명 시대에 성공적인 비즈니스를 위해 준비해야 할 것은 급변하는 환경에 유연하게 대응하는 능력과 인공지능의 근간이 되는 데이터 가치에 있다.
- 글로벌 시장 분석 결과 인공지능 시장의 매출 규모는 2017년 6억 4000만 달러이고, 2025년에는 368억 달러로 성장 할 것으로 예측하고 있다.

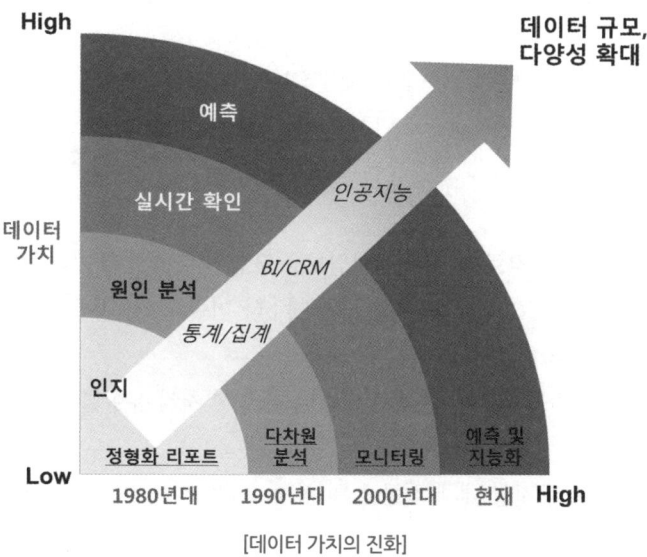

[데이터 가치의 진화]

| 데이터의 활용과 보호 |

- 데이터 보호 전략은 데이터의 안전한 관리와 가용성 확보의 두 가지 측면을 고려해야 한다.

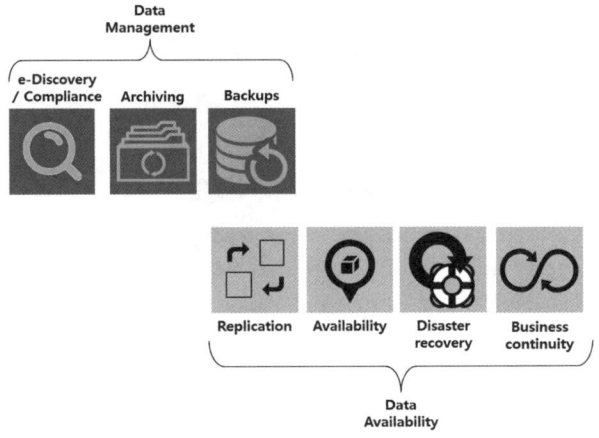

[데이터 활용 범위]

- 데이터의 안전한 관리(Data Management)는 다음과 같다.
  - **e-Discovery/Compliance** : 데이터 생성, 수정, 열람, 삭제 등의 이용 내역 유지 및 관리, GDPR 등 데이터 보호 관련 법규 준수가 필수적임
  - **Archiving** : 열람 가능한 형태의 인덱싱 데이터로 보관
  - **Backups** : 데이터의 훼손, 변조 위험 최소화를 위해 주기적인 데이터 백업 수행
- 데이터의 가용성 확보(Data Availability)는 다음과 같다.
  - **Replication** : 다른 장치로의 데이터 복제 수행
  - **Availability** : 높은 가용성의 확보, 정상적인 사용 시간을 전체 사용 시간으로 나눔

$$Availability = \frac{E[\text{Uptime}]}{E[\text{Uptime}] + E[\text{Downtime}]}$$

  - **Disaster Recovery** : 자연 재해/재난 발생으로 인한 데이터 훼손 발생 시 복구 수행
  - **Business Continuity** : 데이터 훼손/변조 등으로 인한 시스템 중단 시간 최소화

| 데이터의 흐름 |

- 정보 주체의 직접 또는 간접적인 경로를 통해 개인정보를 포함한 다양한 데이터를 수집한다.
- 데이터 수집 시 적법성을 확보할 수 있도록 수집 근거(**예** : 타 법령 근거, 비즈니스 합목적성에 따른 정당한 이익, 정보 주체 동의 등)를 명확히 한다.
- 전자 파일, 데이터베이스, 문서 등 다양한 형태로 데이터 처리 시 처리 유형별 안전한 관리를 위한 보호 조치를 필수적으로 적용한다.
- 데이터 이용, 외부 전송, 데이터 저장 매체 접근 등의 형태로 데이터를 활용하며, 이러한 활용 행위는 또 다른 데이터 수집의 시작이 된다.

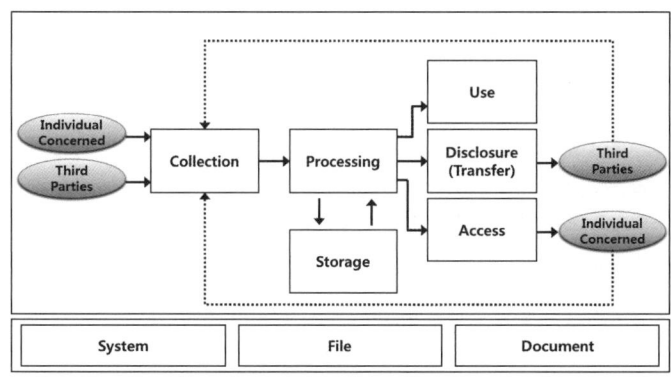

[데이터 처리 프로세스]

🔒 데이터 보호(Data Protection) 프레임워크

| 데이터 보호 구성 |

구분	설명
데이터	• **데이터의 식별 여부** : 개인을 식별할 수 있는 살아있는 개인과 관련된 데이터 • **민감 데이터** : 정치적 견해, 인종, 노동조합 가입 여부, 건강, 성생활, 범죄 이력, 형사 절차 등 • 비개인 데이터
정책 및 규정 (조직 구성)	• 데이터 처리에 따른 법적 근거 확보 및 가이드 라인 반영 • 판례 및 감독기관의 유권 해석 사례 고려 • 데이터 관리 담당자 및 책임자 지정, 업무 담당자별 R&R 명확화 • 데이터 관련 이슈 사항에 대한 논의, 의사결정을 위한 최고 의사결정 기구 구성
데이터 보호 조치 방법	• 데이터의 안전한 관리를 위해 기밀성, 무결성, 가용성 보장을 위한 보안 조치 적용 • 데이터 처리의 투명성 확보 및 격리, 상호 운영성 등을 고려 • 데이터 처리에 있어서 이상징후 적시 확인 및 보완 조치 적용

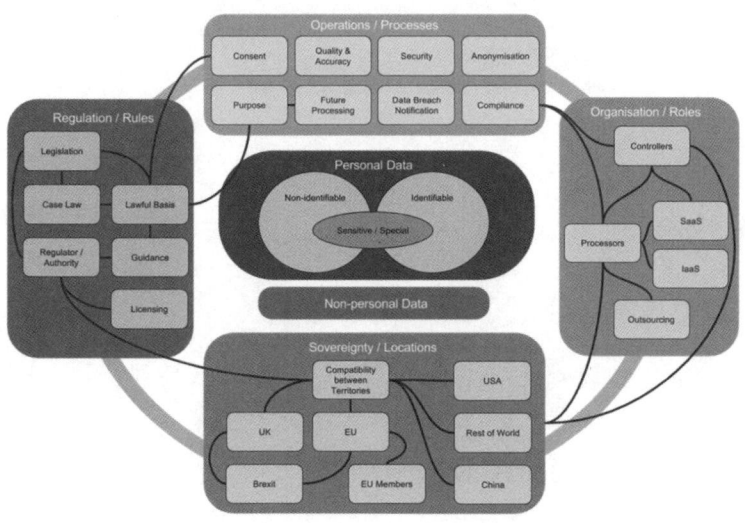

[Data Protection Framework]

| 데이터 이동 및 활용, 삭제 |

구분	설명
사람 (People)	• 데이터 보호 거버넌스 수립 및 위험 관리, 법규 준수 • 담당자 및 책임자 지정, R&R 수립, 조직 구성 • 인식 제고를 위한 교육 및 훈련 프로그램 개발
처리 (Process)	• 사용자별 접근 통제 및 권한 관리 • 정보 자산 식별 및 중요도 등급화 • 시스템 구성 관리 및 물리적 보호 조치 적용 • 비즈니스 연속성 확보를 위한 프로세스 수립 • 장애 발생 시 처리 절차 및 취약점 관리 프로세스 수립 • 이상 징후 모니터링 및 내부 감사 수행
기술 (Technology)	• 네트워크 장비 및 방화벽 등 네트워크 보안 솔루션 • 서버 및 IT 인프라 • 데이터 처리 등을 위한 애플리케이션 • 업무용 PC

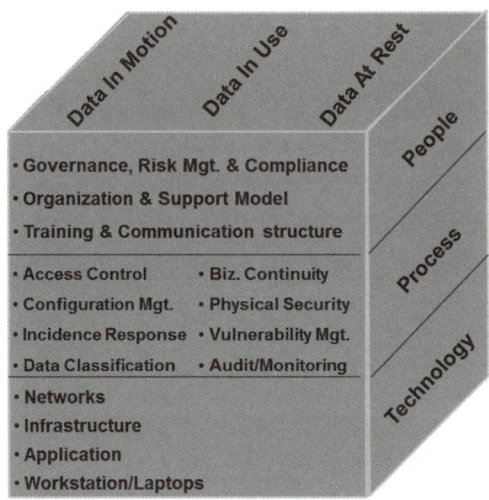

[데이터 보호 구성 요소]

🔒 GDPR 주요 용어

| 용어 정의 |

- **Accountability** : (책임성) 컨트롤러는 개인정보 처리 원칙을 준수하도록 책임을 전가하면 이에 대한 준수를 입증할 수 있어야 함
- **Accreditation** : 인정 / **Accreditation Body** : 인정기관

- Activity Reports : (활동 보고서) 감독기관은 연차 보고서(Annual Report)를 작성하여 의회, 정부, EU 회원국 등 법이 정한 다른 감독기관에 보내고 대중, EU 집행위, EU 개인정보보호 이사회에 제공하여야 함
- Adequacy Decision : (적정성 결정) 개인정보 국외 이전 시 이전 대상국이나 국제 기구의 개인정보보호 수준이 국외 이전을 허용할 만큼 적합한 수준인지 EU 집행위가 평가하는 제도(결정에 대해 최소 4년마다 정기적인 검토)
- Administrative Fines : (과징금) 동일하거나 관련된 처리가 GDPR의 여러 규정 위반 시 가장 중요한 침해에 해당하는 액수를 초과할 수 없음
- Aggregate Data : 총계 데이터 / Anonymisation : 익명 처리
- Amended, Replaced or Repealed : 개정, 대체 또는 폐기
- Anonymous Information : (익명 정보) 식별 가능한 데이터와 정보 주체간 연계성을 제거한 정보
- Appropriate Safeguards : 적절한 안전 장치 또는 적절한 보호 장치
- Approved Certification Mechanism : 승인된 인증 메커니즘
- Archiving Purposes : (기록 보존 목적, 공익적인 기록 보존) 과학적/역사적 연구 목적 또는 통계 목적을 위하여 개인정보를 추가로 처리한 때는 원래의 목적과 양립된다고 봄
- Automated Decision Making(Including Profiling) : 자동화된 의사결정(프로파일링 포함)
- Automated Means : 자동화된 수단 / Authenticity : 진위 / Availability : 가용성
- BCRs(Binding Corporate Rules) : 의무적 기업 규칙 또는 구속력 있는 기업 규칙
- Binding and Enforceable Commitments : 법적 구속력 있고, 집행 가능한 약정
- Biometric Data : 바이오 정보 또는 생체 정보 / (the) Board : EU 개인정보보호 이사회
- Certification : 인증 / Child's Consent : 아동의 동의
- Circumvention : (기술적 문제, 우회 또는 회피) 개인정보보호는 기술적으로 중립적이어야 하며, 사용되고 있는 기술에 의존해서는 안 됨
- Clear Affirmative Action : (명확하고 적극적인 행동) 동의는 진술 또는 명백하고 적극적인 의사 표시에 의해 행해져야 함
- (drawing up of) Codes of Conduct : 행동 강령의 입안
- the Commission(the European Commission) : EU 집행위원회
- Communication : 통지 또는 연락 / Community Institutions : 지역사회 기관
- Compatibility : 당초 목적과의 양립 가능성 / Compensation : 배상
- Competence : 관할(권) / Competent Supervisory Authorities : 관할 감독기관
- (data protection) Compliance : 개인정보보호 책임 및 의무 준수
- Complaint : 민원 / Confidentiality : 기밀성 / Controller : 컨트롤러
- Consent : 정보 주체의 동의 / Consistency : 일관성 / Cooperation : 협력
- Cooperation with the Supervisory Authority : 감독기관과의 협력
- Core Activity : 핵심 활동 / (the) Council(=European Council) : EU 이사회

- Criminal Convictions and Offence : 범죄 경력 및 범죄 행위
- Cross-Border Processing : 국경을 넘는 개인정보 처리 또는 국경간 개인정보 처리
- Cross-Border Flows of Personal Data : 개인정보의 국외 이전
- Data Breach : 개인정보 침해 / Data Minimisation : 개인정보 최소화 / (data) Portability : 개인정보 이동성
- Data Concerning Health : (건강 관련 정보) 의료 서비스 제공 등 자연인의 신체적, 정신적 건강과 연관된 개인정보로 정보 주체의 건강 상태를 나타내는 정보(민감 정보에 해당)
- Data Processor : (데이터 프로세서) 컨트롤러를 대신하여 개인정보를 처리하는 자연인 또는 법인, 공공기관, 에이전시, 기타 단체
- Data Protection Authority(Supervisory Authority) : 감독기구(감독기관)
- Data Protection by Design and by Default : 개인정보보호 최적화 또는 중심 설계 및 기본 설정
- Data Protection Seals and Marks : (개인정보보호 인장 및 마크) 역내 컨트롤러의 GDPR 준수와 역외 컨트롤러의 적정한 안전 조치 존재 입증을 목적으로 수립
- Data Protection Impact Assessment(DPIA) : (개인정보 영향 평가) 새로운 기술을 사용하는 개인정보 처리가 정보 주체의 권리와 자유에 고위험을 수반할 가능성이 높은 경우 컨트롤러가 해당 개인정보를 처리하기 이전에 처리 위험성을 사전에 예측하기 위하여 실시(오직 컨트롤러만 DPIA 의무 부담)
- Data Protection Officer(DPO) : (개인정보보호 책임자 또는 개인정보보호 담당관) GDPR은 개인정보보호 책임자 지정을 통해 컨트롤러 및 프로세서의 의무 이행과 GDPR 준수를 지원(DPO는 직원이거나 아웃소싱 가능)
- Data Protection Rules : 개인정보보호 규정 / Data Subject : 정보 주체
- Delegated Acts : (위임 법률) 위임 법률을 채택할 권한(위임입법권)은 EU 집행위원회에 있으며, 유럽집행위원회가 위임 법률을 채택할 때는 유럽의회와 이사회에 통보해야 함
- Derogation(s) : (적용 특례) 개인정보 국외 이전 제한의 적용 특례
- Detriment : 물리적/금전적 손해, 손상(인격 등)
- Dispute Resolution (by the Board) : EU 개인정보보호이사회에 의한 분쟁 해결
- Dissemination : 개인정보 공개 / Electronic Means : 전자적 수단 / Enforcement : 집행
- European Data Protection Supervisor(EDPS) : 유럽 개인정보보호 감독관
- European Parliament : 유럽의회 / Erasure or Destruction : 삭제 또는 파기
- Establishment : 사업장 또는 사무소 / Fairness : 공정성
- Genetic Data : 유전 정보 / Granularity : 세밀성
- (a) Group of Undertakings : (사업체 집단) 공동 경제 활동(Joint Economic Activity)에 종사하는 사업 또는 기업체 집단(Group of Enterprise)으로 사업체들을 관리하는 사업체(관리사업체, Controlling Undertakings)와 관리를 받는 사업체(피관리사업체, Controlled Undertakings) 모두를 포괄하는 개념
- Informed Consent : 사전 정보가 제공된 동의 / Intermediary Service Providers : 중개 서비스 제공자

- Intended Purpose : (당초 목적) 당초 목적과 양립 가능한 경우에 한하여 추가 처리가 가능(가명처리 등 적절한 안전 장치가 구비된 경우 공익적 기록 보존 목적, 과학적/역사적 연구 목적 또는 통계 목적을 위하여 개인정보를 추가 처리한 때에는 원래의 목적과 양립될 수 있다고 봄)
- Joint Controller : 공동 컨트롤러 / Jurisdiction : 재판관할권
- Judicial Remedy(=Legal Remedy) : 사법적 구제
- Lawfulness of Processing : 처리의 적법성 / Legal Remedy : 법적 구제
- Legitimate Interests : (정당한 이익) 컨트롤러 또는 제3자의 정당한 이익은 정보 주체의 이익이나 기본권 및 자유가 열위인(Not Overriden) 경우에 한하여 개인정보 처리의 법적 근거로 인정
- Liability : 책임 / Linkage : 연계 / Mutual Assistance : 상호 지원
- Necessary and Proportionate Measure : 필요하고도 비례적인 조치
- Obligations of Secrecy : 비밀 유지 의무
- One Stop Shop (Mechanism) : EU 역내 여러 국가에서 활동 중인 기업들의 경우 주 사업장(Main Establishment)이 소재한 감독기관(One Stop Shop), 즉 주 감독기관(Lead Supervisory Authority)의 감독만 받으면 됨
- Onward Transfer : 제3자 이전 또는 재이전
- Personal Data Relating to Criminal Convictions and Offences : 범죄 경력(전과) 및 범죄 행위 관련 정보
- Processing : (개인정보 처리) 개인정보에 행해지는 단일 또는 일련의 작업으로 수집, 기록, 저장, 편집, 복구, 참조, 사용, 제공, 공개, 결합, 제한, 삭제, 파기 또는 organisation, structuring 등을 포함(다른 사람이 처리하고 있는 개인정보를 단순히 전달, 통과만 시켜 주는 행위는 처리에 해당하지 않음)
- (the) Processing for a purpose other than for which the personal data have been collected(=Processing for Another Purpose) : 개인정보의 목적 외 처리
- Pseudonymisation : 가명처리
- Recipient : (수령인) 제3자를 포함하여 개인정보의 제공 및 공개 대상이 되는(컨트롤러, 프로세서가 보유한 정보에 접근할 권한이 있는) 자연인 또는 법인, 공공기관, 에이전시, 기타 단체를 의미
- Recitals (of the GDPR) : (GDPR 전문(前文)) 법률의 배경, 의도, 목적을 설명하는 텍스트로 법적 구속력은 없으나 법률 해석에 중요한 역할을 하고, 상설(詳說)이라고도 함
- Relevant and Reasoned Objection : 적절하고 이유 있는 반대 또는 이의제기
- Remedies : 권리구제 / Re-purposing : 목적 변경 사용(목적 외 사용)
- Representation of Data Subjects : 정보 주체의 대리
- Restrictions (of Data Subject's Right) : 정보 주체의 권리 제한
- Responsibility and Liability : 컨트롤러 및 프로세서의 책임
- Retention : 보유 / Right of the Data Subjects : 정보 주체의 권리
- Right of Access (to Personal Data) : 개인정보 열람권 또는 접근권
- Right of Freedom of Expression and Information : 표현 및 정보의 자유권

- Right to an Effective Judicial Remedy : 유효한 사법적 구제를 받을 권리
- Right to be Forgotten : 잊힐 권리 / Right to Erasure : 삭제권
- Right to Compensation and Liability : 손해배상권 및 법적 책임
- Right to Data Portability : 정보 이동권 또는 정보 이전권
- Right to Lodge a Complaint with a Supervisory Authority : 감독기관에 민원을 제기할 권리
- Right to Object (to Processing) : 개인정보 처리 반대권
- Right to Obtain Confirmation and Communication : (처리되고 있는 정보에 대해 확인받고 통지받을 수 있는 정보 주체의 권리) 투명성 원칙은 컨트롤러의 신원과 처리 목적에 대한 고지, 개인에 대한 공정하고 투명한 정보처리를 보장하기 위해 추가적 통지와 처리되고 있는 정보에 대해 확인받고 연락받을 수 있는 개인의 권리를 포함
- Right to Rectification : (정정권) 정보 주체는 컨트롤러로부터 부당한 지체없이(without undue delay) 자신에 관한 부정확한 개인정보의 정정을 요구할 권리를 가짐
- Right to Restriction of Processing : 처리 제한권
- Right to Withdraw Consent : 동의 철회권
- Security Measure : 보안 조치 / Social Security : 사회 보장
- Special Categories of Personal Data : 특수한 범주의 개인정보(민감 정보)
- Standard Contractual Clauses : 표준 계약 조항
- Standard Data Protection Clauses : 표준 개인정보보호 조항
- Subsidiary : 자회사 / Third Party : 제3자 / Undertaking : 사업체
- (appropriate) Technical and Organizational Measures : (적절한) 기술적/관리적 보호 조치
- Vital Interest : 생명/생존 등에 관한 중대한 이익
- Without Undue Delay : 부당한 지체 없이 / Withdrawal of Consent : 동의 철회

Section 2 개인정보 처리 기준

🔓 개인정보의 처리 원칙

| 합법성 및 공정성, 투명성의 원칙 |
- 개인정보 주체에 대해 적법하고, 공정하며 투명하게 처리되어야 한다.
- 개인정보 처리가 합법적인 것으로 인정받기 위해서는 처리를 위한 구체적인 근거를 제시해야 한다.
  - 제6조(처리의 적법성) / 제7조(동의의 조건)
  - 제9조(민감 정보의 처리) / 제10조(범죄 정보의 처리)

- 공정한 개인정보 처리는 사람들이 합리적으로 기대할 수 있는 방식으로 개인정보를 처리하고, 정보 주체에게 부당한 영향을 미치는 방식으로 개인정보를 이용하지 않는다는 것을 의미한다.
  - 개인정보의 수집 방법이 합리적이어야 함
  - 개인정보 처리에 따른 정보 주체에게 미치는 영향을 고려해야 함
  - 개인정보 처리 방법이 공정해야 함
- 개인정보 처리에 있어서 투명성 확보는 개인정보를 누가, 어떤 목적으로, 어떤 정보를, 어떤 방식으로 처리하는지를 명확하게 알리는 것을 의미한다.
  - 정보 주체가 쉽게 접근할 수 있어야 함
  - 간결하고 평이한 언어를 사용하여야 함
  - 이해하기 쉬운 방식으로 제공되어야 함

| 목적 제한의 원칙 |

- 구체적이고 명시적이며 적법한 목적을 위해 수집되어야 하고, 해당 목적과 양립되지 않는 방식으로 추가 처리되어서는 안 된다.
- 공익적 기록 보존의 목적, 과학적/역사적 연구 목적 또는 통계적 목적을 위한 추가 처리는 본래의 목적과 양립되지 않는 것으로 보지 않는다.
  - 개인정보를 수집하는 이유와 수집한 개인정보로 무엇을 할 것인지 처음부터 명확히 해야 함
  - 목적을 명확하게 하기 위하여 문서화해야 함
  - 정보 주체에게 목적을 투명하게 알려야 함
  - 원래의 목적과 다른 목적으로 개인정보를 이용하거나 제공하려는 경우 공정하고 합법적이며 투명해야 함
- 개인정보의 수집 이유를 명확히 공개하고, 개인정보의 처리를 공개된 목적으로 제한함으로써 개인정보 처리 활동이 정보 주체의 합리적인 기대와 일치하는 것을 목적으로 한다.
  - 처리 목적을 명확히 해두면 개인정보 처리에 대한 컨트롤러의 책임감을 높이고, 컨트롤러가 은연중에 처리 목적을 확대하는 것을 막을 수 있음
  - 정보 주체는 컨트롤러가 개인정보를 어떻게 이용할지 이해할 수 있고, 개인정보 처리에 대한 동의 여부를 결정하는 등 정보 주체의 권리 행사에도 도움을 줌
- 개인정보의 목적 외 이용은 다음 중 어느 하나에 해당하는 경우에만 가능하다.
  - 새로운 목적이 원래의 목적과 양립 가능한 경우
  - 새로운 목적에 대하여 정보 주체로부터 구체적인 동의를 받은 경우
  - 공익을 위하여 새로운 목적의 처리를 요구하거나 허용하는 명확한 법률 조항을 제시할 수 있는 경우
- 새로운 목적이 양립 가능한 경우 추가 처리를 위하여 새로운 처리 근거가 필요하지는 않지만 기존 동의를 기반으로 개인정보를 수집한 경우에는 새로운 처리가 공정하고 합법적인 것임을 보장하기 위하여 새롭게 동의를 받아야 한다.
- 새로운 목적이 기존 목적과 양립 가능한지 여부를 결정하기 위해서는 원래의 목적과 새로운 목적의 연관성,

정보 주체와의 관계, 양 당사자의 합리적인 기대 등 처음 개인정보를 수집할 때의 상황, 민감 정보 인지 여부 등 개인정보의 성격, 새로운 개인정보 처리가 정보 주체에게 미칠 결과, 암호화, 가명처리 등 적절한 보호 수단의 유무를 고려해야 한다.

| 개인정보 최소 처리의 원칙 |

- 개인정보가 처리되는 목적과 관련하여 적절하고, 타당하며 필요한 정도로만 제한되어야 한다(처리 목적을 달성하기 위하여 적절한 범위 내에서 처리 목적과 합리적으로 관련이 있고, 목적을 달성하기 위하여 필요 이상으로 처리하지 않는다는 원칙).
- 개인정보 처리가 목적 달성에 부합하는지를 판단하기 위해서는 처리의 적정성, 관련성, 제한성을 고려해야 한다.
  - **적정성(Adequate)** : 처리 목적을 달성하기 위하여 요구되는 정도를 의미
  - **관련성(Relevant)** : 처리 목적과 합리적으로 관련이 있어야 한다는 것을 의미
  - **제한성(Limited)** : 처리 목적 달성에 필요 이상으로 보유하고 있어서는 안 된다는 것을 의미
- 컨트롤러는 원칙적으로 목적 달성을 위해 필요한 것 이상의 개인정보를 보유해서는 안 되고, 목적 달성과 관련이 없는 세부사항을 포함해서도 안 된다.
- 해당 개인정보의 처리가 목적 달성에 필요하지 않다면 그 개인정보는 부적절한 정보이다(개인정보 수집 시 의도한 목적에 부적절한 경우 처리해서는 안 됨).

| 개인정보 정확성의 원칙 |

- 정확하면서 필요한 경우 최신의 것이어야 하며, 처리 목적과 관련하여 부정확한 개인정보는 지체 없이 삭제 또는 정정되도록 모든 적절한 조치가 시행되어야 한다.
- 개인정보 처리는 정확해야 하고, 필요 시 처리되는 개인정보는 최신의 상태로 유지되어야 한다(정확성 원칙은 개인정보 정정/삭제 요구권과도 밀접한 관계를 가짐).
- 정보 주체는 자신에 관한 기록이 불리하게 남아있는 것을 원하지 않을 수 있으나 오류 및 정정에 관한 기록을 유지하는 것이 정보 주체에게도 이익이 될 수 있다.
  - 사실을 오도하거나 오해할 위험이 없다면 오류에 관한 기록도 유지하는 것이 허용됨
  - 오류가 있었다는 것을 분명히 하기 위해 그 사유를 추가해야 할 필요가 있을 수 있음
- 의견의 기록은 정보 주체가 동의하지 않았다고 해서 반드시 부정확하다거나 틀린 것으로 간주되지 않으며, 의견은 본질적으로 주관적이며 사실을 기록하려는 것이 아니다.
  - 정확성을 기하기 위해서는 해당 기록이 의견이라는 사실을 명확히 밝혀야 함
  - 가능하다면 누구의 의견인지도 분명히 해야 함
- 컨트롤러는 개인정보를 항상 업데이트해야 되는 것은 아니지만 이용 목적 달성을 위해 필요하다면 개인정보를 업데이트해야 한다.

- 개인정보를 처리할 때는 해당 정보가 정확한지 여부를 확인하고, 해당 정보가 정보 주체에게 심각한 영향을 미칠 수 있는 경우에는 주의해야 한다.
- 다른 사람이 제공하는 개인정보의 정확성을 확인하는 것은 비현실적일 수 있지만 기록이 부정확하거나 오해를 야기하지 않도록 필요한 조치를 하여야 한다.
    - 제공받은 개인정보를 정확하게 기록해야 함
    - 정보의 출처를 정확하게 기록해야 함
    - 정보의 정확성을 확보하기 위해 상황에 따른 합리적인 조치를 취해야 함
    - 개인정보의 정확성에 대한 모든 이의제기를 주의 깊게 고려해야 함
- 개인정보의 정확성에 대하여 정보 주체의 이의제기가 있는 경우 해당 개인정보가 정확한지 여부를 확인한 다음 정확하지 않으면 삭제하거나 정정해야 한다(정확성 원칙은 부정확한 개인정보를 지체 없이 삭제하거나 정정하기 위해 모든 합리적인 조치를 취할 것을 요구하고 있음).

| 개인정보 보유 기간 제한의 원칙 |

- 처리 목적 달성에 필요한 기간동안 개인정보 주체를 식별할 수 있는 형태로 보관되어야 한다.
- 개인정보는 정보 주체의 권리 및 자유를 보호하기 위해 적절한 기술적 및 관리적 조치를 시행하여 공익적 기록 보존 목적, 과학적/역사적 연구 목적, 통계적 목적을 위해 처리되는 경우 오랜 기간 동안 보관될 수 있다.
- 필요한 기간 이상 개인정보를 보유해서는 안 된다는 원칙이며, 개인정보를 공정하고 합법적으로 수집해서 이용하더라 도 실제 필요한 기간보다 오래 보유할 수는 없다(보유 기간은 특정 목적을 위해 해당 개인정보가 얼마나 오래 필요한지에 따라 결정됨).
- 개인정보가 더 이상 필요하지 않을 때 삭제하거나 익명화하면 처리 목적과 무관 또는 과도하게 부정확한 개인정보의 처리를 막을 수 있게 되어 개인정보 최소 처리 원칙 및 정확성 원칙을 준수하는 데 도움이 되고 개인정보를 잘못 이용할 위험도 줄여 준다.
- 개인정보 보유 정책에는 보유 중인 개인정보의 유형, 이용 목적, 보유 기간 등을 포함해야 하며, 여러 유형의 개인정보에 대한 표준적인 보유 기간을 설정하고 문서화하는 기준이 될 수 있다.
- 조직이 보유 기간을 준수하고 있는지 여부를 확인하고 적절한 간격으로 보유 실태를 점검하기 위한 시스템을 갖추는 것이 바람직하다(필요한 경우 조기 삭제를 허용할 수 있도록 정책에 충분한 유연성을 둠).
- 컨트롤러는 개인정보를 식별 가능한 상태로 보유해야 하는 정당한 이유를 설명할 수 있어야 하며, 개인을 식별할 필요가 없다면 더 이상 식별이 불가능하도록 개인정보를 익명화해야 한다(명시한 목적을 위해 여전히 해당 개인정보의 처리가 필요하다면 목적 달성 시까지 보유가 가능).
- 컨트롤러는 표준 보유 기간이 지난 후에도 여전히 개인정보를 보유할 필요가 있는지 여부를 검토하고, 계속 보유해야 할 이유가 명확하지 않으면 삭제하거나 익명화해야 한다(자동화 시스템을 통해 사전에 정해진 기간이 지나면 자동적으로 정보를 삭제할 수 있음).
- 개인정보 삭제에 있어서 전자적 데이터를 완벽하게 삭제하거나 지우는 것이 항상 가능한 것은 아니기 때문에 데이터를 더 이상 사용할 수 없도록 하는 것이 중요하다.

- 개인정보를 삭제할 때는 백업 정보도 함께 삭제해야 함
- 삭제에 대한 대안은 더 이상 개인정보를 식별할 수 없도록 익명화하는 것
- 개인정보를 공공의 이익을 위한 보유 목적, 과학적/역사적 연구 목적, 통계적 목적으로만 보유할 경우 그 기간을 연장할 수 있다(만일에 대비해 향후 유용할지 모른다는 이유로 무한정 개인정보를 보유할 수는 없지만 공익 목적 보유, 연구/통계 목적 보유의 경우에는 예외가 인정됨).

| 개인정보 무결성 및 기밀성의 원칙 |

- 개인정보의 적절한 보안을 보장하는 방식으로 처리하되 보장 방식은 기술적/관리적 조치를 사용하여 개인정보가 무단으로 또는 불법적으로 처리된다거나 우발적으로 소실, 파기, 손상되었을 경우 보호 조치 등을 포함한다.
- 보유하고 있는 개인정보를 안전하게 보호하기 위해 적절한 보안 조치를 취해야 한다는 원칙으로 보안성 원칙(Security Principle)이라고도 한다.
- 컨트롤러는 적절한 기술적/관리적 조치를 통하여 권한 없는 처리, 불법적 처리, 우발적 손/망실, 파괴 또는 훼손 등을 막을 수 있다.
- 기술적/관리적 조치에는 위험 분석, 프로세서에 대한 관리/감독, 가명화 또는 익명화, 기밀성/무결성/가용성의 보장, 보호 조치의 효과를 검증하고 개선 작업을 수행하기 위한 적절한 절차 등이 포함된다.
- 정보보안에는 전자적 공격으로부터 네트워크 및 정보시스템을 보호하는 것만을 의미하는 것이 아니라 물리적 보안과 관리적 대책도 포함된다.

| 책임성의 원칙 |

- GDPR의 준수에 대해서 책임을 지고 준수를 입증할 수 있어야 하는데 준수 여부를 입증하려면 적절한 기술적/관리적 조치와 그에 관한 기록이 있어야 한다.
  - 개인정보 처리 방침의 채택 및 시행
  - Data Protection by Design and by Default
  - 개인정보 위탁 처리에 대한 서면 계약
  - 개인정보 처리 활동에 관한 문서 유지
  - 개인정보 침해 사고의 기록 및 고지
  - 개인정보 영향 평가의 시행과 적절한 보안 조치의 이행
  - DPO 임명과 행동 규약 준수 및 개인정보보호 인증 취득
- 조직 전체에 체계적이고 입증 가능한 규정 준수 문화를 정착시키기 위해 개인정보보호 관리 체계를 도입하는 것이 바람직하다.
  - GDPR이 요구하는 프로그램의 견고한 통제(Robust Program Controls)
  - 적절한 보고 체계 및 평가 절차

6 개인정보 처리의 적법성

| 개인정보의 적법한 처리 근거 |

- GDPR에서는 개인정보의 처리를 정당화할 수 있는 법적 근거로 6가지 요건을 규정하고 있다.
    - 개인정보 주체가 하나 이상의 특정 목적에 대해 본인의 개인정보 처리를 동의한 경우
    - 개인정보 주체가 계약 당사자가 되는 계약을 이행하거나 계약 체결 전 개인정보 주체가 요청한 조치를 취하기 위해 처리가 필요한 경우
    - 개인정보처리자의 법적 의무를 준수하는데 개인정보 처리가 필요한 경우
    - 개인정보 주체 또는 제3자의 생명에 관한 이익을 보호하기 위해 개인정보 처리가 필요한 경우
    - 공익을 위하거나 개인정보처리자의 공식 권한을 행사하여 업무 수행에 처리가 필요한 경우
    - 개인정보처리자 또는 제3자의 정당한 이익 목적을 위해 처리가 필요한 경우
- 합법 처리의 근거는 정당한 이유 없이 나중에 다른 근거로 바꿀 수 없으므로 처음부터 신중하게 검토하며, 동의를 합법 처리의 근거로 한 경우는 다른 근거로 변경할 수 없다.
- 동의를 제외하고 합법 처리의 요건은 필요한 경우에 의존하며, 개인정보 처리가 단지 유용한 것 이상으로 필요하면서 일반적인 관행(Standard Practice) 이상으로 필요해야 한다(특정 목적을 달성하기 위한 것이면서 비례적이어야 함).
- 정보 주체가 고지 또는 통지받을 수 있는 권리에는 합법 처리의 근거에 관한 정보도 포함되므로 개인정보를 처리하기 전에 정보 주체에게 합법 처리의 근거를 명시해야 한다.
- 일반적으로 법적 의무 준수, 정보 주체와 계약 체결, 중대한 이익 보호, 공무 수행 등을 위한 개인정보 처리는 그 목적이 비교적 명확하므로 합법 처리의 근거도 선택하기가 쉽다.
- 적법한 이익 또는 동의 중 하나를 합법 처리의 근거로 선택할 때는 개인정보 처리 상황을 광범위하게 고려하여야 한다.
    - 처리가 누구의 이익을 위한 것인가?
    - 정보 주체가 그와 같은 처리를 예상할 수 있는가?
    - 정보 주체와 어떤 관계인가?
    - 정보 주체에 비하여 우월적인 지위에 있지 않은가?
    - 처리가 정보 주체에게 어떤 영향을 미치는가?
    - 정보 주체가 신체적 또는 정신적으로 취약한 입장에 있는가?
    - 정보 주체 중 일부가 처리에 반대할 가능성이 있는가?
    - 정보 주체의 요구 시 언제든지 처리를 중단할 수 있는가?
- 개인정보를 계속적으로 처리할 필요가 있고, 그와 같은 처리가 사람들의 합리적인 기대와 일치하며, 정보 주체에게 어떤 부당한 영향도 미치지 않을 것이라는 사실을 입증할 수 있다면 적법한 이익을 합법 처리 근거로 선택할 수 있다.

- 수집 목적 외의 개인정보 처리가 정보 주체의 동의 또는 EU 회원국의 법률에 근거하지 않는 경우에 컨트롤러는 다른 목적의 처리가 개인정보를 처음 수집한 목적과 양립 가능한가를 판단함에 있어서 다양한 내용을 고려하여야 한다.
  - 최초 목적과 새로운 목적 사이의 연관성
  - 개인정보가 수집된 맥락(정보 주체와의 관계 및 정보 주체가 합리적으로 예상 가능한 것인지의 여부)
  - 개인정보의 성격(예 : 민감 정보, 범죄 정보 등)
  - 새로운 처리가 정보 주체에게 미칠 수 있는 결과
  - 적절한 안전 장치가 있는지의 여부(예 : 암호화, 가명처리 등)
- 컨트롤러는 정보 주체에 대한 고지사항에 처리별로 합법 처리의 근거를 명시해야 하며, GDPR의 투명성 원칙에 따라 정보 주체에게 개인정보 처리 정보를 제공해야 한다(개인정보 처리의 목적, 합법 처리의 근거).

| 개인정보 주체의 동의 |

- 처리가 동의를 기반으로 이루어지는 경우 개인정보처리자는 개인정보 주체가 본인의 개인정보 처리에 동의하였음을 입증할 수 있어야 한다.
- 개인정보 주체의 동의가 기타의 사안과도 관련된 서면 진술서로 제공되는 경우 동의 요청은 기타의 사안과 분명히 구별되는 방식으로 이해하기 쉽고 입수가 용이한 형태로 명확하고 평이한 문구를 사용하여 제시되어야 한다(진술서의 어느 부분이라도 본 규정을 위반하는 경우 그 구속력이 인정되지 않음).
- 개인정보 주체는 언제든지 본인의 동의를 철회할 권리를 가지며, 동의 철회는 철회 이전에 동의를 기반으로 한 처리의 적법성에 영향을 미치지 않는다.
  - 개인정보 주체는 동의를 제공하기 전에 해당 사실에 대해 고지받아야 함
  - 동의 철회는 동의의 제공만큼 용이해야 함
- 동의가 자유롭게 제공되는지의 여부를 평가할 때 무엇보다 서비스 제공 등의 계약 이행이 해당 계약의 이행에 필요하지 않은 개인정보 처리에 대한 동의를 조건으로 하는지 여부를 최대한 고려해야 한다.

| 계약에 따른 개인정보의 처리 |

- 컨트롤러는 계약을 개인정보 처리를 위한 합법 처리의 근거로 주장할 수 있으며, GDPR은 정보 주체가 계약의 당사자가 되는 계약 이행이나 계약 체결 전 정보 주체의 요청에 따른 절차(견적서 등)를 밟기 위해 필요한 경우 개인정보를 처리할 수 있다고 규정하고 있다.
  - 정보 주체와 체결한 계약이 존재하고 그 계약에 따른 컨트롤러의 의무를 준수하기 위해 정보 주체의 개인정보를 처리해야 하는 경우(연락처 등)
  - 정보 주체와 체결한 계약이 존재하고 그 계약에 따른 정보 주체의 의무를 확보하기 위해 정보 주체의 개인정보 처리가 필요한 경우(결제 정보 등)
  - 계약 체결 전이나 계약 체결을 위해 정보 주체가 요청한 절차를 이행하기 위하여 정보 주체의 개인정보 처리가 필요한 경우(견적서 제공 등)

- 필요성은 계약에 따른 서비스의 제공 또는 정보 주체의 요청에 따른 조치 이행을 위해서 필수적이고 표적화되어 있으며 비례적인 것이어야 한다.

| 법적 의무 준수를 위한 개인정보의 처리 |

- 컨트롤러는 법적 의무를 준수하기 위하여 개인정보 처리가 필요한 경우 이를 합법 처리의 근거로 할 수 있다.
- 제정법상의 의무일 필요는 없지만 해당 법을 준수해야 하는 사람들이 법의 적용을 예상할 수 있을 정도로 그 의무가 명확하다면 관습법(Common Law)상의 의무도 법적 의무에 포함된다.
- 법적 의무를 준수하기 위해 개인정보 처리가 반드시 필요한 것이라고 요구하지는 않지만 법적 의무 달성을 위하여 합리적이고 비례적인 방법이어야 한다.
- 법적 의무에 근거하여 개인정보를 처리할 경우 정보 주체는 삭제권, 개인정보 이동권, 반대권을 행사할 수 없다.

| 중대한 이익에 따른 개인정보의 처리 |

- 누군가의 생명을 보호하기 위해 개인정보를 처리해야 하는 경우 중대한 이익(Vital Interests)을 합법 처리의 근거로 적용할 수 있다.
- 중대한 이익은 주로 의료 목적을 위해 개인정보를 처리하지만 정보 주체가 이에 동의할 수 없는 경우에 적용된다.
- 자연인의 중대한 이익을 보호하기 위해 개인정보 처리가 허용되는 경우에도 건강 정보를 포함한 민감 정보의 처리에 대해서는 별도의 요건이 충족되어야 한다(민감 정보는 정보 주체가 물리적 또는 법적으로 동의를 할 수 없는 경우에만 다른 사람의 중대한 이익 보호를 위해 처리할 수 있음).

| 공적 업무 수행에 따른 개인정보의 처리 |

- 공공기관 등이 공적 업무 수행이나 공적 권한 행사를 위해 개인정보 처리가 필요한 경우 공적 업무 수행을 합법 처리의 근거로 적용할 수 있다.
- 공적 업무 수행이란 법에 규정된 공익을 위한 업무 수행뿐만 아니라 공적 직무 및 권한 행사도 포함한다.
- 공적 업무 수행은 주로 공공기관과 관련이 많지만 공공기관이 아니더라도 공익을 위해 공권력을 행사하거나 공적 업무를 수행하는 모든 조직에 적용될 수 있다.

| 적법한 이익 추구에 따른 개인정보의 처리 |

- 적법한 이익은 사람들이 합리적으로 예상할 수 있고, 사생활 침해에 미치는 영향을 최소화하는 방법으로 개인정보를 처리하거나 개인정보 처리가 정당함을 충분히 설득할 수 있는 경우에 가장 적절한 합법 처리의 근거가 될 수 있다.
  - 적법한 이익이 존재한다는 것을 확인할 것
  - 처리가 적법한 이익을 달성하기 위해 필요하다는 것을 보여줄 것

- 정보 주체의 이익, 권리 및 자유와 균형을 이룰 것
- 정보 주체의 이익이나 기본적 권리와 자유가 우선하는 경우를 제외하고, 컨트롤러 또는 제3자의 적법한 이익을 추구하기 위해서 개인정보 처리가 필요한 경우이다.
  - **목적** : 적법한 이익을 추구하고 있는가?
  - **필요성** : 목적을 위해 개인정보 처리가 필요한가?
  - **이익형량** : 적법한 이익이 정보 주체의 이익에 우선하는가?
- 개인정보를 이용하는 방법이 비례적이고, 프라이버시에 미치는 영향도 최소한에 그친 경우 정보 주체가 충분히 예상할 수 있거나 반대할 가능성이 없다는 것을 보여줄 수 있다면 마케팅 활동도 적법한 이익이 될 수 있다.
- 컨트롤러가 개인정보 처리를 적법한 이익에 의존하려면 3단계 테스트를 통해 미리 적용 가능성을 평가해 보는 것이 바람직하다(이것을 적법한 이익 평가(LIA ; Legitimate Interests Assessment)라고 함).
- LIA는 구체적 상황에 기반한 일종의 위험 평가로 개인정보 처리가 적법하다는 것을 입증하는 데 필요하고, 책임성 원칙의 준수를 입증하는 데도 도움이 된다(LIA가 끝나면 적법한 이익이 합법 처리의 근거가 될 수 있는지의 여부를 결정하고 그 결과를 관리하여야 함).

🔒 특정 범주의 개인정보 처리

| 민감 정보의 처리 |

- 인종, 민족, 정치적 견해, 종교적 또는 철학적 신념, 노동조합의 가입 여부를 나타내는 개인정보 처리와 유전자 정보, 자연인을 고유하게 식별 목적의 생체 정보, 건강 정보, 성생활, 성적 취향에 관한 정보의 처리는 금지된다.
- 컨트롤러와 프로세서는 다음의 경우에 한하여 민감 정보를 처리할 수 있다.
  - 정보 주체의 명시적 동의(Explicit Consent)를 획득한 경우(동의에 근거하는 것이 EU 또는 회원국 법률에 의해 금지되는 경우는 제외)
  - 고용, 사회 안보, 사회 보장 및 사회보호법 또는 단체협약에 따른 의무 이행을 위하여 필요한 경우
  - 정보 주체가 물리적 또는 법적으로 동의할 능력이 없는 경우에 정보 주체 또는 다른 자연인의 중대한 이익을 보호하기 위하여 필요한 경우
  - 정치/철학/종교의 목적을 지닌 비영리 단체나 노동조합이 하는 처리로 회원이나 과거 회원(그 목적과 관련하여 정규적인 접촉을 유지하는 자)에 관해서만 처리하며, 동의 없이 제3자에게 공개하지 않는 경우
  - 정보 주체가 명백히 일반에게 공개한 정보를 처리하는 경우
  - 법적 청구권의 설정, 행사, 방어 또는 법원이 재판을 목적으로 처리하는 경우
  - 중대한 공익을 위하여 EU법이나 회원국법을 근거로 하는 처리로 추구하는 목적에 비례하고 적절한 보호 조치가 있는 경우
  - 공익을 위한 기록 보존 목적이나 과학적/역사적 연구 목적, 통계 목적을 위하여 필요한 경우

- EU법이나 회원국법 또는 의료 전문가와의 계약을 근거로 예방 의학이나 직업 의학, 종업원의 업무 능력 판정, 의료 진단, 보건/사회 복지 치료와 시스템 관리 및 서비스 등의 제공을 위하여 필요한 경우
- 국경을 넘은 심각한 보건 위협으로부터 보호 또는 의료 혜택 및 약품이나 높은 수준의 의료 장비 확보 등 공중보건 영역에서 공익을 위하여 필요한 경우

| 범죄 정보의 처리 |

- 범죄 경력 및 범죄 행위와 관련한 개인정보 처리는 공공기관의 규제 하에서만 수행될 수 있거나 해당 처리가 개인정보 주체의 권리와 자유를 위한 적절한 안전 조치를 규정하는 유럽연합 또는 회원국 법률에 승인되는 경우 수행될 수 있다.
- 종합 범죄 경력 기록은 공공기관의 규제 하에서만 보관될 수 있다.
  - 범죄 혐의, 범죄 행위, 유죄 판결 등에 관한 정보
  - 행정법상 과징금/과태료 처분이나 민사법상 손해배상 판결은 범죄 정보에 포함되지 않음
- 범죄 정보는 민감 정보와 달리 정보 주체의 동의가 있어도 처리할 수 없다.
- 법률상 구체적인 범죄 정보는 다음과 같이 공적 권한이 존재하는 경우에만 처리가 가능하다.
  - 컨트롤러가 공적 권한의 통제하에 있을 경우
  - 범죄 정보의 보호를 위해 적절한 안전 장치를 규정하는 EU법 또는 회원국법이 허가하는 경우

Section 3 정보 주체의 권리 보장

투명성 및 형식

| 개인정보 주체의 권리 행사를 위한 투명한 정보와 통지 |

- 개인정보처리자는 처리와 관련한 일체의 정보와 통지를 정확하고, 투명하게 이해하기 쉬운 형식으로 평이한 언어를 사용하여 개인정보 주체에게 제공하기 위한 적절한 조치를 취한다(아동을 특정 대상으로 할 때 더욱 주의).
  - 해당 정보는 서면이나 적절한 경우 전자수단 등 기타 수단을 이용하여 제공되어야 함
  - 개인정보 주체가 요청하는 경우 다른 수단을 통해 개인정보 주체의 신원이 입증되면 해당 정보는 구두로 제공될 수 있음
- 개인정보처리자는 개인정보 주체의 권리 행사를 용이하게 하고, 본인의 권리를 행사하려는 개인정보 주체의 요청을 거절해서는 안 되지만 개인정보처리자가 개인정보 주체를 식별할 수 없음을 입증하는 경우는 예외로 한다.
- 개인정보처리자는 요청을 접수한 후 한 달 이내에 부당한 지체 없이 취해진 조치에 대한 정보를 개인정보

주체에게 제공해야 한다(요청의 복잡성과 요청 횟수를 참작하여 필요한 경우 해당 기간을 2개월간 연장할 수 있음).
  - 개인정보처리자는 요청 접수 후 한 달 이내에 개인정보 주체에게 기간 연장 및 지연 사유에 대해 고지하여야 함
  - 개인정보 주체가 전자양식의 수단으로 요청을 하는 경우 개인정보 주체로부터 별도의 요청이 있지 않으면 해당 정보는 가능한 전자양식으로 제공되어야 함
- 개인정보처리자가 개인정보 주체의 요청에 대해 조치를 취하지 않는 경우 개인정보 주체에게 지체 없이 통지해야 하고 요청 접수 후 최대 한 달 이내에 조치를 취하지 않은 사유 및 감독기관에 민원을 제기하고 사법 구제를 받을 수 있는 가능성에 대해 개인정보 주체에게 고지해야 한다.
- 개인정보 주체의 요청에 따른 일체의 통지와 조치는 무상으로 제공되어야 한다.
- 개인정보 주체의 요청이 명백하게 근거가 없거나 과도한 경우(특히 요청이 반복될 경우) 개인정보처리자는 다음의 조치를 취할 수 있다.
  - 관련 정보 또는 통지를 제공하거나 요청한 조치를 취하는 데 소요되는 행정적 비용을 참작하여 합리적 비용을 부과함
  - 해당 요청에 대한 응대를 거부함
- 개인의 신원과 관련하여 합리적인 의심이 드는 경우 개인정보처리자는 개인정보 주체의 신원을 확인하는 데 필요한 추가적 정보 제공을 요청할 수 있다.
- 개인정보 주체에게 제공되는 정보는 예정된 처리에 대해 유의미한 개요를 제공하고자 표준화된 아이콘과 결합하여 가시적이고 이해하기 쉬우며, 가독성이 뛰어난 방식으로 제공될 수 있다(아이콘이 전자 방식으로 제공되는 경우 기계 판독이 가능해야 함).

🔒 정보 및 개인정보 열람

| 개인정보가 개인정보 주체로부터 수집되는 경우 제공되는 정보 |

- 개인정보 주체에 관련된 개인정보를 개인정보 주체로부터 수집하는 경우 개인정보처리자는 개인정보를 취득할 당시 개인정보 주체에게 다음의 정보를 제공해야 한다.
  - 개인정보처리자 또는 해당되는 경우 개인정보처리자의 대리인 신원 및 상세 연락처
  - 해당되는 경우 개인정보보호 담당관의 상세 연락처
  - 해당 개인정보에서 예정된 처리의 목적뿐만 아니라 처리의 법적 근거
  - 제6조(1)의 (f)호에 근거한 처리의 경우 개인정보처리자 또는 제3자의 정당한 이익
  - 해당되는 경우 개인정보의 수령인 또는 수령인의 범주
  - 해당되는 경우 개인정보처리자가 제3국이나 국제기구의 수령인에게 개인정보를 이전할 예정이라는 사실과 집행위원회가 내린 적정성 결정의 유무, 또는 제46조, 제47조, 제49조(1)의 두 번째 단락에 명시된 이전의 경우, 적절하고 적합한 안전 조치, 사본을 입수하기 위한 수단, 안전 조치가 사용 가능하게 되는 경우에 대한 언급

- 개인정보처리자는 개인정보가 입수될 때 공정하고 투명한 처리를 보장하는 데 필요한 다음의 추가 정보를 개인정보 주체에 제공해야 한다.
  - 개인정보의 보관 기간 또는 해당 기간을 결정하는 데 사용하는 기준
  - 개인정보처리자에게 본인의 개인정보에 대한 열람, 정정, 삭제를 요구하거나 개인정보 주체 본인에 관한 처리의 제한이나 반대를 요구할 권리 그리고 본인의 개인정보를 이전할 수 있는 권리의 유무
  - 해당 처리가 제6조(1)의 (a)호나 제9조(2)의 (a)호에 근거하는 경우 철회 이전에 동의를 기반으로 하는 처리의 적법성에 영향을 주지 않고 언제든지 동의를 철회할 수 있는 권리의 유무
  - 감독기관에 민원을 제기할 수 있는 권리
  - 개인정보의 제공이 법정 또는 계약상의 요건이나 계약 체결에 필요한 요건인지의 여부 및 개인정보 주체가 개인정보를 제공할 의무가 있는지의 여부 그리고 해당 정보를 제공하지 않을 경우 발생할 수 있는 결과
  - 제22조(1) 및 (4)에 규정된 프로파일링 등 자동화된 의사결정의 유무 및 관련 논리에 대한 유의미한 정보와 해당 처리가 개인정보 주체에 미치는 중대성 및 예상되는 결과
- 개인정보처리자가 개인정보를 수집한 목적 외로 추가 처리 예정인 경우 개인정보처리자는 추가 처리 이전에 개인정보 주체에게 기타 목적에 관한 정보와 추가 정보 일체를 제공해야 한다.

개인정보가 개인정보 주체로부터 수집되지 않은 경우 제공되는 정보

- 개인정보가 개인정보 주체로부터 수집되지 않은 경우 개인정보처리자는 다음 각 호의 정보를 개인정보 주체에게 제공해야 한다.
  - 개인정보처리자 또는 가능한 경우 개인정보처리자의 대리인 신원 및 상세 연락처
  - 해당되는 경우 개인정보보호 담당관의 상세 연락처
  - 해당 개인정보의 예정된 처리 목적뿐만 아니라 처리의 법적 근거
  - 관련 개인정보의 범주
  - 해당되는 경우 개인정보의 수령인 또는 수령인의 범주
  - 해당되는 경우 개인정보처리자가 제3국이나 국제기구의 수령인에게 개인정보를 이전할 예정이라는 사실과 집행위원회가 내린 적정성 결정의 유무, 이전의 경우, 적절하고 적합한 안전 조치, 사본을 입수하기 위한 수단, 안전 조치가 사용 가능하게 되는 경우에 대한 언급
- 개인정보처리자는 개인정보 주체와 관련한 공정하고 투명한 처리를 보장하는 데 필요한 다음의 정보를 개인정보 주체에 제공해야 한다.
  - 개인정보의 보관 기간 또는 해당 기간을 결정하는 데 사용하는 기준
  - 개인정보처리자 또는 제3자의 정당한 이익
  - 개인정보처리자에게 본인의 개인정보에 대한 열람, 정정, 삭제를 요구하거나 개인정보 주체 본인에 관한 처리의 제한이나 반대를 요구할 권리 그리고 본인의 개인정보를 이전할 수 있는 권리의 유무
  - 철회 이전에 동의를 기반으로 한 처리의 적법성에 영향을 주지 않고 언제든지 동의를 철회할 수 있는 권리의 유무
  - 감독기관에 민원을 제기할 수 있는 권리

- 개인정보의 출처, 가능한 경우 해당 개인정보가 공개 출처로부터 비롯되었는지의 여부
- 프로파일링 등 자동화된 의사결정의 유무 및 관련 논리에 대한 유의미한 정보와 해당 처리가 개인정보 주체에 미치는 중대성 및 예상되는 결과
- 개인정보처리자는 제1항 및 제2항에 명시된 정보를 다음과 같이 제공해야 한다.
  - 개인정보가 처리된 특정 상황과 관련하여 개인정보를 입수한 후 최소 한 달 이내의 합리적인 시점
  - 개인정보가 개인정보 주체에게 통지할 목적으로 사용되는 경우 최소한 해당 정보 주체에게 최초로 통지한 시점
  - 제3의 수령인에게 개인정보의 제공이 예상되는 경우 최소한 개인정보가 최초로 제공되는 시점
- 개인정보처리자가 수집 목적 이외의 목적으로 개인정보를 추가 처리하려는 경우 해당 개인정보처리자는 추가 처리 이전에 개인정보 주체에게 기타의 목적에 대한 정보와 관련 추가 정보의 일체를 제공해야 한다.

| 개인정보 주체의 열람권 |

- 개인정보 주체는 본인에 관련된 개인정보가 처리되고 있는지의 여부에 대해 개인정보처리자로부터 확답을 얻을 권리를 가지며, 이 경우 다음 각 호의 정보에 대한 열람권을 가진다.
  - 처리 목적 및 관련된 개인정보의 범주
  - 개인정보를 제공받았거나 제공받을 수령인 또는 수령인의 범주, 제3국 또는 국제기구의 수령인
  - 가능한 경우 개인정보의 예상 보관 기간 또는 해당 기간을 결정하는 데 사용되는 기준
  - 개인정보처리자에게 본인의 개인정보에 대한 정정/삭제를 요구하거나 개인정보 주체 본인에 관한 처리의 제한이나 반대를 요구할 권리
  - 감독기관에 민원을 제기할 수 있는 권리
  - 개인정보 주체로부터 개인정보를 수집하지 않은 경우 개인정보의 출처에 대한 모든 가용한 정보
  - 프로파일링 등 자동화된 의사결정의 유무 및 관련 논리에 대한 유의미한 정보와 해당 처리가 개인정보 주체에 미치는 중대성 및 예상되는 결과
- 개인정보가 제3국이나 국제기구로 이전되는 경우 개인정보 주체는 제46조에 따라 적절한 안전 조치에 대해 고지받을 권리가 있다.
- 개인정보처리자는 처리가 진행 중인 개인정보의 사본을 제공해야 한다.
- 개인정보 주체가 추가 사본을 요청하는 경우 개인정보처리자는 행정 비용에 근거하여 합리적인 비용을 청구할 수 있다.
- 개인정보 주체가 전자적 방식으로 해당 요청을 하는 경우 관련 정보는 통상적으로 사용되는 전자적 양식으로 제공되어야 한다.

🔒 정정 및 삭제

| 개인정보 정정권 |

- 개인정보 주체는 본인에 관하여 부정확한 개인정보를 지체 없이 정정하도록 개인정보처리자에게 요구할 권리를 가진다.

- 개인정보 주체는 처리 목적을 참작하여 추가 진술로 제공할 수단을 통하는 등 불완전한 개인정보를 보완할 권리를 가진다.

| 개인정보 삭제권(잊힐 권리) |

- 개인정보 주체는 본인에 관한 개인정보를 지체 없이 삭제하도록 개인정보처리자에게 요청할 권리를 가지며, 개인정보처리자는 다음의 경우 부당한 지체 없이 개인정보를 삭제할 의무를 가진다.
  - 개인정보가 수집된 이후 처리된 목적에 더 이상 필요하지 않은 경우
  - 개인정보 주체가 제6조(1)의 (a)호 또는 제9조(2)의 (a)호에 따라 처리 기반이 되는 동의를 철회하고, 해당 처리에 대한 기타의 법적 근거가 없는 경우
  - 개인정보 주체가 제21조(1)에 따라 처리에 반대하고, 관련 처리에 대해 우선하는 정당한 근거가 없거나 개인정보 주체가 제21조(2)에 따라 처리에 반대하는 경우
  - 개인정보가 불법적으로 처리된 경우
  - 개인정보처리자에 적용되는 유럽연합 또는 회원국 법률의 법적 의무를 준수하기 위해 개인정보가 삭제되는 경우
  - 제8조(1)에 규정된 정보사회 서비스의 제공과 관련하여 개인정보가 수집된 경우
- 개인정보처리자가 개인정보를 공개하고 제1항에 따라 해당 개인정보를 삭제할 의무가 있는 경우 개인정보처리자는 가용 기술과 시행 비용을 참작하여 개인정보 주체가 같은 개인정보처리자들에게 해당 개인정보에 대한 링크, 사본 또는 복제본의 삭제를 요청하였음을 고지하기 위한 기술적 조치 등 적절한 조치를 취해야 한다.

| 개인정보 처리에 대한 제한권 |

- 다음의 항목에 해당하는 경우 개인정보 주체는 개인정보처리자로부터 처리 제한을 얻을 권리를 가진다.
  - 개인정보처리자가 개인정보의 정확성을 증명할 수 있는 기간 동안 개인정보 주체가 해당 개인정보의 정확성에 대해 이의를 제기하는 경우
  - 처리가 불법적이고 개인정보 주체가 해당 개인정보의 삭제에 반대하고, 개인정보에 대한 이용 제한을 요청하는 경우
  - 개인정보처리자가 처리 목적을 위해 해당 개인정보가 더 이상 필요하지 않으나 개인정보처리자가 법적 권리의 확립, 행사, 방어를 위해 요구하는 경우
  - 개인정보처리자의 정당한 이익이 개인정보 주체의 정당한 이익에 우선하는지 여부를 확인할 때까지 개인정보 주체가 처리에 대해 반대하는 경우
- 개인정보 처리가 제1항에 따라 제한되는 경우 그 개인정보는 보관을 제외하고, 개인정보 주체의 동의가 있거나 법적 권리의 확립, 행사, 방어를 위해 또는 제3자 및 법인의 권리를 보호하거나 유럽연합과 회원국의 중요한 공익상 이유에 한해서만 처리될 수 있다.
- 개인정보 처리의 제한을 취득한 개인정보 주체는 제한이 해제되기 전에 개인정보처리자로부터 이를 고지받아야 한다.

| 개인정보의 정정/삭제 또는 처리 제한에 관한 고지 의무 |

- 개인정보처리자는 개인정보를 제공받은 각 수령인에게 개인정보의 정정/삭제 또는 처리 제한에 대해 통지해야 하며, 이러한 통지가 불가능하다고 입증되거나 과도한 노력을 수반하는 경우는 예외로 한다.
- 개인정보처리자는 개인정보 주체의 요청 시 개인정보 주체에게 해당 수령인에 대해 통지해야 한다.

| 개인정보 이전권 |

- 개인정보 주체는 개인정보처리자에게 제공한 개인정보를 체계적/통상적으로 사용하고, 기계 판독이 가능한 형식으로 수령할 권리가 있으며, 개인정보를 제공받은 개인정보처리자로부터 방해받지 않고 다른 개인정보처리자에게 해당 개인정보를 이전할 권리를 가진다.
    - 개인정보 처리가 개인정보 주체의 동의나 계약을 근거로 하는 경우
    - 개인정보 처리가 자동화된 수단으로 시행되는 경우
- 본인의 개인정보 이전권을 행사하는 데 있어 개인정보 주체는 기술적으로 가능한 경우 해당 개인정보를 특정 개인정보처리자에서 다른 개인정보처리자로 직접 이전할 권리를 가진다.

🔒 반대할 권리 및 자동화된 개별 의사결정

| 반대할 권리 |

- 개인정보 주체는 본인의 특별한 상황에 따라 프로파일링 등 본인과 관련된 개인정보 처리에 대해 언제든지 반대할 권리를 가진다.
- 개인정보처리자는 개인정보 주체의 이익, 권리 및 자유에 우선하는 처리를 위한 법적 권리의 확립, 행사나 방어를 위한 설득력 있는 정당한 이익을 입증하지 않는 한 해당 개인정보를 더 이상 처리해서는 안 된다.
- 마케팅을 목적으로 개인정보가 처리되는 경우 개인정보 주체는 언제든지 해당 마케팅을 위한 개인정보 처리에 반대할 권리가 있으며, 그러한 처리에는 직접 마케팅과 관련된 경우 프로파일링이 포함된다.
- 개인정보 주체가 직접 마케팅을 위한 처리에 반대하는 경우 해당 개인정보는 더 이상 그러한 목적으로 처리될 수 없다.
- 개인정보 처리에 반대할 권리는 개인정보 주체에게 처음 고지한 시점에서 명백하게 통지되어야 하며, 기타의 정보와는 별도로 제공되어야 한다.
- 정보사회 서비스 이용 환경에서 개인정보 주체는 기술 규격서를 사용한 자동화된 수단을 통해 반대할 권리를 행사할 수 있다.
- 개인정보가 과학적/역사적 연구 목적이나 통계적 목적을 위해 처리되는 경우 공익을 위한 업무 수행에 필요한 처리가 아니라면 개인정보 주체는 본인과 관련된 특별한 상황에 따라 개인정보 처리에 반대할 권리를 가진다.

| 프로파일링 등 자동화된 개별 의사결정 |

- 개인정보 주체는 프로파일링 등 본인에 관한 법적 효력을 초래하거나 이와 유사하게 중대한 영향을 미치는 자동화된 처리에 의존하는 결정을 받지 않을 권리를 가진다.
- 개인정보 주체와 개인정보처리자간 계약을 체결 또는 이행하는 데 필요한 경우 개인정보처리자에 적용되며, 개인정보 주체의 권리와 자유 및 정당한 이익을 보호하기 위한 적절한 조치를 규정하는 유럽연합과 회원국 법률이 허용하는 경우 개인정보 주체의 명백한 동의에 근거하는 경우는 예외로 한다.
- 개인정보처리자는 개인정보 주체의 권리와 자유 및 정당한 이익, 최소한 개인정보처리자의 인적 개입을 확보하고, 본인의 관점을 피력하며 결정에 대해 이의를 제기할 수 있는 권리를 보호하는 데 적절한 조치를 시행해야 한다.

Section 4 기업의 책임성 강화

🔒 개인정보 처리에 대한 책임 준수

| 개인정보 처리 활동의 기록 |

- 컨트롤러와 프로세서는 각자 GDPR에 따른 개인정보 처리 활동을 유지 및 관리해야 할 의무를 가지고 있다.
  - 종업원 수 250명 이상의 기업은 개인정보 처리 활동 이력을 의무적으로 문서화하여 관리함
  - 정보 주체의 권리와 자유에 위험을 초래할 가능성이 있거나 간헐적이지 않은 개인정보 처리, 민감 정보 처리, 범죄 경력 및 범죄 행위에 관련된 개인정보 처리 시에는 의무적으로 개인정보 처리 활동 이력을 유지 및 관리함
- 컨트롤러의 경우 개인정보 처리 활동 이력에 컨트롤러와 공동 컨트롤러, 컨트롤러의 대리인 및 DPO의 이름과 연락처, 처리 목적, 정보 주체의 범주 및 개인정보 범주에 대한 설명, 제3국 또는 국제기구로 개인정보 이전의 경우 이전 방식에 대한 적절한 보호 조치, 개인정보 유형별 보유 기간, 기술적/관리적 보호 조치에 대한 설명을 포함하여야 한다.
- 프로세서의 경우 개인정보 처리 활동 이력에 프로세서와 프로세서가 대행하는 각 컨트롤러 및 컨트롤러/프로세서의 대리인, DPO의 이름과 연락처, 각 컨트롤러를 대신하여 수행되는 처리의 범주, 제3국 또는 국제기구로 개인정보 이전의 경우 이전 방식에 대한 적절한 보호 조치, 기술적/관리적 보호 조치에 대한 설명을 포함하여야 한다.

| Data Protection by Design and by Default |

- 설계 단계에서부터 기술적으로 프라이버시를 보호하는 구조를 만드는 것을 의미한다.
- GDPR에서는 Data protection by design and by default를 통하여 처리 수단의 결정 시점과 처리 당시 시점에서 개인정보보호의 원칙을 적용하는 데 의의가 있다고 설명한다.

- 컨트롤러는 최신 기술, 실행 비용, 개인정보 처리의 성격과 범위, 상황, 목적, 개인정보 처리로 인해 개인의 권리와 자유에서 발생할 수 있는 변경 가능성, 중대성 및 위험성을 고려하여 적절한 기술적/관리적 조치를 취해야 한다(개인정보 처리의 최소화, 정보 주체의 권리 보장(통제권 등), 가명처리 등).
- 컨트롤러는 기본 설정을 통하여 처리 목적에 필요한 범위 내에서 개인정보가 처리될 수 있도록 적절한 기술적/관리적 조치를 이행해야 한다(이러한 조치는 수집되는 개인정보의 양, 해당 처리의 범위, 개인정보의 보유 기간 및 접근 가능성에 대해서도 적용됨).
- Data protection by design and by default의 이행은 정보 주체의 개인정보 유출 및 침해와 관련된 위험을 최소화할 수 있다.

| 개인정보 영향 평가(DPIA) |

- 개인정보 영향 평가(DPIA ; Data Protection Impact Assessment)란 개인정보 처리를 분석하고, 처리의 필요성 및 비례성을 고려하여 발생하는 자연인의 권리와 자유에 대한 위험을 평가하고, 해당 위험을 다루는 방법을 결정함으로써 그 위험을 관리하기 위해 만들어진 프로세스를 의미한다.
- 개인정보 영향 평가 시에는 관련 위험 요소의 출처/성격/특성/심각성 등을 고려해야 한다.
- 위험을 완화하고 개인정보보호를 보장하며, GDPR 준수를 입증하기 위한 보안 조치와 개인정보보호 메커니즘이 포함되어야 한다.
- 새로운 기술을 사용하고 그 처리 유형이 개인의 권리와 자유에 높은 위험을 초래할 가능성이 있는 경우 개인정보 처리 이전에 예상되는 개인정보 처리에 대한 영향 평가를 수행해야 한다.
  - 자동화된 처리(프로파일링 포함)에 근거한 개인에 대해 체계적이고 광범위한 해당 평가를 바탕으로 한 결정이 정보 주체에게 법적 효력을 미치거나 이와 유사하게 중대한 영향을 미치는 경우
  - 민감 정보 또는 범죄 정보에 대한 대규모 처리를 하는 경우
  - 공개적으로 접근 가능한 장소에 대규모 체계적인 모니터링을 하는 경우(예 : CCTV)
- 개인정보 영향 평가 수행 시 예상되는 개인정보 처리와 목적에 대한 체계적인 기술, 목적 관련 개인정보 처리 작업의 필요성과 비례성에 대한 평가, 정보 주체의 권리와 자유에 대한 위험 평가, 개인정보의 보호와 GDPR 준수를 입증하기 위한 보안 조치, 보호 대책 및 메커니즘 등 위험을 처리할 것으로 예상되는 조치 등을 포함하여야 한다.
- 개인정보 영향 평가는 개인정보 처리 전에 실시하며, 개인정보 처리의 기획 단계 중 가장 먼저 시작하여야 한다.
- 컨트롤러와 프로세서는 개인정보 영향 평가 수행 시 지정된 사항에 대해 DPO의 조언을 구할 수 있다.
  - 개인정보 영향 평가 수행 여부는 수행 방법 및 정보 주체의 권리와 이익에 대한 위험 완화 목적의 보호 조치
  - 영향 평가가 정확하게 수행되었는지의 여부와 수행 결과가 GDPR 요건에 부합하는지의 여부

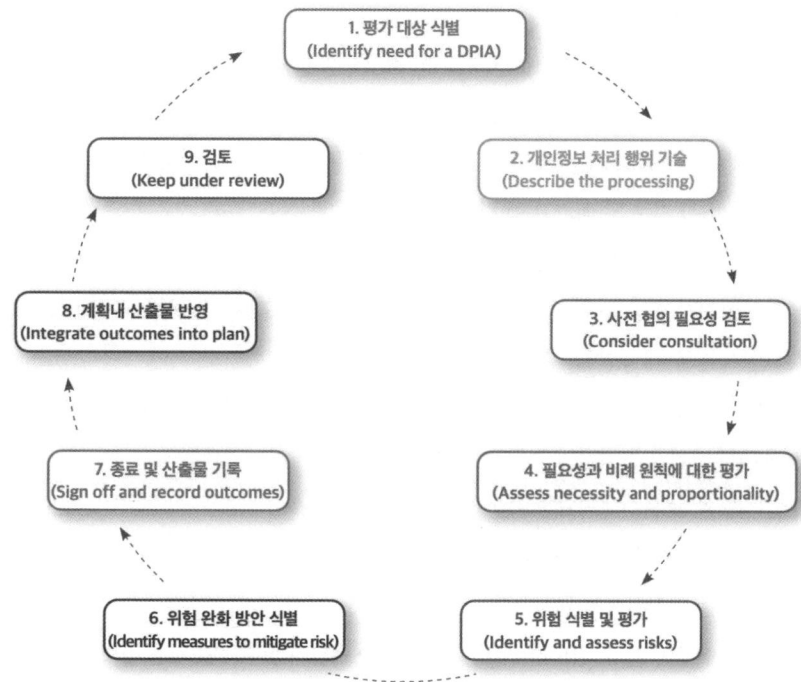

| DPO(Data Protection Officer)의 지정 |

- 컨트롤러와 프로세서는 자유롭게 DPO를 지정할 수 있으며, 다음 중 하나의 경우에는 반드시 DPO를 지정하여야 한다.
    - 정부 부처 또는 관련 기관의 경우(사법적 권한을 행사하는 법원은 예외)
    - 컨트롤러 또는 프로세서의 핵심 활동이 정보 주체에 대한 대규모의 정기적이고 체계적인 모니터링이거나 민감 정보 및 범죄 정보에 대한 대규모의 처리인 경우
- DPO를 지정하거나 지정 요건에 해당하지 않아 지정하지 않은 경우는 결정 사유를 문서화해야 한다.
- DPO 지정 요건에 해당하지 않더라도 DPO를 자발적으로 지정할 수 있다(자발적으로 DPO를 지정한 경우라도 DPO의 지정/지위/책무 등과 관련한 GDPR 조항이 적용).
- GDPR은 각 사업장에서 쉽게 접근이 가능하다면 사업체 집단은 1명의 DPO를 지정할 수 있다고 규정하고 있다.
- 접근 가능성(Accessibility)이란 정보 주체, 감독 당국과 관련한 연락 담당 그리고 조직 내에서 국제적인 접촉점으로서의 DPO의 역할을 말한다.
- DPO에게 필요한 전문 지식의 수준은 DPO가 수행하는 처리 작업과 보호 수준에 따라 결정되어야 한다.
    - GDPR에 대한 심도 있는 이해 및 자국과 EU 개인정보보호 법률, 관행에 대한 전문 지식
    - 개인정보 처리 작업에 대한 이해와 정보 기술 및 보안에 대한 이해
    - 기업 및 조직에 대한 지식
    - 조직 내에서 개인정보보호 문화를 활성화할 수 있는 능력

- DPO는 다음의 역할을 수행하여야 한다.
    - 컨트롤러와 프로세서 및 임직원에게 GDPR과 다른 개인정보보호 법규 준수 의무에 대하여 알리고 자문
    - 내부 정보보호 활동 관리 등 GDPR 및 다른 개인정보보호 법규 이행 상황 모니터링
    - 컨트롤러 또는 프로세서에게 정보 제공, 조언 및 권고 사항 제시
    - 개인정보 영향 평가에 대한 자문 및 평가 이행 감시
- GDPR은 DPO가 개인정보보호와 관련된 모든 문제에 관여할 수 있도록 보장해야 한다고 규정한다.
- 기업은 DPO가 개인정보보호와 관련한 의견 수렴 및 결정에 참여할 수 있도록 보장하고, 업무 수행과 전문 지식 보유에 필요한 자원을 제공받을 수 있도록 지원하여야 한다.
- 개인정보 처리 작업과 활동 특성 및 조직의 규모에 따라 다음과 같은 자원이 DPO에 제공되어야 한다.
    - DPO 업무 이행에 대한 고위급 경영진의 적극적 지원
    - DPO가 자신의 업무를 완수하는 데 필요한 충분한 시간
    - 필요할 경우 재정적 자원, 인프라(장소/시설/장비), 구성원의 적절한 지원
    - DPO 지정에 대하여 모든 임직원에게 공식적으로 공지
    - DPO가 조직 내 서비스에 접근할 수 있도록 하며, 해당 서비스로부터 필수적인 지원 정보를 받을 수 있도록 조치
    - DPO의 지속적인 훈련

Section 5 개인정보의 역외 이전

🔓 개인정보 역외 이전의 주요 내용

| 이전 기본 원칙 |

현재 처리 중이거나 제3국 또는 국제기구로 이전 후에 처리될 예정인 개인정보는 해당 제3국이나 국제기구로 개인정보가 이전되는 경우 등 본 규정의 나머지 조문에 따라 컨트롤러와 프로세서가 규정 조건을 준수하는 경우에만 그 이전이 가능하다.

| 적정성 결정에 따른 이전 |

- 제3국 또는 국제기구로의 개인정보 이전은 집행위원회가 제3국의 영토나 하나 이상의 지정 부문 또는 국제 기구가 적정한 보호 수준을 보장한다고 결정한 경우 가능하다(그러한 이전에는 어떤 특정 승인이 요구되지 않음).
- 보호 수준의 적정성을 평가할 때는 다음의 사항을 고려하여야 한다.
    - 개인정보의 보호와 관련하여 제3국이나 국제기구가 체결한 국제 협정 또는 법적 구속력 있는 조약이나 문서 및 다자간 지역적 기구의 참여로 인해 주어진 기타 의무

- 법치주의, 인권 및 기본적 자유의 존중, 공안, 국방, 국가 보안 및 형법, 공공기관의 개인정보 이용을 다룬 분야별 관련 법률, 개인정보 규칙, 전문성 규칙, 보안 조치의 시행(향후 기타 제3국 또는 국제기구로의 개인정보 이전을 위한 규칙도 포함하는 이 규칙은 해당 제3국 또는 국제기구에서 준수되는 것임), 사법적 판례, 유효하고 구속력 있는 정보주체의 권리, 개인정보를 침해당한 개인정보 주체를 위한 유효한 행정적 및 사법적 구제책
- 개인정보 주체의 권리 행사 지원과 권고 및 회원국 감독기관과의 협력 등 개인정보보호 규정의 준수를 보장하고 강요할 의무가 있는 제3국에 소재하거나 국제기구에 적용되는 하나 이상의 독립적 감독기관의 유무 및 해당 기관의 효과적인 작동 여부
- 보호 수준의 적정성 여부를 평가한 후 제3국의 영토나 하나 이상의 지정 부문 또는 해당 국제기구가 본 조 2항의 의미 내에서 적정한 보호 수준을 보장하는지를 판단할 수 있다.
- 이행 법률은 최소 4년마다 정기적 검토를 위한 메커니즘을 규정하고, 검토에는 제3국이나 국제기구 내의 관련 추이 사항 일체가 고려되어야 한다.

| 적정한 안전 조치에 의한 이전 |

- 컨트롤러나 프로세서는 적정한 안전 조치를 제공한 경우에 한하여 개인정보 주체가 행사할 수 있는 권리와 유효한 법적 구제책이 제공되는 조건으로 제3국 또는 국제기구에 개인정보를 이전할 수 있다.
- 정부 부처 또는 관련 기관간 법적 구속력이 있고 집행할 수 있는 장치는 정부 부처 또는 관련 기관간 법적 효력을 전제로 하는 협약 등을 예시로 들 수 있다.
  - 제47조에 따른 구속력 있는 기업 규칙(BCR ; Binding Corporate Rules) : 다국적 기업이 제47조를 준수한 BCR을 채택하고 EU 내 감독기구의 승인을 받는 경우 제3국에 위치한 그룹사로 이전하는 것이 가능
  - 표준 개인정보보호 조항(Standard Data Protection Clauses) : 컨트롤러와 컨트롤러간 또는 컨트롤러와 프로세서 간의 표준 개인정보보호 조항에 의해서 개인정보 국외 이전이 가능
  - 제40조에 따라 승인된 행동 규약 : 컨트롤러와 프로세서를 대변하는 협회와 기관 등은 GDPR 적용을 명시할 목적으로 행동 규약을 작성/개정/확대할 수 있고, 승인된 행동 규약이 사용될 경우 적절한 보호 조치에 의한 역외 이전으로 인정
  - 제42조에 따라 승인된 인증 제도 : GDPR은 해당 법을 준수하고 있음을 인증하기 위한 목적으로 개인정보보호 인증 메커니즘, 개인정보보호 인장(Seals) 및 마크(Marks)의 제정을 장려하며, 승인된 인증 제도가 사용될 경우 적절한 보호 조치에 의한 역외 이전으로 인정

저자 박억남
산업통상자원부

제 130020 호

표 창 장

한국품질보증원
심사위원 박억남

귀하는 평소 맡은 바 직무에 정려하여 왔으며 특히 산업기술의 유출방지 및 보호활동을 통하여 국가사회발전에 기여한 공이 크므로 이에 표창합니다.

2020년 11월 19일

산업통상자원부장관
성 윤 모